孔庙国子监论丛
2021

孔庙和国子监博物馆　编

北京燕山出版社

图书在版编目（CIP）数据

孔庙国子监论丛.2021/孔庙和国子监博物馆编.—
北京：北京燕山出版社，2022.4
ISBN 978-7-5402-6415-4

Ⅰ.①孔… Ⅱ.①孔… Ⅲ.①孔庙—北京—文集
Ⅳ.① K928.75-53

中国版本图书馆 CIP 数据核字（2022）第 169210 号

孔庙国子监论丛.2021

编　　者：孔庙和国子监博物馆
责任编辑：王长民
书籍设计：北京麦莫瑞文化传播有限公司
封面设计：黄晓飞
出版发行：北京燕山出版社有限公司
社　　址：北京市西城区椿树街道琉璃厂西街 20 号
邮　　编：100052
电　　话：010-65240430（总编室）
印　　刷：英格拉姆印刷(固安)有限公司
开　　本：710mm×1000mm 1/16
字　　数：274 千字
印　　张：15
版　　次：2022 年 12 月第 1 版
印　　次：2022 年 12 月第 1 次印刷
ISBN　978-7-5402-6415-4
定　　价：79.00 元

2021 年 2 月 13 日，孔庙和国子监博物馆在"博物馆里过大年"活动中举行释菜礼，以古礼祭奠先师。

2021 年 4 月 22 日，国子监彝伦堂举行了"中华文化大讲堂"国子监传播中心揭牌仪式。

2021 年 5 月 18 日，孔庙和国子监博物馆举行"5·18 国际博物馆日"专场互动活动——"太学寻迹"。

2021 年 6 月 9 日，孔庙和国子监博物馆党总支组织党员干部群众赴《新青年》编辑部旧址（陈独秀旧居）参观学习。

2021 年 6 月 12 日，孔庙和国子监博物馆推出《百年国子监记忆》绘画摄影作品征集展览。

2021 年 6 月 20 日，孔庙和国子监博物馆党总支组织举办"颂百年辉煌 启时代新篇"——庆祝中国共产党成立 100 周年诗文朗诵会在彝伦堂举行。

2021 年 9 月 5 日至 9 月 7 日，孔庙和国子监博物馆文创产品亮相 2021 服贸会。

2021 年 9 月 17 日，"孔庙国子监基本陈列改陈前期论证调研"项目专家验收评审会在国子监敬一亭举行。

2021 年 9 月 23 日，"第八届北京孔庙国子监国学文化节"隆重开幕。

2021 年 9 月 28 日，孔庙和国子监博物馆举办了隆重的祭孔大典活动，纪念孔子诞辰 2572 周年。

2021 年 10 月 11 日，"中华传统服饰文化展演"活动在国子监辟雍大殿前成功举行。

2021 年 10 月 14 日，孔庙和国子监博物馆举办了"九九重阳节 浓浓敬老情——2021 年重阳雅集"主题活动。

2021 年 1 月 8 日，孔庙和国子监博物馆举办消防演练和趣味运动会提升职工消防安全意识和能力。

2021 年 11 月 26 日，孔庙和国子监博物馆文创空间举行正式揭牌仪式。

目　录

儒家思想研究

专题研究

孔庙国子监研究

北京孔庙藏张楷《孔子圣迹图》服饰考（一）

绳　博

摘要

北京孔庙藏张楷《孔子圣迹图》共有20个故事场景出现了中国古代巾帽，包括束发冠、巾、帻、毡帽、纶巾、幅巾（风帽）、大帽、凤翅冠、梁冠等，共计50余次，充分反映了儒家所提倡的"礼仪"与中国古代服饰密不可分的关系。

关键词

孔子圣迹图；礼；服饰

　　服饰是人类文明的标志，礼是中华文化的核心。礼仪是通过人类的历史发展，一步步积淀起来的行为规矩准则和祭奠议程规范，成为人们社会生活中不可或缺的一部分。在这方面，儒家有不可磨灭的贡献。北京孔庙藏明张楷《孔子圣迹图》中几乎每个故事场景都涉及礼与中国古代服饰。

一、礼

　　礼是儒家学说中的核心部分，而《仪礼》则是儒家传习最早的一部书，《史记》和《汉书》都认为出于孔子。《礼记·杂记下》上也说："恤由之丧，哀公使孺悲之孔子，学士丧礼，《士丧礼》于是乎书。"我们可以认为，《仪礼》成书于东周时代。

　　孔子本人是位礼学大家，《史记》上说孔子从小就好礼："为儿嬉戏，常陈俎豆，设礼容。"《史记·孔子世家》上说，"孔子去曹适宋，与弟子习礼于大树下"。可见他在周游列国颠沛造次都不忘《礼》。

　　《周礼·春官·大宗伯》将周礼概括为"五礼"，即吉、凶、宾、军、嘉礼。吉礼指有关祭祀之礼，包括祭祀天神、地祇、人鬼，祭礼最重要的是祭祀人鬼。凶礼即哀悼天下所遭遇的各种忧伤之事之礼。荒礼是哀悼饥饿和疾病之礼。吊礼是哀悼水火之灾之礼。宾礼是周天子与诸侯国和睦相处之礼，即规定诸侯国必须定期或不定期地去朝见周天子，诸侯之间也要互相聘问。军礼是协同天下各国之礼，包括征伐、田猎、筑邑、封疆等方面的礼。嘉礼是使万民相亲相爱之礼。嘉礼是五礼之一，是人生喜庆之礼，具体包括：饮食之礼指招待同宗族人吃饭饮酒之礼；冠昏之礼是成年礼和结婚礼；宾射之礼是天子诸侯分宾主射箭之礼；飨燕之礼是招待宾客之礼；脤膰之礼，脤是祭祀社稷之肉，膰是祭祀宗庙之肉，天子将脤膰赐予同姓之国，表示可以得到神之庇佑。

西周以来，中国各个朝代制定的礼仪制度，大致皆可归入"五礼"的范畴。无论何朝何代，不管参加哪种礼仪活动，人永远是行礼的主角，服饰就成为人生活动中必不可少的呈现礼制、凸显阶层、礼敬他人、区别男女的重要名物。[①] 礼借服饰得以彰显，服饰因礼完美呈现。

二、服饰

"服饰"分开来说，"服"是会意兼形声字，本义是以手捕人，使其顺服。"服"初文作"𠬝"，金文加"舟"旁，《说文》小篆从"舟"，后隶变近"月"作"服"，表示被驯服之人装船运走，引申为服侍、衣服之意。对人身体而言，衣服就是服侍人身体的道具。"衣服"是"服"的常用义，如《论语》"莫春者，春服既成"；或"衣""服"连用，《论语·泰伯》孔子称赞禹"恶衣服，而致美乎黼冕"。

"饰"是会意字，从巾，从人，食声，本义是厎，即擦拭、厎拭，去除物品尘垢，增加光彩。《说文》："饰，厎也。""厎，饰也。"饰、拭是古今字，《说文》有"饰"无"拭"，引申为装饰、修饰、粉饰等义，因事增华，皆谓之饰。《礼记·檀弓》："衣足以饰身也。"谓衣服足以装饰遮盖身体。"妇人不饰，不敢见舅姑。"妇人不修饰打扮，不敢拜见公婆。

《说文》又部有"厎"，刀部有"刷"，厎与刷别。厎者，饰也；刷者，剖杷也，段玉裁谓"剖地如杷麦然"，今字作刮。

"服饰"一词，儒家经典《周礼》已经出现。贾公彦《疏》说："谓藻藉在玉，若人之衣服之饰也。"意思是典瑞辨别玉器名称和用途，设置装饰用的衬垫。"服饰"在此指包裹装饰瑞玉等信物的丝绸装饰物。

---

①周锡保，《中国古代服饰史》，中国戏剧出版社，第49页。

我们今天谈的"服饰",就是指衣服和装饰,偏重于衣服,《后汉书·王莽传》谓五威将军"服饰甚伟",即用此义。衣服有头衣、体衣和足衣之分,头衣有冠、冕、弁、胄、盔、头巾、帻、幞头等称谓,冠、冕、弁是贵族帽子的称谓,胄、盔是军帽,头巾、帻和幞头是平民的帽子,幞头后来有软、硬幞头之区别。本文就张楷《孔子圣迹图》中出现的头衣,进行初步的分析归纳。

三、冠帽形制的变迁

头冠是古人表明身份地位的装束,目前能够见到的具体资料很少。在孔子看来,周代的章服制度是理想完美的。在周代服饰制度中,头冠是重要的组成部分。这种观点,也可见之于《论语》中"子曰:禹,吾无间然矣……恶衣服而致美黻冕。"黻冕即是祭服中的服饰。这是说在夏禹时不重视平时的衣着,而把祭祀天地、祖先的祭服加以美化考究,就是把宗教信仰的服饰放在首位,日常时的服用却可以不考究,这是我国古代服饰由于信仰而发展的又一个因素。

1. 春秋战国时期

春秋战国时期,周天子的权力日趋衰微。由于战争引起的动乱和各诸侯国之间交往活动的频繁,各国服饰文化,也都进行改革,以适应时代生活的节奏。在这个时期,位于中原地区的各国称"诸夏",与居于周边的少数民族在服饰上有着明显的差异,但是随着频繁的战争与迁徙,中原诸国的文化不断与少数民族融合,形成地域辽阔的华夏文化。华夏文化又因地域不同而各具特色。加之中原诸侯割据称雄,各国不遵周制,以及各国地理气候的不同,诸侯爱好奢俭的不同,各民族风俗习惯的不同,各地区经济发展的不同等原因,产生了服饰上的差异,出现了各有千秋的局面。

2. 两汉时期

永平二年,汉明帝和公卿诸侯首次穿着冕冠衣裳举行祭礼,这是儒家学说的衣冠制度在中国得以全面贯彻执行的开端。按汉代的冠式,都作前高后低,而又倾斜向前。此种冠式,以后就逐渐改制。如到魏明帝时,改高山冠使之卑下,可能为渐变之始。之后,冠式就逐渐演变成平或前俯而后仰。明代人亦谓后世不用者,就是汉时的前高后低的形式。另一面如通天冠、远游冠、高山冠、侧注冠,其本体原来已较高,其中未免再加以刻画者的艺术加工,如孔子像那样作尖锐状者,难免有夸张处。又如进贤冠之制,大抵至隋、唐后也改了形制,不再作前高七寸,后高三寸之式，且冠上的梁数也逐渐增多①。

3. 魏晋南北朝时期统治阶级的冠冕制度

魏晋南北朝时期虽然承袭汉代遗制，但形制却有一些演变。自南北朝以来，由于北方各族入主中原（黄河以南，长江以北的大部分地区），不免将北方民族的服饰带到了这一地区。同样，北方各民族的服饰制度也大量接受汉族的服饰制度，其中突出的即是北魏孝文帝，太和十年（486年）帝始服衮冕；十八年革其本族的衣冠制度；十九年引见群臣时并颁赐百官冠服（以易胡服）。这也可从《资治通鉴·齐纪》见之："魏主谓任城王澄曰：'朕离京以来，旧俗少变不！'对曰：'圣化日深。'帝曰：'朕入城，见车上妇人犹戴帽，着小袄（此代北妇人之服，乘车妇人，皆贵臣之家），何谓曰新？'对曰：'着者少，不着者多。'帝曰：'任城此何言也，必欲使满城尽着邪。'澄与留守官皆免冠谢。"史言魏主"汲汲于用夏变夷"，即改变北族人的冠服而从汉制。又魏主诏："禁士民胡服，国人多不服。"国人指原为北族的人民，由于不习汉制衣着，所以有不尽遵诏令者。这都说明北族在衣冠服饰上受到汉族的影响。

4. 隋、唐服饰制度

公元589年，隋文帝杨坚统一中国，一面是重新厘定汉族的服饰制度；一面也由于长期的彼此相互效仿的原因，何况隋又是自北而南统一的，其间不免掺杂了北族的形制。《梦溪笔谈》也说过这种变化。《大学衍义补》也说"纱幞既行，诸冠由此尽废"。盖因纱幞是由后周武帝常裹戴的原因。隋代的统治时间不长。到唐帝国统一后，统治的时间相对较长。在前已略具的冠服制度上，经过了长时期的承袭、演变、发展，又加以唐代的国力强盛，政治、经济较为稳定，上承历代的冠服制度，下启后世冠服制度之径道，所以唐代的冠服制度确是一个极为重要的时期。唐代服饰的一大来源是胡服，确切地说，是经北齐、北周改革后的胡服。唐代盛行的胡服除了圆领缺骻袍以外，还有裤褶、幞头、胡帽、靴等。

5. 宋代的冠服制度

宋代是我国历史上文化最为发达的朝代，以"郁郁乎文哉"著称。上自帝王、群臣，下至乡绅、士人，都长于拈弄笔墨，诗词书画皆取得了较高的成就。文人的思想、言行不同俗流，在服饰上也敢于标新立异，影响到当时的各个阶层，并争相效仿。

宋代的文人士大夫流行穿着道士、僧人服饰。常穿的是道衣，斜领交裾，衣

---

① 黄能馥、陈娟娟编著，《中国服装史》，中国旅游出版社，1995.05，第151页。

缘饰以黑布边，较宽大，文人雅士多着此衣以为隐者之服。甚至皇帝也喜着道士服饰，《三朝北盟会编》记载：宋徽宗着销金红道袍。赵佶《听琴图》中的宋徽宗头上戴的小冠即属于道家装束，披在衣裙外面的似为鹤氅一类的衣着。鹤氅本是用鹤羽等鸟类的羽毛捻绒织成的裘衣，其式样宽博，后来称这类宽敞的外衣为鹤氅。道教中称之为羽衣，六朝时已有。苏东坡也喜穿道家服装，米芾的《西园雅集图记》记载："其乌帽①黄道服捉笔而书者为东坡先生"。苏东坡诗云："试看披鹤氅"，鹤氅宽敞，两袖宽大，长可曳地，只穿在外面，因而称"披鹤氅"。宋代诗文中描述了文人隐士所着僧、道服饰形象，如沈端节诗："藜杖棱（通棕）鞋，纶巾鹤氅"。隐士林和靖《寄李山人》诗写道："身上衹衣粗直掇。"直掇为僧人服饰，衣长而背之中缝直通到下面，也叫直身，也有认为长衣下摆无横裥的叫直掇。僧人一般着袈裟之类法衣。

文人士大夫穿僧、道服饰，除了标榜清高，自视超脱外，还由于宋朝抬高道教，文人士大夫接受道家的思想，在服饰上自然有所反映。徽宗自称为教主、道君皇帝，喜着道衣，不能不影响到道家服饰的流行。宋代也是佛教禅宗盛行的时期，禅宗的思想也在文人士大夫中流传。加之宋朝长期与辽、金对峙，国破家亡及仕途失意都容易使得文人士大夫由积极入世转向消极厌世，以修道、参禅求得心灵的慰藉。事实上，大部分士大夫是不可能抛家舍官去做隐士的，只是在形式上效仿僧人、道士，穿道服、僧衣，浪迹山林，求暂时的解脱。文人士大夫时常处在入仕与归隐的矛盾之中，在宋代表现得尤为突出，在对服饰的态度上也体现出来。如宋人笔记《石林避暑录话》中记载：苏轼在作了那首"夜饮东坡醒复醉，归来仿佛三更……长恨此身非我有，何时忘却营营。夜阑风静縠纹平，小舟从此逝，江海寄余生"的词之后，"挂冠服江边，挐舟长啸去矣。"其实他并未真的一走了之，"挂冠服江边"只是表明他对仕途的厌倦，冠服在此有其象征意义。他在《方山子传》中写道："方山子……庵居疏食，不与世相闻，弃车马，毁冠服。"进一步表明他的心迹，"冠服"的寓意更加明确。而僧、道服饰与冠服不同，是非仕途生活的着装，又有隐逸脱俗的一面。文人士大夫穿僧、道服式自有其深层的内涵。此外，道家服饰保持了古人上衣下裳和簪冠的形制，文人士大夫着道服也满足了部分复古怀旧的心理。如理学家朱熹晚年就常穿直领的上衣，以黑衣缘其衣边，下身着黄裳。样式与道服相类，也是上衣下裳。僧道服装皆宽衣大袖，穿着洒脱自如，正如宋人所谓"风韵愈飘然"。这正适合于文人的审美情趣。

北京孔庙藏张楷《孔子圣迹图》服饰考（一）

---

① 乌帽即东坡巾。

以上所述的文人士大夫服饰都是日常所穿的服饰，较为随意，富于变化。而在正式场合，如朝会、祭祀等，必须穿官品冠服，不得违背等级制度。文人士大夫作为当时社会上最活跃的阶层，既受制于帝王等上层统治者，又得益于当时的崇文风尚，相对于其他封建朝代的文人士大夫来说，有较大的自由，思想不受太多的禁锢，因而能在服饰上独树一帜，标新立异，影响当时上至帝王，下及平民百姓的服饰潮流。

6. 明代的冠服制度

明代冠服，上自皇帝皇后，中至文武百官命妇，下至庶人、乐妓、僧道、农夫、商贾，都有系统的规定。在民间服装方面，明洪武三年规定，庶人戴四带巾，后改为"四方平定巾"，四方平定巾的名称，寓王朝政治安定之意。配染色盘领衣，但不许用黄。衣料只许用绸绢、素纱，不许用金绣、绫罗、锦绮、统丝等高级织物。鞋袜不许裁制花样、用金线装饰。士庶妻只能穿紵丝、绫罗、绸绢的浅色团衫，首饰用银镀金，耳环用金珠，钏镯用银。洪武五年令，民间妇人礼服只许用紫絁，不许用金绣，袍衫只许用紫、绿、桃红及各种浅淡颜色，不许用大红、鸦青、黄色。带用蓝绢布制作[①]。明代帽顶上亦有沿用者，如用玉、金珠、银、玛瑙、水晶、香木等。嘉靖间锦衣卫正堂陆炳的章帽（皮、毡笠）上即用宝石顶。洪武间定庶民"帽不得用顶，帽顶之珠，许用水晶香木"。《暖姝由笔》载："国朝创制，前代所无者，儒巾、折扇、四方头巾、网巾。"

四、明张楷《孔子圣迹图》中出现的部分帽冠

北京孔庙藏张楷《孔子圣迹图》，是由北京市文物局通过文物征集后转入北京孔庙收藏的。此图长 2240 厘米，宽 36.4 厘米，卷轴装。其中，画心长 1865 厘米，宽 36.4 厘米。长卷卷端署"孔子圣迹图，明名臣张楷图像并赞"，卷尾有跋文 3 篇，其一为明人张楷自书跋语；其二为张楷友人邓棨跋语；其三为邓棨之无锡同乡裴景福所作之跋语。全卷绘孔子生平事迹图 20 事，每图均配以简略叙事及四言赞语，均出现种类不一的中国古代冠巾，详见表一。

---

① 周锡保，《中国古代服饰史》，中国戏剧出版社，第 382 页。

表1

序号	名称	种类								
		束发冠	巾	帻	毡帽	幞头	幅巾	大帽	凤翅冠	梁冠
1	夹谷会齐	√			√					
2	灵公问兵	√		√						
3	诛少正卯			√				√		
4	丑次同车	√	√	√	√					
5	宋人伐木	√		√						
6	微服过宋	√		√			√			
7	适卫击磬	√		√						
8	楛矢贯隼	√								
9	西河返驾	√					√	√		
10	子路问津	√						√		
11	匡人围攻	√		√			√			
12	学琴师襄	√				√				
13	因膰去鲁	√		√		√	√	√		√
14	在陈绝粮	√		√	√				√	
15	子西沮封	√								√
16	删诗正乐	√								
17	西狩获麟	√		√				√		
18	逍遥于门	√								
19	治任别归	√								
20	汉高祀鲁	√		√						√

　　1.束发冠：用金、玉或木制成，冠身为卷云式（向后），上有凸梁，一般为五道，冠底左右两侧或前后正中处有孔，插一枚或两枚小簪作为固定。《三才图会》中说："其制小仅可撮其髻，有一簪中贯之。此与雷巾皆道流服也。"束发冠一般指加束于发髻上的冠，是一种发罩，固定在发髻上，以正容体。是华夏先民制定服饰时效仿鸟类头顶冠所创，传统冠的一种。束发冠出现于五代，曾被称为矮冠或小冠。后梁时出现的这类小冠，至宋代更为流行。陆游诗："室无长物惟空榻，头不加巾但小冠。"所咏正是此物。但陆游诗又曾说："久抛朝帻懒重弹，华发萧然二寸冠。"其所谓"二寸冠"也指小冠，却用了汉代杜钦的典故。《汉书·杜钦传》："钦字子夏，少好经书，……为小冠，高广才二寸。由是京师更谓钦为小冠杜子夏。"杜钦之冠固应为西汉式样，不过有意做得特别小而已，应与宋代小冠的形制不同。苏辙《椰冠》诗云："垂空旋取海棕子，束发装成老法师。"可见此名称在宋代已呼之欲出。到了明代，"束发冠"在文献中就比较常见了。

宋代的束发冠可以单独戴，如宋画《折槛图》中的汉成帝、《听琴图》中的抚琴者，均只戴束发冠。它也可以戴在巾帽之内。可是到了明代，束发冠的地位变得很特殊，明赵琦美《脉望馆抄校本古今杂剧·马丹阳三度任风子》中之"东华仙"，戴的就是"如意莲花冠"。明代的男子也只能把束发冠掩在巾帽之下，所沿袭的仍是宋代在巾下戴小冠的那种作风，不这样戴就显得很不随俗[1]。在图像资料中，虽然巾下的束发冠不易表现，但如四川平武报恩寺万佛阁明代壁画、山西右玉宝宁寺明代水陆画，乃至万历刻本《御世仁风》的版画中，都能看到这样的例子，其中有些还画得十分具体。

2. 巾：本是用一幅布裹头，宋代的士大夫所戴的巾帽不胜枚举，不拘一格，如山谷巾、华阳巾、温公帽、伊川帽、高士巾、逍遥巾、仙桃巾等，有的巾帽即是以某一士大夫的名字命名，如东坡巾，又名乌角巾，北宋大文学家苏东坡常戴这种巾，因而称为东坡巾。《东坡居士集》中有："父老争看乌角巾"的句子，应为当时新奇的样式。宋时的文人雅士或隐逸的野老都喜戴东坡巾，一时流传开来，并以戴此巾为高雅，此巾的式样有四墙，即墙外又有墙，外墙比内墙少杀，前后左右各有角（即墙面之角）相向着外墙之角而介在两眉之上。在明代尚见到东坡的画像，所戴的巾即作此式。山谷巾为书法家黄山谷所戴。温公帽为史学家司马光（赠温国公）所戴。伊川帽，又叫程子巾，为理学家程颐（世称伊川先生）所戴。宋初隐士陈抟戴华阳巾见宋太祖，宋太祖退朝后也戴华阳巾。仙桃巾，其状如桃形，明代李士达所作的《西园雅集图》中秦少游即戴仙桃巾。宋画中有双桃巾，宋徽宗曾戴并桃冠，可见桃形巾、冠为宋代流行的样式。有的是以纱葛材料为名。一般士人又有裹结带巾的。唐巾又有二带、四带之别，四带即幞头。苏东坡有谢人惠赠云巾诗，云巾又名燕尾巾。

宋代幞头是文武百官的规定服饰，而文人士大夫则以裹巾为尚，又恢复了古代的幅巾制度，主要是为了标榜清高，与众不同。他们的服饰推动了当时的服饰变革。《清明上河图》和《中兴桢应图》所绘的士、农、工、商的巾帽样式各异，不一而足，说明巾帽流行之广[2]。到了南宋，戴巾的风气更加普遍，朝廷的官吏也以裹巾为雅，冠帽之制渐衰。

3. 帻：在古代，士以上方可戴冠，帻是庶人们戴的。所谓帻者，是韬裹鬓发使之入帻中而不致蓬乱，作为覆盖发髻之用，也可以作为覆髻之巾。有人说，明代的网巾是由帻演变而来的，是说帻的作用与明代的网巾相似。在宋代，帻只施之于乐

① 孙机著，《中国古舆服论丛》，上海古籍出版社，2013年，第295页。
② 华梅著，《中国服装史》修订本，天津人民美术出版社，1994年，第113页。

工、仪卫中用之。《东京梦华录》载："乐工裹介帻如笼巾者"即是。

4.毡帽：士兵戴的毡帽始于五代十国，后来宋代开始大量使用，叫作"范阳笠"。根据宋人绘《凌烟阁功臣图·薛仁贵像》中薛仁贵所戴宋制笠子设计。笠子为毡或皮制，是宋代普通军士和士兵所戴的军帽，这种笠子在元、明、清代也很常见。

5.幞头：又称"襆头""服头"或"裹"，别称"四脚"。是种黑色的包头巾，贵贱通服。由东汉裹发幅巾演变而来，北周武帝时改进为"幞头"。因幞头材质柔软，隋时为解决其裹发后难以成型的问题，开始在幞头里加桐木骨子，使顶高起，称"军容头"或"特进头"。唐朝初年，幞头得以定型，并成为唐代代表性首服，其制为黑色方形纱罗外加四条带状"脚（角）"，裹发时先以前面较长的二脚包过前额，绕至脑后系紧，并使之垂于后肩，余下二脚由后向前，沿发髻系结于额上，并内衬巾子，使之呈现饱满的立体造型。唐封演《封氏闻见记》："幞头之下，别施巾，像古冠下之帻也。"

唐代幞头呈现多样化，名目繁多。其式样变化首先在于对轮廓有决定作用的巾子。脑后两脚也是变化的重点：不仅有长短、软硬之分，方向上还有下垂与起翘的区别，其中有"长脚幞头""短脚幞头"；又有初唐至盛唐的纱罗制"软脚幞头"，中晚唐内衬硬骨的"硬脚幞头"，另有皇帝所用脚向上的"折上巾"。幞头在材质也有丝织品的"软裹"与内衬木料而成型的"硬裹"，晚唐以后又演变出"漆纱幞头"[1]。唐以后至宋元，幞头仍沿用，并不断演变。唐代幞头不仅为男子所用，甚至女子着男装时也可使用。

6.幅巾：也叫风帽，汉族服饰，唐代男女皆戴的首服。帽顶圆而低矮，帽后及两侧饰厚巾披肩，掩耳护后脑，以防风寒。多为老年人蔽挡风寒之用，又曰"风兜"，后来又称"观音兜"，可能与观音大士戴的帽相似而得名。有夹、棉、皮不同材料。帽色以红、蓝、紫、深青为多，一般用黑色。到光绪年间，上海地区流行戴红风兜，以绸缎或呢为面料，另加饰锦缘。戴时加小帽之上，老太太、和尚、尼姑也佩戴，但都多用黑色。

7.大帽：即古代的笠子，形如烟墩帽[2]而有帽檐，凡科贡人监生有恩例者方许戴此种大帽。《三才图会》载：大帽，尝见稗官云，国初高皇幸学，见诸生班烈日中，因赐遮阳帽，此其制也。今起家科贡者则用之。

①杭间主编，《服饰英华》，山东科学技术出版社，1992年，第149页。
②烟墩帽直檐而顶稍细，上缀金蟒或珠玉帽顶。冬用鹤绒或纻丝、绉、纱制作，夏用马尾结成，内臣所戴，四川阳城明墓有戴烟墩帽俑出土。

8. 凤翅盔：古代头盔，多以厚皮革制成。为了防额掩耳，在前额至两耳前以铜铁片饰成飞鸟双翼，如凤翅，成迎风式大檐帽，故称凤翅盔。盔顶加铁片缀翠玉明珠，饰红缨更显得英武。此种盔源于唐而盛行于宋。

9. 梁冠：最早的梁冠始于西汉，又叫卷梁冠，是古代帝王大臣所用的冠帽。此帽用铁制成，冠前有道数不定的梁，以梁的多少定等级尊卑。东汉通行，唐宋沿用，但形制有较大变化。帝王所用这种形制的礼冠称为通天冠。冠梁为五梁，也可作七梁，这与唐通天冠之制不符，与皇太子的远游冠三梁亦不符，但天子亦冠五梁远游冠。自唐以后，冠制已不作前高而倾斜向前，这是与前期的形制已逐渐演变。明人（《潜确居类书》）进贤冠条中有："今文臣冠，进贤冠也，其不用者，后高前低耳（按，应作前高后低）"[1]。但冠式改为后高于前者，是由于时间的推移，逐渐趋于平而至后改为后高于前的形式。

五、结语

在我国传统社会，儒家代表人物孔子的服饰观以仁义为道德典范，以等级、秩序和礼仪来约束着装，强调服饰的政治伦理意识，突出社会礼仪规范。明张楷《孔子圣迹图》辗转流传至今，已有五百多年的历史，是我国现存最早、反映孔子事迹、具有完整故事情节的连环画，同时也是一部形象化的孔子编年史。本文通过对张楷《孔子圣迹图》，中所展现冠服的种类、样式特点进行初步分析，为进一步研究张楷《孔子圣迹图》打下了基础。

绳博，孔庙和国子监博物馆文物保管部，副研究馆员

---

①张秋平、袁晓黎主编，《中国设计全集》第 6 卷，服饰类编·冠履篇，商务印书馆，2012 年，第 30 页。

光绪三十年（1904年）甲辰恩科进士题名碑进步先驱回望

张　慧

摘要

光绪三十年(1904年)甲辰恩科进士题名碑是科举史上的最后一通进士题名碑。本文通过挖掘进士题名碑上在教育、爱国等方面涌现出的进步人士事迹，延伸进士题名碑及科举制度影响的时间持续性。同时，也从另一个方面对深挖进士题名碑历史、文化价值提供了多维度探索的空间。

关键词

进士题名碑；进士；教育；爱国

　　北京孔庙现存进士题名碑共计198通，其中元代3通，明代77通，清代118通。这些碑上镌刻着51624位进士的姓名、籍贯和名次，蔚为壮观。这些进士题名碑对于研究我国元、明、清三代的科举史具有重要意义，是物化的中国科举历史见证。科举，虽然是封建王朝的选贤制度，且随着清王朝的覆灭流入历史尘埃，但其影响却绵延至民国时期，甚至是之后革命战争时期。通过对光绪三十年（1904年）甲辰恩科第一甲、第二甲及第三甲所有人物的梳理、考证、研究，不难发现，其中竟有不少进士曾在新的历史时期发挥着举足轻重的作用。他们对国家、家乡等不同领域的发展做出了卓越贡献。作为科举制度选拔的人才，他们在新的历史时期实现了自己的人生价值，造福一方。

一、科举及进士题名碑

　　"科举"就是分科选举人才的意思。中国科举制度是中国历史上古代封建统治者为选拔官员所设置的一种考试制度，其目的在于让更多的读书人参加考试，并通过考试让士子们实现"学而优则仕"的理想。科举制度源于汉朝，创始于隋朝，确立于唐朝，完备于宋朝，兴盛于明、清两朝，废除于清朝末年。至清光绪三十年（1904年）正式废除。科举制度历经1300多年，终因时代的变迁，社会的动荡，清政府的衰败，走向了终结。

明清时科举考试分三级进行，即乡试、会试和殿试。根据成绩高低分为一甲、二甲、三甲三等，一甲第一名为状元，第二名榜眼，第三名称为"探花"，二甲、三甲若干人，赐进士出身；其他称为"进士出身"或"同进士出身"。世人统称"殿试"的录取者为"进士"。"进士"亦逐渐成为光宗耀祖、令世人羡慕的尊称。在我国古代漫长的科举考试中，共产生700余名状元，11万余名进士。这些进士也成为中国历史的"塑造者"。

北京孔庙作为进士题名碑的珍藏地，为后人研究这些进士的重要历史信息提供了重要平台。进士题名碑缘于唐代的"雁塔题名"，"雁塔"就是今西安的大雁塔，又名"慈恩寺塔"。新进士雁塔题名亦是一件极大的荣耀，而且成为一件为人称道的雅事。唐代的雁塔题名可看作是新科进士们的自发自主行为，从宋代起，进士题名碑的刻立便成为一种官方行为，并基本延续至科举制度终结。

北京孔庙的061号碑为清光绪三十年（1904年）甲辰恩科进士题名碑，无论从碑首、碑身、碑座的形制、石质、纹饰、刊刻字迹等方面都无法与朝廷所立进士题名碑相比，石质粗糙，字迹清秀但刊刻较浅，缺乏力度，纹饰雕刻略显呆板，整体欠缺厚重感。究其原因则是由于此时清王朝已是摇摇欲坠，国库早已空虚，已无力负担刊刻碑的银两，只能由末科进士通过自发筹集银两刻碑立石。科举制度虽然历经1300多年，到清末已是腐朽不堪，退出历史舞台是大势所趋，但它仍然选拔出了有用的人才，这些人物见证了从封建王朝到新时代的转变，他们甚至在革命阶段都为国家的解放复兴鞠躬尽瘁，充分体现着这些学子践行儒家"修、齐、治、平"的人生准则。岁月流逝，矗立百年的进士题名碑仍散发着不可替代的历史价值，碑上的字迹虽已模糊不清，但这些进士的名字却值得后世铭记。

二、清光绪三十年（1904年）甲辰恩科进士题名碑上的进步先驱

清光绪三十年（1904年）甲辰恩科开科于清廷风雨飘摇之际，此时的清政府已难挽颓势。但这一科选出的进士却有不少都成为新时代下顶天立地的人才，他们在不同领域实现着自己的理想，提升着自己的人生价值。以至他们的后人仍步其后尘，为社会做着应尽的贡献，被世人铭记。

（一）出身科举，终成教育先驱

1. 终身致力于家乡教育及汉字改革的贺维翰

贺维翰，字儒楷，彭州市利安乡三合村人，二甲第十名。被授翰林院庶吉士、翰林院编修加侍讲衔。

因其目睹了清末民初的社会状况，封建社会已处于衰败时期，教育的腐朽性已十分明显，故此他深知教育的重要性。这不仅关系到自己的命运，更与国家的强大息息相关，教育强则国家强。为此随着清末教育制度的变化，相继出现了京师大学堂等一批新的教育模式和新的教学内容。贺维翰积极响应并投身其中，一生致力于四川的教育事业，在成都纯化街尚友书塾任教，兢兢业业，教书育人，桃李满天下。1922年至1924年，担任彭州中学堂校长、《万源县志》总纂等职。后与车耀先一起，专注研究注音字母①，不断探讨汉字改革，他的举措为中国的汉字改革奠定了坚实的基础。除此之外，他还主持彭县的慈善事业，因百姓不堪苛税和征兵的逼迫，纷纷声讨，贺维翰为此写下了"忽然本地起风波，只为贪残造孽多""剥削重重生反抗，怨声载道那堪听"的诗句。从句中可以看出他对剥削者的痛彻心扉，对贪污者的恨，对百姓疾苦的同情，以及带领百姓共同掀起反抗的决心。贺维翰致力于声讨社会的不公行为，为百姓行善做事。

作为科举进士的贺维翰一生博学多才，诗、书样样精通。其一生著有《菊花百咏》《庚辛诗集》《百花山馆诗集》《文字碎锦》《音韵汇迥》等书籍。

2. 开创安徽女子入学读书之先河的许承尧

许承尧，字际唐、苂公，徽州府歙县人，二甲第四十名，入翰林。近现代方志学家、诗人、书法家、文物鉴赏家。

在甘肃任职期间，许承尧悉心搜集敦煌石窟的藏经，并购得敦煌写经数百卷，其中最具收藏保存价值的约有40卷。他将这些写经认真整理、精心保存于藏书楼，取名"晋魏隋唐四十卷写经楼"。其中一件唐代《二娘子家书》无比珍贵，内容是二娘子写给其母的家信。许承尧从敦煌写经裱背剔得，原为唐人裱补经卷时用的一张衬纸被保留下来，成为难得一见的唐代私人信件，并邀请名家题跋合装成册，堪称稀世珍品。如今，这一件珍贵的历史文物被收藏在安徽省博物馆。

许承尧对书帖和绘画作品具有极强的鉴赏力，更具有对藏品保护的先见之明。他对于历史珍品的整理收藏，体现了在当时的历史时期下，其独到的艺术鉴赏力和

光绪三十年（1904年）
甲辰恩科进士题名碑进步先驱回望

---

①注音是民国时期创造出来给汉字注音的一套拼音系统，注音符号是以汉字为基础，加以简化用来标音。即在汉语拼音方案公布以前用来标注汉字字音的音标，采用笔画简单的汉字，有的加以修改，共有二十四个声母和十六个韵母。

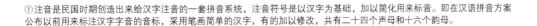

文物保护意识。以至于到了今天，我们不得不感慨先生留下的这些宝贵财富。许承尧逝世后，家人将其所有藏品和手稿都捐献给了安徽省博物馆。

许承尧对家乡的热爱，体现在方方面面。首先，许承尧致力于家乡文物的保护。与乡贤江彤等重修渐江墓，及周围的披云厅、经藏寺、长庆塔等古迹。其次，1932年至1936年，许承尧参与《安徽丛书》的编刊。1933年，先生倡议重修《歙县志》并担任总纂。该志凡十六卷，内容搜集广泛，经过三年努力，重修完成。许承尧在长期治学中，博览群书，完成了《歙事闲谈》（又名《歙故》《歙事征》）30卷（抄本）、《新安佚诗辑》4卷、《明季三遗民诗》（抄本）等，为后人研究歙县历史和民情提供了宝贵的资料。另撰有《疑庵文剩》《疑庵随笔》《疑庵藏书画录》《疑庵日记》《〈蕙音阁诗集〉评点》，著有《歙县志》《歙故》等。第三，创办新式学堂。许承尧先后创办新安中学堂、紫阳师范学堂，后因特殊原因而中断，安徽巡抚冯煦奏称"皖南学务以皖歙最早，歙县兴学，则自许氏。"尤为值得称道的是，许承尧注重对女子教育的投入。清光绪三十一年（1905年），许承尧在村中创设敬宗小学、端则女校，使当地教育平等化，开创安徽女子入学读书之先河，使"有教无类"在当时的历史环境下极大地向前发展。

爱国，一个根植于内心，一个永远值得歌颂的主题，是千千万万华夏儿女的共同心声。从古至今，一直萦绕在我们心头。许承尧正是如此，他善于写诗，其深刻内涵在于用诗来抒发内心情怀，悲愤、忧国忧民、赤心报国的忠诚，表现出受儒家正统教育出身的爱国进士，在民族灾难深重之时的爱国情怀。

3. 中国教育制度的开创者苏源泉

苏源泉，字本如，老君坡乡人，二甲第四十九名。光绪皇帝朱笔签发告奉：钦签礼部主事加四级，诰授中宪大夫，官授礼部主事。与同胞兄弟苏耀泉、苏绍泉并称会宁"苏门三进士"。因其出生书香门第，从小便受到严格的教育，秉持家训和人生的处世哲学，一生不为官所累。苏源泉秉承以"清、慎、勤、俭"四字自励。其任礼部主事的20年里，为官清廉，律己奉公，恪尽职守，始终坚守自己的做人准则和追求的理想信念。

民国初年（1912年），苏源泉任国民政府审计院协审官，继任内务部佥事期间，依照他在会试中的观点，以《学堂之设，其旨有三，……为最急策》为题，系统论述了兴学主张："学堂之设，其旨有三：所以陶铸国民，造就人才，振兴实业。国民不能自立，必立学以教之，使皆有善良之德，忠爱之心，崇尚武艺之精神，此陶铸之国民教育也。讲求政治法律，理财外交诸专门以备任使，此造就人才之教育

16

也。分设农工矿诸学，以富国利民，此振兴实业之教育也。三者孰为最急策?"[①] 在这段话中，苏源泉提出了独到的见解和主张。苏源泉主持制定了中国教育制度，并于民国元年（1912 年）至民国二年（1913 年）公布，史称《壬子—癸丑学制》。其中一些基本的内容，至今仍为各级各类学校沿用。

中国现代学制来源于中国的近代学制，自 1903 开始公布，1904 年逐步实行，至 1911 年辛亥革命以后废止。为单纯男性教育的学制，而没有女子受教育的学制，它对旧中国的学校制度影响很大，以后学校制度的建立，实际上是从这个学制演变而来的。

壬子癸丑学制是南京临时政府制定公布的学制系统。以日本学制为标准制定。公布年限为 1912—1913 年，因干支分别属壬子、癸丑，故得名。之后为了适应新的教育改革形式，教育部又陆续公布了一系列法令规程，在教育内容上更加全面系统，使壬子学制不断完备，这也是中国颁布的第一个现代学制。学制规定全部的教育年限为 18 年，6 岁入学，废除了教育上的两性差别，取消了单纯的男性教育的弊端，女性教育得到了重视。可以说，它是中国学校教育制度的"先行者"。

4. 兴办近代女学教育之先河的季龙图

季龙图，本名季新山，字景范，原名瑞章，祖籍阜宁东北八滩（今属滨海）季家圩（今东兴村），二甲第五十二名。奉召赴日本东京大学攻读政治，曾任刑部主事、江苏省高等审检厅江北厅厅长等职。

女子教育在封建社会几经反复、历经坎坷，其传承与嬗变的轨迹随着社会的不断进步而逐渐受到社会重视。对于唯有男子独享教育权利的社会问题，季龙图认为，女子教育在整个教育事业中占有重要地位，同时通过教育亦可大大提高女子的社会地位。女子教育是思想解放的前提，更是妇女进步的关键所在。女子教育为中国的妇女解放和现代新女性的产生做出了突出贡献，并从不同侧面对中国历史的发展产生了积极影响。因此季龙图开辟了盐阜地区乃至江淮一带兴办近代女学之先河。同时也正是有了像康有为、梁启超、谭嗣同等人倡导的妇女受教育与否事关国家的前途命运，天下积弱之本，必自妇女不学始这一思想的指引，季龙图积极提倡女子教育。女子教育的发展是近代女权运动强烈呼唤的重要产物。随着西方人于 1844 年创建的女子学校在浙江的创立，之后多所女子学校应运而生。清光绪二十三年（1897），季龙图在盐城创办了新式女子学校"养正女塾"，创立了盐城学会，积极革新教育，推动新学，对盐城近代教育的开创与发展，以及女性思想解放做出

---

① 本段文字引自网络。

了巨大贡献，使盐城的近代教育出现了新局面。这不仅使盐城地区的平民女儿有了求学之所，受了现代知识的教育，也为她们今后的发展提供了思想上的大解放。在教育、教学方面他敢于大胆创新，办学宗旨和教育形式多样化，成就卓著。

民国十七年（1928年），季龙图又开办了盐城贫女院，把教育与慈善事业结合起来，专门招收那些贫孤女孩，供给衣食，更注重艺文并教。除文化课外，特增设了缝纫、刺绣等女子技艺，对外承做加工业务，既学到了手艺，又掌握了将来谋生的本领。女子教育内容的多样性既保留了女子教育中不可或缺的家政内容，又照顾到女子性别的差异特色。女子教育的兴起和发展促进了女性身体和精神的解放，从"三从四德"到所谓的贤妻良母，从而固守着封建礼教的信念。女子教育的兴起打破了传统观念对她们的束缚，为女性的发展创造着宽松的社会环境，同时提高了女性参与社会生活的能力，为实现男女平等奠定了基础。这些对推动我国早期女子学校的发展起到了作用，逐步改变了她们的思想观念和生活习惯，为那些贫困女子的成长发展提供了保障，对于今后教育事业的发展具有一定的借鉴作用。

（二）修齐治平，铸造爱国忠魂

1. 用画笔书写爱国精神的张琴

张琴，字治如，晚号石匏老人，福建莆田人，二甲第一百零六名。授翰林院编修。

光绪三十一年（1905年）废科举，兴学校。张琴曾先后任涵江崇实中学堂教员，官立兴郡中学堂监督（校长），莆田国医专科学校校长兼授医学史，兼任福建省教育司长，致力于教育事业，培养人才。宣统元年（1909年），张琴奉命北上京城，并被任命为翰林院编修。

1913年，张琴当选为国会众议院议员，赴北京任职。他和友人创办《亚东新闻》并兼主笔，撰写大量社论，以锐利的眼光，抨击袁世凯刺杀重要的国民党人宋教仁的恶行。后赴广州参加由孙中山领导的反对北洋政府，在广州另立中华民国军政府的护法运动，并任护法国会众议院议员。随着辛亥革命的爆发，清王朝被推翻，封建制度成为历史。但国家仍旧贫穷，人民生活贫困的局面仍在继续。目睹家国飘摇，张琴写下爱国诗篇："墨沈泪痕渍不干，漏舟歌舞醉方酣。茫茫海水将沉陆，留好江山画里看。尺幅居然千里势，小诗抵作万龙吟。劝君莫试并州剪，一寸河山一寸金"。通过诗歌，张琴书抒发自己的爱国情怀，更用书画展现当时的社会状况，以此来激发人们的爱国热情，保家卫国，用自己的行动改变家乡面貌，彰显了一个爱国青年的远大志向。

张琴才能卓著，诗文书画样样精通。其主要著作有《桐云轩诗文集》《桐云轩书画集》《桐云轩读〈尔雅〉》《六书考源》《南山志》《莆田县新志稿》《张琴题画诗七百首》等。其中最为重要的是于民国十七年（1928）前后着手纂写的《莆田县新志稿》。县志记载的是一个县的历史、地理、风俗、人物、文教、物产等。莆邑立县于唐，邑志肇修于宋。元、明、清的各朝各代都有对县志不断增补。张琴所纂《莆田县新志稿》将莆田县历史记录的时间节点延续至抗战胜利之时。但遗憾的是，《莆田县新志稿》未能刊行，所幸其传抄本现藏于福建师范大学图书馆和福建省图书馆。《莆田县新志稿》详细记载了莆田县的发展历史，脉络清晰，其为后人研究当地人文、历史、经济等诸多社会现状方面提供了弥足珍贵的史实。

张琴尊孔重儒，如历代爱国知识分子一样，以"天下兴亡、匹夫有责"为己任，时刻关心国家的前途和命运，为家乡做了诸多善事。张琴的一生经历了清朝、北洋军阀、国民党统治和新中国建立等历史时期，目睹了辛亥革命、大革命、十年内战、抗日战争、国内战争等重大历史事变。面对国民党右派背叛革命，疯狂屠杀共产党人和工农群众，张琴赋诗一首，表达了他的愤慨之情，以及对同胞的深情厚爱："白日看渠个个忙，杀人放火只寻常。江淮风雨多奇事，儿女英雄具别肠。画里遁逃元有数，眼前傀儡各登场。耐庵演义青芝绘，一样传神笔有芒。"当时，屠戮爱国人士屡见不鲜，多少仁人志士为了家国安定，民族统一，最终为国捐躯，体现了文士"先天下之忧而忧，后天下之乐而乐"的家国担当，更是家国情怀和大无畏的爱国精神的诠释。

在漫长的封建社会中，兴化大地上孕育出1700多名进士。张琴则是兴化历史上在科举制中产生的最后一科进士，同时更是值得后人铭记的爱国艺术家、诗人，其事迹是文人士大夫爱国精神的写照。

2. 如金石般坚韧的爱国篆刻艺术家钟刚中

钟刚中，字子年，号柔翁，广西邕宁县刘圩乡刘圩街人，二甲第一百零九名。任吏部主事（未到职），晚年任中央文史馆馆员。曾考取清廷官派日本留学生，毕业于日本早稻田大学法律专业，是清代晚期第一批七位留学生之一。

民国初年，钟刚中曾任湖北省通山及直隶成安、宁晋等县知事。1937年定居北平。抗日战争时期，面对日本侵略者的侵袭，中国人民团结一心，共同抗日，彰显出中国人民的民族气节和爱国精神。钟刚中便是众多人中的一员，他为人一身正气。面对生活的困境，以及年幼的孩子，断然拒绝了同为留日同学的北平大汉奸王揖唐妄图拉其入伙的要求，显示出了大义凛然、誓死不当卖国贼的民族精神。生活虽苦，但根植于内心的爱国热情却从始至终。后钟刚中又亲自将孩子送到抗日前线。北京解放后，老一辈无产阶级革命家彭真同志对钟刚中的爱国主义精神大为赞许。

除此之外，钟刚中还潜心研究金石书画艺术，并与其他名人共同组织诗社，并相互促进，相互激励，创作热情高涨，终成一代艺术大师，为中国的文化艺术事业做出了突出贡献。其艺术作品得到了张大千、启功等大师的赞誉。弟子中国书协会员王任刻治的"大风堂门人"一印，曾被张大千认为"规矩而不板滞，大有古铜印韵味"，评为印中佳品。

篆刻，亦即治印之术，是我国传统艺术之一，与字、画有着同等齐观的地位。钟刚中的篆刻作品大部存于《桴堂刻印》一书，其间拟玺、汉印、汉砖等。虽师从名师黄牧甫，但他确有独到见解，认为刀法服从笔法，不仅要有"刀味"，更要有"笔味"独成一家，做到刀法和笔法的统一。受之名师，却是青出于蓝而胜于蓝，多年的篆刻功底已形成了一套自己的独有风格，体现了他对中国治印深入研究的精髓所在。钟刚中这位经历了清末、民国、新中国三个时代的老人，在中国的历史上写下了光辉的一页，无论在保家卫国、金石篆刻研究等方面都留下了闪光的印记。领略其一生的功绩，令后人为之赞叹。

三、结语

进士题名碑上这些人物，随着时代的变迁，碑上的字迹虽已模糊不清，但上面的名字确如同星辰一样闪耀，给后人留下不可磨灭的印迹，带给人们更多的遐想。通过梳理清光绪三十年（1904 年）甲辰恩科进士题名碑进士的生平事迹不难发现，科举制度虽然消亡，但通过科举所塑造的具有儒家经世致用精神的士人气节，在中国近现代史上甚至成为推动社会进步的巨大力量。研究这些人物背后的故事，我们深刻地感受到历史及科举进士与我们的生活并不遥远，走近他们、了解他们、解读他们、铭记他们，让他们的名字和功绩得以传承并不断发扬。

张慧，孔庙和国子监博物馆文物保管部，副研究馆员

浅述北京孔庙
进士题名碑的保护工作

马　琛

摘要

北京孔庙和国子监博物馆院内收藏有198通进士题名碑，这些石质文物是我国元、明、清三代科举制度最珍贵的实物见证。历经数百年风雨侵蚀等自然因素和人为因素的破坏后，这些曾经露天存放的大部分石碑都出现了不同程度的风化。本文主要回顾、梳理了自2005年原孔庙和国子监管理处成立之后的十几年里，所开展的进士题名碑保护工作，以期为今后进一步保管好、传承好、利用好这些具有重要历史价值的石质文物提供一定的参考借鉴和研究依据。

关键词

北京孔庙；进士题名碑；保护方式

一、北京孔庙进士题名碑概述

"石质文物是指各级文博单位收藏或保存的，在人类历史发展过程中遗留下来的具有历史、艺术、科学价值的，以天然石材为原材料加工制作的遗物。主要包括：石刻文字、石雕（刻）艺术品与石器时代的石制用具三大类别，以及各类文博单位收藏的建筑石构件、摩崖题刻等。"[1]

北京孔庙和国子监博物馆院内收藏的 198 通进士题名碑，记录着元、明、清三代 51624 名进士的姓名、籍贯以及名次，其中元代进士题名碑 3 通；明代进士题名碑从永乐十三年乙未科（1415）起至崇祯十三年赐特用出身科（1640）共 77 通；清代进士题名碑从顺治三年丙戌科（1646）起至光绪三十年甲辰恩科（1904）止，共 118 通，其中正科 112 通，乾隆四年（1739）、十年（1745）、十三年（1748）、十六年（1751）翻译科 4 通，顺治九年（1652）、十二年（1655）满洲进士科 2 通。这些石碑就如同一本本厚重的史书，记载了丰富的历史信息，它们是研究我国元、

---

① 中华人民共和国国家文物局发布：《中华人民共和国文物保护行业标准石质文物保护修复方案编写规范》，WW/T 0007–2007。

明、清三代科举教育制度的第一手文献材料，具有独一无二的史料价值和艺术价值，在全国范围内堪称孤品。因此，保护好、传承好、利用好这些宝贵的历史文化遗产，具有重要的历史意义和现实意义。

二、进士题名碑的保存现状

石质文物的损坏是一个量变到质变的过程。随着岁月的流逝，石质文物"在长期使用、流传、保存过程中由于环境变化、营力侵蚀、人为破坏等因素导致的石质文物在物质成分、结构构造、甚至外貌形态上所发生的一系列不利于文物安全或有损文物外貌的变化。"[1]在历经数百年风雨侵蚀等自然因素和人为因素的破坏后，曾经露天存放的进士题名碑，由于石碑材质不同，时间跨度较长，表面均出现了不同程度的风化，部分进士题名碑还存在断裂、局部缺失（图1）、裂隙与空鼓、粉化剥落、表面沉积与变色污染（图2）等病害。有些进士题名碑上的文字漫漶较为严重，有的字迹已基本消失。石刻文物的病害随着时间的流逝必然会越加严重，保存现状不容乐观。如果不及时对进士题名碑加以抢救性保护，它们自身特有的历史信息将越来越少，不仅失去了科学研究的价值，也无法给子孙后代保留下这份珍贵的历史文化遗产，因此文物工作者要采取积极、慎重、科学的态度，坚持以防为主、防治结合的原则，不改变现状和过程可逆的原则，运用行之有效、切实可行的保护

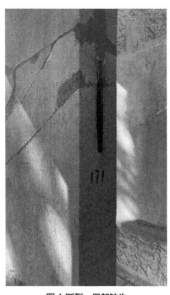

图1 断裂、局部缺失

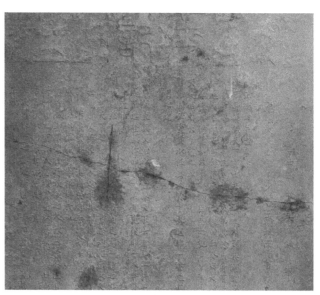

图2 表面污染

---

[1]中华人民共和国国家文物局发布：《中华人民共和国文物保护行业标准石质文物保护修复方案编写规范》，WW/T 0007–2007。

手段，改善文物保存环境，提高文物材料自身抵抗外界因素影响，使文物尽可能长久的存在人力可控的范围内，从而保护好这些不可再生、不可替代的宝贵资源。

三、进士题名碑的保护工作

"文物保护研究的主要内容是研究保存环境对文物的影响，控制环境因素，防止环境因素对文物的破坏，进而研究如何采用新的、性能良好的保护材料和新的保护方法来提高文物抗老化（变质）能力，使已遭到损蚀破坏的文物得以抢救性保护处理，使文物材料的病害清除，强度增强，重新变得稳定。"[①]

自 2005 年，原孔庙和国子监管理处成立以来，文物保管部就对馆内 477 通石质文物开展了一系列的整理保护工作，除了整理和研究进士题名碑录文、三维数字化扫描等主动的预防性保护工作以外，还开展了石刻文物的物理保护，主要包括搭建保护棚、围栏，扶正加固石碑等几个方面的工作。

（一）进士题名碑预防性保护

"保护为主、抢救第一、合理利用、加强管理"是文物工作的基本方针，也是文物保护的基本方针。2015 年，国家文物局发布的《中华人民共和国文物保护行业标准》中明确提出：预防性保护理念即"通过有效的管理、监测、评估、调控，抑制各种环境因素对文物的危害作用，使文物处于一个'洁净、稳定'的安全保存环境，达到延缓文物劣化的目的。"文物保护要以防为主，防治结合，其中的防即是防患于未然，采取主动行动来防止，也就是尽量减少外界因素对文物的损坏，以期达到防止和延缓文物老化进程，尽量延长文物寿命的目标。

1. 进士题名碑的录文整理工作

进士题名碑除了记载进士的相关信息外，部分碑身还刻有碑记，记录了当科的考试情况以及与科举考试有关的历史信息等，这些文字具有较高的史料价值，缺失了，就无法获取有价值的学术资料，进士题名碑的文献价值将大大降低。为了能长久留存文字信息，文物保管部开展了进士题名碑的录文整理工作。

首先，按照《中华人民共和国文物保护法》的规定，进行了"四有"工作，即有保护范围、有标志说明、有记录档案、有专门机构或者指定专人负责管理。文物

① 王蕙贞编著：《文物保护学》，文物出版社 2009 年版，第 13 页。

保管部对孔庙和国子监博物馆两院的石质文物进行考察、测量、拍照、登记，详细填写博物馆藏品编目检索卡片中朝代、尺寸、保存现状等内容，对于进士题名碑的基本信息有了充实、完整的资料，做到了摸清家底，心中有数。

此项工作结束后，保管部同事就着手开展进士题名碑的录文整理。秉承科学严谨的工作态度，由王庆武老师带领，马琛、李瑞振同志先后参与了录文的整理誊写工作。本着忠实再现进士题名碑碑文历史原貌的宗旨，工作中从馆藏进士题名碑拓片入手，结合进士题名碑实物，在校对过程中以古代原始文献张朝瑞的《皇明贡举考》等为参校本，并借助朱保炯、谢沛霖先生的《明清进士题名碑索引》《北京图书馆藏中国历代石刻拓本汇编》等书籍，实物、资料、文献相互参考，相互印证，进行认真、细致的校对、考证，并将结果做了详细的记录，做到实物、检索卡片、拓片录文内容相符。经过六年的不懈努力，截至 2014 年年初，共整理了 52 通进士题名碑的录文（详见表 1），其中明代进士题名碑 31 通，清代进士题名碑 21 通。此项工作取得了一定的科研成果，客观、可靠、真实地补正文献资料记载的不足，对进士题名碑和科举制度的研究起到补充的作用，为进一步研究进士题名碑提供了依据和打下了良好的基础，对传承文献具有一定的价值和学术意义。

表 1　已经完成的拓片录文清单

序号	碑号	年代	年科
1	001	明天启五年（1625）	乙丑科
2	002	明天启二年（1622）	壬戌科
3	003	明万历四十七年（1619）	己未科
4	004	明万历四十四年（1616）	丙辰科
5	005	明万历四十一年（1613）	癸丑科
6	006	明万历三十八年（1610）	庚戌科
7	007	明万历三十五年（1607）	丁未科
8	008	明万历三十二年（1604）	甲辰科
9	009	明万历二十九年（1601）	辛丑科
10	010	明万历二十六年（1598）	戊戌科
11	011	明万历十七年（1589）	己丑科
12	012	明万历十四年（1586）	丙戌科
13	013	明万历八年（1580）	庚辰科
14	014	明万历二十三年（1595）	乙未科
15	015	明万历二十年（1592）	壬辰科
16	016	明万历十一年（1583）	癸未科
17	017	明万历二年（1574）	甲戌科
18	018	明宣德八年（1433）	癸丑科

19	019	明宣德五年（1430）	庚戌科
20	020	明宣德二年（1427）	丁未科
21	021	明永乐二十二年（1424）	甲辰科
22	022	明永乐十三年（1415）	乙未科
23	023	明崇祯十五年（1642）	壬午科
24	024	明崇祯十三年（1640）	庚辰科
25	025	明崇祯十年（1637）	丁丑科
26	026	明崇祯七年（1634）	甲戌科
27	027	明崇祯四年（1631）	辛未科
28	028	明崇祯元年（1628）	戊辰科
29	029	明万历五年（1577）	丁丑科
30	030	明隆庆五年（1571）	辛未科
31	046	清光绪十五年（1889）	己丑科
32	047	清光绪十六年（1890）	庚寅恩科
33	048	清咸丰九年（1859）	己未科
34	049	清咸丰十年（1860）	庚申恩科
35	050	清同治元年（1862）	壬戌科
36	051	清同治二年（1863）	癸亥恩科
37	052	清同治四年（1865）	乙丑科
38	053	清同治七年（1868）	戊辰科
39	054	清同治十年（1871）	辛未科
40	055	清同治十三年（1874）	甲戌科
41	056	清光绪二年（1876）	丙子恩科
42	057	清光绪三年（1877）	丁丑科
43	058	清光绪六年（1880）	庚辰科
44	059	清光绪九年（1883）	癸未科
45	060	清光绪十二年（1886）	丙戌科
46	061	清光绪三十年（1904）	甲辰恩科
47	063	清光绪二十四年（1898）	戊戌科
48	064	清光绪二十年（1894）	甲午恩科
49	146	明正德九年（1514）	甲戌科
50	195	清乾隆十六年（1751）	辛未科
51	196	清乾隆十六年（1751）	辛未翻译科
52	197	清乾隆十九年（1754）	甲戌科

2. 三维数字化扫描保护

随着我国经济和科学技术的不断发展，人们的文物保护意识不断增强，对文物保存环境的重视和要求也随之提高，同时，现代化的技术和设备推陈出新，日趋成熟，逐渐应用到文物保护中来，三维扫描技术在文物保护领域中发挥着越来越重要的作用。

为了顺应时代潮流，紧跟时代步伐，适应当下文物保护工作的开展，从 2014 年到 2017 年，孔庙和国子监博物馆文物保管部一直尝试引用新技术、新设备，坚持进行馆内石刻文物的三维扫描数据采集工作，共完成了 399 通石质文物的扫描采集工作，采集数量占馆内石质文物的 84%，这其中，2014 年至 2015 年完成了 239 通乾隆石经《十三经》刻石测绘三维扫描；2015 年至 2016 年完成了 40 通孔庙国子监御制碑及散碑的三维扫描；2016 年至 2017 年完成了 120 通进士题名碑三维数字化扫描采集，含清代进士题名碑 118 通，明代 132 号、133 号进士题名碑。在保证石刻文物安全的前提下，以保留石质文物现状为目的，客观、真实地对碑首、碑身、碑座进行了不接触操作的测量、采集数据。在确保数字化高精度的前提下，通过高科技手段，最大化地保存了中华文化珍贵遗产的原始数据信息和实体图像，全面记录了现有石质文物文字、纹饰、保存现状等相关信息。三维扫描技术具有无损、易于长期保存和广泛传播等优势，通过将石质文物数字化，不仅把这些宝贵的历史文化信息永久地存储在电脑中，还将为博物馆的藏品保管、科学研究、社会教育工作提供更准确、更快捷的新手段，从而让数字化赋能文物管理，全面提升文物管理水平，更加有效地挖掘进士题名碑丰富的文物内涵，为这些珍贵历史遗存的深度利用打下坚实的基础，从而发挥文物公共文化服务和社会教育功能，以利于更好地坚定文化自信，凝聚民族精神。

（二）进士题名碑的物理保护

石质文物尤其是露天的石质文物所面临的一个普遍存在而且危害严重的问题就是风化。石质文物的风化，主要与内部因素如其本身的性质、结构、保存状况等有着直接的关系，还受大气中的有害气体、酸雨、溶盐、温度、湿度、植物根系等物理、化学、生物等外部因素的影响。这其中以水对石质文物的作用最为突出。近年来危害越来越严重的酸雨被称为石质文物的"空中死神"，使石质文物表面酥粉开裂、脱落，造成严重的风化，同时水也是石质文物化学风化、生物风化的重要媒介。除此之外，温度变化、风沙吹打磨蚀也是造成石质文物物理风化的一个重要因素。

石质文物的保护修复主要包括表面附着物如尘埃、雨水冲刷痕迹的清洗；石质文物的断裂、残缺部位的黏结；石质文物的加固、修补；石质文物的表面保护，如加遮雨棚等大面积机械性保护措施等等。

1. 修缮进士题名碑保护棚

据古籍记载，明代就有修建进士题名碑碑亭的历史。景泰二年，"司业赵琬奏：进士题名，立石大成门下，俾诸生出入皆得瞻仰，诚激劝后学之意。正统间移于太学门外，风雨飘淋，易于损坏。乞敕工部造屋覆盖，以图经久。从之。"[①] 赵琬的这个提议得到应允。由此推断，景泰年间太学门外修建碑亭保护进士题名碑，以此来遮风挡雨，长久保存。在《明英宗实录》记载，天顺七年，久雨冲坏国子监碑亭，损坏的碑亭将进士题名碑压倒了五通，皇帝命人竖起进士题名碑，并修缮碑亭。《皇明太学志》中明确记载，在孔庙院内东西各有南北对廊，保护进士题名碑。从《蓟邱杂抄》记载中可知，在明末崇祯时期，还是将题名碑立于碑亭中的。吴苑的《皇清进士题名碑记》记载，顺治丙戌科（顺治三年）题名碑"碑亭岿然壮丽"，由此可见，至少在康熙朝时，进士题名碑还是有碑亭遮挡的。

2004年，为了有效地阻止风吹日晒而引起进士题名碑表面温度剧烈变化，首都博物馆在进士题名碑林上面搭建了遮雨棚，这在一定程度上，防止和减缓了进士题名碑的风化。除此之外，首都博物馆还根据损坏情况，对进士题名碑进行了黏结、加固和修补等保护工作。

2010年，中共北京市委办公厅颁发的（京办发〔2010〕23号）《关于大力推动首都功能核心区文化发展的意见》明确指出，要以孔庙、国子监为中心，打造"国学文化展示区"，"对孔庙、国子监进行文化功能复兴，修建高规格、高品位、高质量的进士题名碑展示廊和十三经碑林展示廊，进一步提升文物环境和基础设施品质，建设世界儒学研究、传播中心，举办有影响力的弘扬国学活动，传承国学文化。"

为了积极贯彻落实北京市委文件精神，进一步加强进士题名碑的保护利用工作，充分发挥其弘扬中华传统文化的作用，2010年，市政府、市委宣传部、北京市文物局等单位，在充分听取谢辰生、徐苹芳、王丹华、赵其昌、吴梦麟等国内资深文物保护和考古专家的论证后，并征求了园林古树专家的建议，决定实施十三经碑林和进士题名碑保护工程。此项工程方案涉及进士题名碑的内容有：一是重新建造碑廊和碑亭，对进士题名碑进行适当调整。提升石质文物的防水保护强度，同时改善观众的参观环境，为观众营造更好的观览体验。二是对进士题名碑进行保护，包括残裂修复、石碑陈列位置调整等，以达到最佳观赏效果。此项目被列为2011年北京市文物修缮工作的第一大工程。在"科学论证、审慎行事、最小干预、改

① 文庆、李宗昉等纂修：《钦定国子监志》，北京古籍出版社2000年版，第1113页。

善环境、方便展览"①的指导思想下，工程遵循"最少干预"和"不改变文物原状"等原则，在确保文物安全和人员安全的基础上，以"高规格、高品位、高质量"标准严格要求，开展施工。施工过程中，注重对石刻文物的保护，确保对文物的最小扰动。在拆除原有碑棚时，做好相应的文物保护措施，在复位石碑时切实采取有效措施，防止对石碑的撞、刮、碰等损害。慎重确定需要移动的石碑。在移动石碑前，制订并细化具体工作方案，经文物局审批后进行。对碑进行清洗工作后，按实施程序和具体工艺做好密封保护。对于部分存在断裂的石碑，做好加固工作，避免在施工过程中再度发生对石碑的损坏。另外还对部分石碑的碑座进行了抬升等工作。为了保持进士题名碑林的完整性和整齐性，将60年代移到孔庙的真武庙碑移至国子监第一进院落西南部，将西南角光绪十五年第46号碑和光绪十六年第47号碑移至光绪三十年第61号碑旁边。工程历时五个多月，在北京市文物局的指导下，在工程设计方、工程施工方、工程监理方等各方的通力合作下，保质量、保安全，如期地完成了文物保护工程，2011年11月1日顺利通过验收。（图3）

图3 进士题名碑保护棚

　　此次修缮工程，从源头控制进士题名碑保存空间的光照、有害生物、污染物，较好地改善了进士题名碑的存放条件，使文物本体得到较好的保护，同时提高环境景观风貌。通过对现状进士题名碑的局部调整，进一步改善进士题名碑及周围的保护现状，

---

①高树荣：《孔庙进士题名碑和十三经碑保护棚修缮工程纪事（下）》，《孔庙国子监论丛》，中国社会科学出版社2016年版，第245页。

提升了孔庙和国子监博物馆的整体形象，积极地发挥文物的历史价值、研究价值、教育价值，为首都文化核心区建设、人文北京建设和中国特色世界城市建设提供服务。

2. 孔庙进士题名碑抢险保护工程

2011年孔庙进士题名碑保护棚建设工程竣工后，进士题名碑所处的环境得到了极大的改善。随着修缮一新的进士题名碑保护棚的开放，参观游客日益增多，对开放式的进士题名碑的石质文物本体的保护就显得尤为重要。进士题名碑的基础不均匀沉降，导致石碑发生了不同程度的倾斜。为了保证石碑和观众的安全，2014年，孔庙和国子监博物馆进行了进士题名碑的抢险保护工程。北京市文物古建工程公司，按照《文物保护工程管理办法》《文物保护工程审批管理暂行规定》等有关规定，编制维修方案并履行报批手续。工程遵循"最少干预"和"不改变文物原状"等原则，保护文物及其历史环境的真实性和完整性。自2014年4月24日开工，于2014年5月10日完工。因孔庙和国子监博物馆内古树、石质文物数量多，在施工之前，施工方将现有石碑用塑料泡沫或软木进行封护，以免在施工过程中，对文物造成不必要的损坏。对于需要移动的石碑，首先用塑料泡沫或软木进行封护，然后采用铰链进行人工作业。开裂后修补过的石碑在吊装过程中尤为注意保护。施工前，细化基础加固方案，挖探坑查明碑基现状，确定分段开挖加固基础的施工方案。对基础加固，采取逐段现浇混凝土基础板，基础板底层坐在较坚实的土层上。原位纠偏在碑基偏离的部位，用洛阳铲试探减少混凝土基础板下的地基泥土缓慢进行，直至石碑在自重作用下逐渐回正，同时，注意兼顾石碑南北向纠偏方向。2014年5月16日，经馆组织设计、施工，监理单位共同检查，工程实施达到国家规范的标准，符合设计竣工条件和施工验收规范要求，完成验收。此工程实行项目经理负责制，实行全面、全责、全过程质量管理，在施工过程中，按照图纸及国家技术规范，按照监理质量监控程序，对现场质量进行严格把关。对于此次抢险保护工程，文物施工单位工程竣工报告中明确记录："对碑体轻微倾斜者（暂考虑倾斜不大

图4 碑体轻微倾斜的126号进士题名碑

于 10cm）或与相邻石碑间距过近，不利于整体吊装操作的石碑（124、126、159、162、175 号石碑）：采取局部拆除石碑周围地面砖，挖开周围地面覆土，露出原基础，整体扶正石碑及碑座，在碑座与基础间采用传统背楔方法（铁片与石片），缝隙处填充白灰砂浆即可。对整体倾斜较严重石碑（暂考虑倾斜大于 10cm）（114、125、127、195 号石碑）采取局部拆除石碑周围地面砖，周围覆土，露出原基础，采取整体吊装石碑及碑座，重做石碑基础，归安石碑。"此项目对碑身有倾斜的 9 通进士题名碑进行扶正稳固，做稳定性处理，消除了石碑倒塌的隐患，保证了文物的安全。

四、结语

进士题名碑是研究元、明、清三代科举制度最真实、最可靠的历史见证物，也是研究我国科举文化最直接的文献资料。它们的文物价值、文献价值是不可取代的。因此要守护好这些反映中华儒家文化以及科举文化的珍贵历史文化遗产。

孔庙和国子监管理处成立以来，一直非常重视文物保护、文化传承工作，对于进士题名碑，除了做了以上的保护工作之外，还在 2012 年安装了围栏，避免了观众的触摸，同时，坚持做好日常石碑的巡视检查工作，发现碑刻潜在风险和问题，及时排除不安全因素。2017 年 8 月，文物保管部对院内所有石质文物进行安全隐患排查并采取了相应的解决措施。目前来看，我们对进士题名碑的相关保护工作还是比较有成效的。这些保护成果，对今后石质文物预防性保护工作的持续开展有一定的借鉴和参考价值，同时也将推动进士题名碑的科学研究。

文物保护工作"功在当代，利在千秋"。党的十八大以来，习近平总书记高度重视中华优秀传统文化的保护、传承和利用，习近平总书记关于文物工作重要论述中指出，"要加大文物保护力度，弘扬中华优秀传统文化、革命文化、社会主义先进文化，培育社会主义核心价值观，加强公共文化产品和服务供给，更好满足人民群众精神文化生活需要"。石质文物遭受的内外因素的破坏，是由某一因素为主的多种因素作用的结果。文物保护是一场旷日持久的战斗，文物保护也是一项综合性、多学科的工作，作为文物工作者，要进一步增强文物保护责任感和使命感。要以对历史、对未来和对人民负责的政治自觉，牢固树立保护文物也是政绩的科学理念，将老祖宗留下来的珍贵遗产世代传承，焕发新的光彩，使文物保护成果更多惠及人民群众。

马琛，孔庙和国子监博物馆文物保管部，副研究馆员

略论清代北京孔庙
祭器与祭品

乔 雷

摘要

孔庙的祭祀礼器蕴含了各朝各代的礼制内涵，也体现了古代祭奠孔圣的礼仪。通过研究这些祭器、礼器和祭品制作方式，不但可以了解古人尊孔崇儒的规程、形式，也可以更加深入探究儒家文化背后的历史价值，进而让历史的研究成为直接服务于当代社会的探索工具。

关键词

北京孔庙；祭器种类；制作方式

一、概论北京孔庙及祭器

所谓祭器的原型最初为古代先民的生活用具，后来逐渐成为专门用于祭祀典礼的礼器。祭器既是古代王朝身份等级的标志，也是国家权力的象征。祭器种类多样，造型精美，是中国古代祭祀文化的见证。

位于东城区国子监街的北京孔庙和国子监博物馆是元、明、清三代皇帝尊奉孔子、举行祭孔典礼的地方，现存的祭器质地有铜器、玉器、竹木器、瓷器、漆器等，其中铜质祭器藏品主要以饪食器和酒器为主，簋、豆、爵、铏、尊、镫、蜡扦台等二、三级文物大部分均为乾隆、道光、咸丰、同治、光绪和宣统时期所制造，是研究我国祭孔礼仪制度，追溯礼制文化的历史证物。

大成殿是第二进院落空间中的主体建筑、是元、明、清三代帝王祭孔行礼的场所。始建于元大德六年（1302年），经过了明清两朝的修葺，形成了目前的规模。屋面为四坡五脊，殿身面阔九间，进深五间，建筑面积约1280平方米。黄琉璃筒瓦重檐庑殿顶，巍峨宏丽。殿前有宽大的月台，周围环以汉白玉雕云纹石柱护栏。

大成殿堂内，进门迎面便是绣有吉祥图案的五彩绣莲花狮子滚绣球幔帐，簇拥供奉的孔子神位木龛，龛内供奉的是"大成至圣文宣王"的牌位，在其正位两旁分列有四配十二哲的牌位。四配分别位于大成殿的东西两侧，指的是颜回、曾参、孟轲、孔伋；东序各龛祀十二哲，包括先贤闵子（名损），冉子（名雍），端木子（名赐），仲子（名由），卜子（名商），有子（名若），西序各龛祀先贤冉子（名耕），宰子（名予），冉子（名求），言子（名偃），颛孙子（名师），朱子（名熹）。各龛前均放置各种铜质祭器和竹木祭器等。

二、北京孔庙祭器种类

古代祭器质地各有不同，有竹质结构的，木质结构的，陶质结构的，金属质结构的，石质结构的。这些材料中，木质易腐朽，土类易毁坏，各朝往往不用，而常以铜器铸造。在明洪武年间定制的器物中，除了竹器外，还增加了瓷质器物，分别代替簠、簋、登、铏等物；乾隆十三年（1748 年）正月初二日，乾隆皇帝下诏，定祀典祭器，礼部根据周礼，并参酌礼记等，制定了笾、豆、登、簠、簋、尊、爵等祭器的形制。

尊：盛酒器。尊共有七类，分别为太尊、牺尊、象尊、山尊、雷尊、著尊、壶尊。

爵：饮酒器。爵分三类：献爵、供爵、福爵。献爵即献官酌献所用，供爵即预奠于神位前之爵，福爵即饮福所用。古时的爵，有的用玉制成，有的用木制成，后世的爵皆以铜为之。

登、铏：盛羹器。登盛太羹，铏盛和羹。释奠中，只有孔子神位前才设铜登，其他神位前不设。登，又称"镫"或"棧"。古代盛放熟食的器具，也指祭祀盛放肉食的礼器。《诗·大雅·生民》记载："卬盛于豆，于豆于登。"《尔雅·释豆》记载："木豆谓之豆，竹豆谓之笾，瓦豆谓之登。"祭祀时所用的登多为金属制成，故写为"镫"。登、铏在后世皆以铜质铸之。

笾、豆：盛水土产品之器。笾主要以竹子制成，也名为竹豆。

簠、簋：盛黍、稷、稻、粱之器。常见

簠为方形，簋为圆形。

筐：古代有上筐、下筐、膳筐、勺筐、爵筐之别，用途很多。后世筐主要用于盛币帛。

祭品与祭器也有着相对固定的搭配关系：俎盛牲体，尊罍实酒醴，筐设帛，登实太羹，铏实和羹，簠实黍稷，簋实稻粱，笾中放形盐、槁鱼、鹿脯、枣、栗等干货，豆中放肉酱或肉羹等各种熟食。这样的搭配方式自古如此，后世多从之，也没有多少改变。

清乾隆年间纂刊的《钦定国子监志·祀典考》卷五记载大成殿陈设如下：先师位南向，北为笾豆案，袭以红缎销金衣。案近北设爵三，置以坫，次为镫二，中为炉，登次之，实以太羹。左右为铏，实以和羹。镫之南为簠、簋，簠二居左，实以黍、稷；簋二居右，实以稻、粱。簠之左列十笾，三行，近簠为形盐，为槁鱼；其次为枣，为栗，为榛，为菱；又次为芡，为鹿脯，为白饼，为黑饼。簋之右列十豆，三行，近簋为韭菹，为醓醢；其次为菁菹，为鹿醢，为芹菹，为兔醢；又次为笋菹，为鱼醢，为脾析，为豚胉。簠、簋之南为筐，实以帛，色白。笾、豆案之南为俎，俎中区为三，太牢居中，解五体；羊全，居左；豕全，居右。

祭时陈设大成殿正位、配位、哲位，每位笾豆一案，两庑每二位一案，正位案陈，爵三，登一，铏二，簠簋各二，笾豆各十二，俎一，实牛羊豕，前设香案又前石座五设炉一，烛台二，花瓶二，又前陈案一，上置周器，鼎，尊，卣，罍，爵，簠簋，壶，瓠，洗，各一，配位案陈，爵三，铏二，簠簋各二，笾豆各八，俎一，实羊豕。

哲位各案则爵三，铏一，簠簋各一，笾豆各四，东西各统设俎一，实羊豕，两庑每位爵一，各案上陈，铏一，簠簋各一，笾豆各四，东西先贤先儒各统设俎一，实羊豕，崇圣祠正位每位一案，上陈爵三，铏二，簠簋各二，笾豆各十，统设俎一，实牛羊豕，配位及两庑东二案，西一案，每案上陈爵三，簠簋各一，笾豆各四，东西各统设俎一。

所列陈设用途皆不一，比如铏：用于盛放和羹；簠：用于盛放黍、稷；簋：用于盛放稻、粱；豆：用于盛放鹿醢（鹿肉酱“以活鹿肉碎切”、加油、盐、姜、椒、茴香、葱白拌

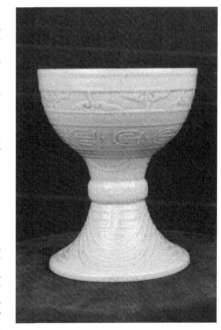

肉煮熟）、兔醢（用活兔肉碎切，加油、盐、姜、椒、茴香、葱白拌肉煮熟）等肉酱与肉羹者类，以及笋菹（用洁净干笋盐水煮过，切方片，加盐、姜、油、醋调）用盐腌制的芹等，出现于商代晚期，盛行于东周（春秋战国）时期。常以偶数组合使用，有"鼎俎奇而笾豆偶"之说。

除上述大成殿常设祭器外，孔庙和国子监博物馆还保存有大量瓷质祭器，盘、碗、豆、罐、爵、壶等，瓷质祭器藏品主要有以下几种：

光绪白釉模印变形夔龙纹瓷豆，为祭孔释奠礼中用来盛肉的礼器。整体为圆形，无盖，通体白釉，釉质圆润，胎质肥厚，豆盘呈半圆形，直口圜底，腹部较深，饰如意云头纹、横鳞纹、乳丁纹；粗柄束腰，腰部有箍棱一周，饰以垂云纹、乳丁纹，圈足侈大，饰以波带纹、山字纹，底款为一行楷书阴文"大清光绪年制"。

光绪黄釉雕瓷海水云纹圆形豆，整体为圆形，通体黄釉，釉质圆润，胎质肥厚；盖呈半圆形，盖顶有绞绳钮，盖身饰以波状纹、横鳞纹；豆盘直口平底，腹部较深，以垂云纹、横鳞纹为主要纹饰；粗柄束腰，腰部有箍棱一周，饰以垂鳞纹、金钣纹，圈足侈大，饰以波带纹、山字纹，圈足落款为一行六字楷书阴文"大清光绪年制"。

白釉爵杯，通体白釉素面，釉质圆润，形制为圆体爵，杯体较浅，有箍棱一周，平底，流狭长，尾较短，双柱较细为菌钮状，三足为锥形，粗实较短，足外撇。

光绪白釉深腹敞口大碗，整体呈圆形，通体白釉素面，釉质圆润，敞口深腹，圈足，底款为青花双行六字"大清光绪年制"。

光绪粉青釉暗刻云龙纹折沿大盘，整体呈圆形，通体粉青釉，体型较大，釉质圆润，折沿弧腹，圈足，盘心为暗刻云龙戏珠纹，折沿无纹饰，外壁饰暗刻四季花卉吉祥图案，底款为楷书阴文双行六字"大清光绪年制"。

光绪白釉羊耳盖罐，羊耳盖罐，器型完整，通体白釉素面，釉质圆润，胎质肥厚；整体呈圆型，宝珠形钮盖，盖顶饰花瓣纹；器身直口，丰肩收腹，平足，肩部两侧各饰一羊首形双耳，一侧羊首缺一耳，底款为双行六字青花楷书"大清光绪年制"。

光绪白釉敛口盘，整体呈圆形，通体白釉素面，釉质圆润，敛口弧腹，圈足，底款为双行六字青花"大清光绪年制"。

光绪白釉敞口盘，整体呈圆形，通体白釉素面，釉质圆润，敞口弧腹，圈足，底款为双行六字"大清光绪年制"。

三、北京孔庙祭品制作方式 [①]

太羹：即不加任何调味品的羹。将犊牛通体刷洗洁净，用大汤锅煮熟。将漂浮其上的脂膏撇除，只留清汁。

和羹：即以各种佐料及菜调制而成的羹。因为和羹盛于铏中，是以也称和羹为铏羹。

黍饭：将挑选出来的干圆完整黍米清洗干净，用滚汤煮熟，捞起倒盆内，待其稍冷，盛于簠中。

稷饭：将挑选出来的完整稷米清洗干净，用滚汤煮熟，捞起倒盆内，待其稍冷，盛于簠中。

枣：将胶枣蒸煮去皮，挑选水润洁净者，放入笾内。

栗：将挑选出来的大板栗去皮，放入笾内。

形盐：将筛过的洁净白盐印成虎形、山形及其他物形，放入笾内。

藁鱼：即干鱼。先将大白鱼去鳞剖腹，洗净，用盐腌上，放桶内一日夜。取出晒干留用。临祭时，用温水洗净，再用酒浸片刻。浸好后，切块。放入笾内。

鹿脯：即鹿肉干。将刚宰割的肥美鹿肉，加盐、酱、姜、花椒煮熟，切成小块留用。临祭时，加蒜卤炒。放入笾内。

芹菹：将洗好的生芹菜切成长段，放入豆中。

韭菹：将鲜嫩的生韭菜洗净，切去根稍，取中间一段，用盐腌渍一下。放入豆中。

菁菹：将摘好的大头菜在滚汤中过一下，漉起切片，加盐、姜、油、醋调匀盛入豆内。

笋菹：将干笋煮过，洗净切片，加盐、姜、油、醋调匀。盛入豆内。

醓醢：将猪肉细切成小方块，加油、盐、姜、花椒、茴香、葱白拌好，煮至闻见香味即可。

①根据孔令贻《圣门礼志》整理。

鹿醢：将鹿肉切成小方块，加油、盐、姜、花椒、茴香、葱白拌好，煮至闻见香味即可。

兔醢：将兔肉切成小方块，加油、盐、姜、花椒、茴香、葱白拌好，煮至闻见香味即可。

鱼醢：将鱼肉切成小方块，加油、盐、姜、花椒、茴香、葱白拌好，煮至闻见香味即可。

烛：用黄蜡及牛、羊等的脂膏为原料，锡模镕。

在清代，礼神一般制帛三十二端，均白色，一丈八尺长。正位用绫，其余用绢；采用牛二（一解五体供正位，一作羹）；羊二十二；豕二十五；鹿三（用作脯醢）；兔十（用作脯醢）；大槁鱼十，小槁鱼十；黍一斗；梁一斗；稷七斗五升六合；稻七斗五升六合；麦一斤；荞一斤；菁菜一百七十六斤（春用大，秋用小）；芹菜一十五斤；韭菜九十二斤；板栗二百零七斤；榛十六斤四两；红枣一百七十二斤；菱二十七斤；芡三十二斤；葱十一斤八两；盐砖二十二斤；白盐四斤；糖四两；椒、茴、莳萝各五两；笋二十片；鲜鱼二十五斤；酒醴，酌献用一百三十六瓶，涤鱼用二瓶（春季视秋季减一瓶）；圆柱降香三十五炷（其一长九寸径八分，余均长七寸径五分）；降香丁八两者一百九十四；细降香二十块；大烛一斤，六枝；中烛六两，二十八枝；次中烛三两，四十四枝；小烛二两，二百八十六枝；次小者一两，九枝；煮牲用薪，春祭用二千六百一十斤，秋祭用二千斤；焚帛用苇一百二十斤；秋祭用冰一百一十二块，春祭不用。以上只是指国学举办一次丁祭大典大概所需的物品数，[1] 由此可见一斑。

清代制造用于孔庙的祭祀礼器原本源于礼乐文化，随礼制的变革而演化，蕴含了当时社会丰富的礼制内涵，也从某一个侧面体现了各朝各代热衷尊孔崇儒的情形。深入探究这些祭器礼器背后的历史价值，可以让先人传承下来的道德规范广植人心，使原本抽象的礼教概念得到具体化，最终达到古为今用、推陈出新，有鉴别地加以取用，有扬弃地予以继承，将古代的祭孔礼仪和场景重现天下。

乔雷，孔庙和国子监文物保管部，副主任

---

① 依据《钦定国子监志》卷三十三《礼志九·祭品图说》整理。

进士题名碑原址陈列相关问题浅议

张　珍

摘要

北京孔庙进士题名碑林是古代科举制度的见证物，也是孔庙和国子监博物馆一项重要陈列。文章从进士题名碑原址陈列的现状着手，分析得出原址陈列是进士题名碑展陈的最佳途径。在此基础上，基于新博物馆学及以观众为中心理论的演进，分析现有原址陈列在展览基本要素、文化传播形式、文化阐释深度、广度、观众体验感方面存在的问题。从碑刻文物保护和展示相结合的角度，阐述了问题的解决思路，以期提高未来进士题名碑陈列的文化传播辐射力和观众体验感，从而打造"更有意思的进士题名碑陈列"。

关键词

进士题名碑；原址陈列；存在问题；改进思路

　　孔庙和国子监博物馆 2008 年作为博物馆对外开放，是整合元明清皇家祭孔场所孔庙以及国家最高学府国子监两处全国重点文物保护单位而建立的遗址类博物馆。关于遗址类博物馆的定义有广义和狭义两种：广义的遗址博物馆是指在先人留下来的基址上按博物馆的规范建立起来的博物馆；狭义的遗址博物馆是指建立在田野考古发掘清理的古遗址之上的博物馆，也就是通常所说的考古遗址博物馆[①]，孔庙和国子监博物馆应属广义的遗址类博物馆。孔庙和国子监博物馆主要为古建筑遗存及碑刻遗存，其中尤以原址陈列的元、明、清197通进士题名碑组成的进士题名碑林极其珍贵，也是孔庙和国子监博物馆向公众展出的重要陈列，进士题名碑林的陈列展示模式与碑刻本身的保护的相关性等问题值得深入思考。

一、原址陈列是进士题名碑展陈的最佳途径

　　博物馆陈列的形式与博物馆的设立主题以及类别关系密切，而遗址类博物馆的

①张文生：遗址类博物馆的建设与发展【A】，北京博物馆协会第二届学术会议论文集【C】1997.11.1。

陈列受博物馆自身藏品以及馆舍的影响在各类博物馆中应该更大一些。孔庙和国子监博物馆进士题名碑林原址陈列对进士题名碑文化的还原保持其原真性，以及对碑刻本身保护来讲都是最佳的选择。

（一）原址陈列更加能揭示进士题名碑的历史文化内涵

1. 进士题名碑陈列现状简述

孔庙国子监博物馆 197 通元、明、清进士题名碑陈列在孔庙第一进院落东西两侧，为了更好地保护露天陈列的石碑，博物馆为石碑搭建了保护棚，并用保护围栏将石碑分布的区域封闭起来进行保护（图一）。围栏约 1.1 米高，这个高度到成年女性（150cm~160cm 身高）的胸腹部位置，成年男性（170cm~180cm 身高）的腰部位置，从而促成了观众毛腰观看的参观姿势（图二）。对位于原址的陈列搭建保护棚进行保护的做法为半坡遗址博物馆首创，秦始皇帝陵博物院对发现的兵马俑坑也采取了搭建保护棚的保护方法，所不同的是半坡遗址以及秦始皇陵博物院车马坑搭建的是全封闭式保护棚展示遗存原貌，进士题名碑林采取的是上部保护罩，下部保护栏的方法形成半封闭式保护空间。遗址类博物馆的古代遗存多采取露天陈列如古建筑、石碑等，也有选择搭建保护棚进行保护的，选择半封闭或者全封闭式保护，应与要保护遗存的具体地理位置以及周围的展示环境息息相关。除了搭建保护棚以及围栏进行保护外，为了方便参观者更快地获取进士题名碑的历史信息，还在碑林北侧廊道设置了介绍进士题名碑历史的文字说明展板。经过元、明、清三朝多次刻立进士题名碑，基本在现在

图一 进士题名碑林保护棚及保护围栏

图二 观众毛腰观看石碑

的孔庙第一进院落东南、东北、西南、西北自然形成了进士题名碑相对集中陈列的四块区域，以每一块区域为单位，还绘制了进士题名碑的方位示意图（图三），立于保护栏外方便参观者根据位置图指示，找寻自己感兴趣的碑刻。除了视觉感受陈列之外，参观者还可以通过志愿者讲解，租赁自助语音讲解等方式了解进士题名碑的历史文化内涵以及蕴含在石碑上有趣故事。

图三 进士题名碑的方位示意图

2. 原址陈列有利于进士题名碑文化内涵的揭示

孔庙和国子监博物馆进士题名碑林共陈列展示进士题名碑197通，其中元代3通，明代76通，清代118通，从文献资料所记来看元、明、清三代进士题名碑在刻立之初立碑位置是不一样的。元代进士题名碑新刻后立于国子监，现有的三通元代进士题名碑为清代国子监祭酒吴苑在启圣祠土中发现，元代进士题名碑都已经损毁，这是现在仅存的3通元代进士题名碑。明代进士题名碑经历了先立于国子监，后迁移至孔庙的过程。清代进士题名碑自刻立以来一直立于孔庙。虽然在历史上这些进士题名碑最早的刻立的位置可能不全在孔庙第一进院落，但对现在的参观者以及文物保管者而言，现今仍立于孔庙第一进院落的197通进士题名碑乃为原址陈列，因为我们发现并认识这些进士题名碑的时候，他们就立在这里，而进士题名碑曾经异地而立的史实我们可以作为其背后的故事呈现给观众。进士题名始于唐代的雁塔题名，新科进士把雁塔题名视为莫大的荣耀，他们在曲江宴饮后，集体来到大雁塔下，推举善书者将他们的姓名、籍贯和及第的时间用墨笔题在墙壁上。白居易27岁一举中第，按捺不住喜悦的心情，写下了"慈恩塔下题名处，十七人中最少年"的诗句。唐代诗人孟郊四十六岁进士及第，心中狂喜写下了"春风得意马蹄疾，一日看尽长安花"的千古名句，但可惜的是唐代至今经历一千多年，这些题名都已经看不到了。宋代进士题名碑刻立在相国、兴国寺，现已无存。清代人文康所著社会小说《儿女英雄传》就有"劝你女婿读书上进，早早的雁塔题名的情节"。现在的参观者想要感受进士题名的欣喜与荣耀之情，可以去西安大雁塔怀古外，到孔庙进士题名碑林参观，可能更能还原进士高中，立石题名、以示中外、以垂永远的那份豪情与荣耀。如果进士题名碑林异地而立，对其文化内涵的展示可能大打折扣，观众身临其境的感受也将无存。因此，原址陈列更加真实呈现文物原貌以及原来的环境，更利于文化内涵的阐释，有身临其境之感，也对观众具有最高的感染力，最能打动人，教育人，感染人。元、明、清进士题名碑林所在孔庙为全国重点文物保护单位，原址陈列的做法也符合《中华人民共和国文物保护法》对文物保护单位应当尽可能实施原址保护的要求。

（二）原址展示可以最大程度地保障文物安全

进士题名碑林虽然加盖了保护棚，防止雨水的冲刷和阳光的直接照射，但是其实还是属于露天陈列，四季温湿度的变化，大气污染、酸雨都给进士题名碑带来了不同程度的损害。通过观察发现，孔庙进士题名碑林整体风化严重，有的碑字迹模糊已经不可辨；有的碑体量巨大，比如清代顺治三年丙戌科碑高 4.87 米；有的碑碑身和碑座为上下两段拼合而成，如果改变原址破坏石碑现在所处的相对稳定的微环境，无疑是对石碑本体最大的损害，在没有相应的技术保障的情况下，无法应对异地陈列带来的突发文物安全隐患。虽然原址陈列的进士题名碑存在很多石质文物病害，陈列展示方式也受到诸多限制，但是从保障文物安全的角度来看，现有陈列方式可以最大限度地保障文物安全。

二、进士题名碑原址陈列存在的问题

（一）从展览基本要素的角度来看

第一，现有进士题名碑陈列缺乏清晰的展览线路指引观众参观，展线是展览的必备要素，能指引观众有序参观，由浅入深沉浸入展览。原址陈列的进士题名碑林，被孔庙第一进院落东西向及南北向两条通道划分为四个区域，相较于在展厅里的陈列，可移动的展品，想厘清原址陈列的参观线路其实难度更大。现在观众参观进士题名碑林，更像是对旅游景点古迹的参观，而不是对博物馆露天陈列的参观，缺乏展览线路对观众的引导，参观往往走马观花，通过观看展览进行知识传播的作用发挥的较为微弱。第二，看板说明文字编写内容过于简单，无法向观众全面传达进士题名碑的文化内涵；单件展品未设置文字说明牌，应该对单件进士题名碑的刻立年代、尺寸、材质、纹饰、内容等进行明示，方便参观者从文字说明牌获取更多的展品信息。

（二）从文化传播形式来看

进士题名碑屹立几百年，石质风化字迹不清，观众很难从直观的观看中获得知识和信息，其他形式的知识信息的传播对看懂这个展览至关重要。目前，观众主要依靠我馆志愿者讲解以及租用自助语音讲解设备了解进士题名碑背后的故事。这种简单的传播方式如同隔靴搔痒，显然不能满足现在走进博物馆的不同层次人群"到博物馆学习"的需求，多样化的知识传播满足参观者的需要迫在眉睫。

（三）从文化阐释深度、广度来看

现有进士题名碑展板说明文字，以及语音讲解主要从科举制度，进士题名的由来，进士题名碑上的名人故事几个方面进行了阐释。近年来对元、明、清进士题名碑林以及北京孔庙国子监的研究逐步多样化，研究面不断拓宽，研究成果涉及进士题名碑石碑刻立过程、碑刻纹饰、位置演变、特殊科年碑文考释、碑刻文字书法艺术、石碑本身病害及保护、碑刻名人故事、科举家族等方面，不断深化了对进士题名碑的认识。对这些学术研究成果进行涵化、提炼有助于揭示和深化对进士题名碑林的文化阐释，研究成果也可以作为辅助展品的制作依据，提高展陈的可看性。现有向观众的文化传播，对进士题名碑文化内涵的挖掘不够全面，相关研究成果的转化利用率还不高。

（四）从观众参观体验看

1. 体验理念在博物馆的建立

体验，是一种通过外界刺激和主观情绪发生作用来认识周围事物建立起来的心理感受。博物馆理论和功能随着时代的进步不断发展，经历了从旧博物馆学理论到新博物馆学理论的演进，从重视物的收藏研究到重视对观众的文化传播的转变。以"物"为中心转变成以"人"为中心，是现代博物馆理论最本质的改变，这并不是不重视物，而是相较之下观众越来越被重视。从文物展示到文化宣传，现代语境下的博物馆担当了促进社会的精神文化事业发展的重要角色，即博物馆作为公共文化服务机构的职能更加凸显。随着博物馆社会教育功能的凸显，博物馆人思考最多的是如何强化传播效果，进一步增强观众的参观驱动力，博物馆体验理论与实践正是在这种背景下建立的。博物馆体验是参观博物馆行为的全过程，而这个过程是

"人""物"和"空间"相互交流共同作用产生的。更好的博物馆体验展示能够营造更生动的参观氛围，从而影响观众在参观过程中的体验感受。越来越多的博物馆人意识到，体验是实现博物馆教育功能的有效方法，同时体验也是观众增长知识的有效途径。

2. 进士题名碑陈列观众体验感分析

心理学家提出体验主要表现为三个方面，视觉、听觉、触觉。视觉体验方面，观众可以直观地看到高低错落的进士题名碑成群而立，有的年代相对晚近的碑身的文字依然清晰可见，可供观看。听觉方面、触觉方面的体验几乎没有。从体验的角度分析，进士题名碑展现给观众的是直接通过肉眼可见的初级的视觉体验，听觉及触角体验几乎没有，通过观众体验加深文化传播效果的作用很微弱。

三、进士题名碑原址陈列改进的思路

（一）进士题名碑林原址陈列改进遵循的原则

1. 坚持"保护第一"的工作原则

在准确评估进士题名碑林文物遗迹的核心价值基础上，提高进士题名碑林的保护、展示效能。在保证文物保存环境安全的前提下，寻求展示内容和展示模式的转变以期达到较好的展示效果。

2. 坚持可持续保护和展示相结合的改进原则

目前，遗址博物馆的展示多以"原状陈列、复原陈列、标识展示"中的一种或者几种相互结合的方式进行展示，展示设计更多的是注重与遗址内容相协调，追求与本馆整体布局及建筑形式的结合，从而营造和谐的整体外观，恰当的反映遗址的历史信息，这种做法对遗址本身保护与展示的相关性考虑较少[1]。加强对进士题名碑存放环境地质、大气污染物、四季温湿度、水文等数据的常规监测、收集和分析，为进士题名碑林石质文物病害的防治及展示设计提供数据支撑，让文物预防性保护与展示相互结合，也是进士题名碑展示改进应该遵循的原则。

---

①陈晓琳：《中国遗址博物馆文物本体保护与展示模式的探索》。

（二）进士题名碑原址陈列改进措施思考

进士题名碑陈列改进应在不改变现有进士题名碑位置及保护模式的前提下，采取整体展示局部说明的方式进行改进，并辅之以现代科技手段以期不断增强参观者的体验感。

1. 进一步明确陈列传播目的，对陈列主题、分主题进行再提炼

根据现有馆藏进士题名碑及其他载体的资料，分析、归纳提炼近年关于进士题名碑的研究成果，重新确定进士题名碑原址陈列的传播目的。展览"传播目的"是指展览的宗旨或展览教育或传播要达到的目的，这些目的有很多方面，可以是为了教育、政治、宣传、文化，甚至有的是为了达到某种商业的目的[①]。没有明确的传播目的，将沦为展览内容、要素、艺术表现形式的无目的组合，这种无序组合也将给观众的参观造成混乱。进士题名碑原址陈列的传播目的主要应从博物馆的办馆宗旨以及进士题名碑的文化内涵两个方面来考虑。从传播对象的角度来讲，传播目的的确定就是某一项展览向观众传播的目标，基本可以从观众的认知目标、情感目标、体验目标三个方面出发。进士题名碑陈列内容、展示形式的改进遵循的是明确的、合适的传播目的。

涵化学术研究成果，提炼进士题名碑原址陈列的主题及分主题。主题是展览的灵魂，贯穿于展览的全过程。主题提炼其实是对现有学术资料、藏品资料进行研究，进行从现象到本质，从事实到概念，从具体到一般的高度概括、抽象和升华，进而形成一个能概括整个展览传播内容，具有高度思想性的主题，这个主题往往反映在展览标题上。展览总主题需要通过一系列分主题进行支撑，现有进士题名碑陈列把科举制度见证物作为展览主题，但是随着研究的深入，进士题名一系列恩荣活动、碑刻纹饰、位置演变、特殊科年碑文考释、碑刻文字书法艺术、石碑本身病害及保护、碑刻名人故事等方面的内容不断揭示，让重新提炼展览主题、分主题成为可能。从提升观众体验的角度看，展览内容和现代科技手段融合形成的展览体验也应该成为展览的一个分主题。

2. 重置进士题名碑原址陈列说明文字，明确展览线路

考虑到进士题名碑的不可移动性，对这个陈列的改进和提升不能采取重新布展的做法，只能在原有基础上对其进行改进。在明确展览传播目的和展览主题的前提下，首先应当按照新的传播目的和主题对展览的说明文字进行重置，在不破坏现有

---

① 陆建松：《博物馆展览策划理念与实务》，复旦大学出版社，2020年，第81—86页。

文物存放环境的情况下，确定游客展览参观路线。

参观线路以及展线上的实物、文字共同构成了博物馆通过陈列向观众传递的信息整体。明确的参观路线，以及展线上的文物、辅助展品、照片、视频等共同引导观众进入进士题名碑的世界，而且明确的展览参观线路有利于提高参观效率，维护较好的参观秩序，并保证观众的参观无遗漏。通过观察现有进士题名碑的分布状况，基本上在孔庙第一进院落呈双层矩形布局，进士题名碑分布在矩形的两侧长边上，外层长边上基本为明代进士题名碑，内层长边基本分布清代进士题名碑。因进士题名碑原址陈列中只有三通元代进士题名碑，主要为明、清进士题名碑，且现在三通元代碑立在西北侧，离孔庙第一进院落入口较远，不宜把元代进士题名碑所立之处作为展线开端，但是在展线行进至元代进士题名碑时应做重点说明。东南侧位于孔庙先师门右侧，且东南侧陈列明代永乐十三年的进士题名碑应该为除去元代碑外最早的进士题名碑，因此可以把东南侧作为参观的起点，从东南侧进入，途经东北侧、西北侧，最后到西南侧结束参观，回到先师门左侧，观众可以进行后续的参观，且东南侧现在只分布一列碑，场地比较开阔，有利于展览说明文字板以及辅助展品的放置。

进士题名碑屹立几百年，这些原本能说话的石碑被岁月侵蚀，字迹斑驳难辨，其作为现在整体呈现给观众的展品，与其他辅助展品如图片、场景、视频等展示元素一起带给观众较强的视觉冲击力，但展线上的说明性、介绍性文字发挥的作用却也不容小觑。只有具有生动、合适的文字表述，实物的价值才得以彰显，隐藏在图片背后的故事才更加精彩，展示内容也才更加丰富完备。陈列说明文字一般包含章节介绍、图片说明、实物（文物）说明、文字板等。现在的进士题名碑陈列有相应的说明文字，但是文化阐述不深刻、不全面，没有反映单个碑体信息的展品说明牌。下一步应该按照深化后的陈列主题，以及观众参观线路指引设立各类文字说明，并为单个碑体设立文字说明牌反映单个碑体的基本信息，包含刻立年代、科年、碑体尺寸、石质、文物保存状况，以及碑刻内容的简要介绍等内容。不仅仅要编写进士题名碑实物陈列部分的说明文字，还要编写进士题名碑体验性内容的说明文字，以及与之对应的讲解词。

3. 运用高科技手段增强进士题名碑展示效果，提高观众体验感

进士题名碑保护与展示的矛盾始终存在，我们要寻求展示与保护的结合，高科技手段在博物馆陈列展览领域的应用让保护好、展示好均成为可能，不接触不移动文物本体，也可以为观众提供各种体验。

进士题名碑蕴含巨大的文献价值与社会价值，博物馆近年的研究对这些价值

多有阐释，虽然展览说明文字也是对这些价值的传播、表达，但是更多的内在价值通过观众观看石碑，以及文字说明牌仍无法获取。从展览的角度来讲，博物馆展览策划改进人员要对这些研究成果进行选取和包装，选取观众感兴趣的，具有普适性的内容，并结合一定的高科技手段进行展示，弥补直接观看实物碑刻信息传播的不足，以及观众观展对知识获取的渴望。主要可从进士信息、有名望的科举家族信息、进士中的名人及其履历，取得成就及影响力、进士题名碑书法艺术、高中进士后一系列恩荣活动、石刻文物保存环境及保护修复几个方面思考展示传播与高科技方法的结合。虚拟现实展示技术在国内外博物馆的应用已经较为广泛，虚拟现实是指通过对人感知的刺激来满足人对感官的需求，从而欺骗大脑并模拟大脑重构的过程，让大脑认为这就是真实的世界 ①。观众可以通过可穿戴头盔等设备远程访问虚拟现实的博物馆，也可以到博物馆后借用博物馆提供的设备沉浸入虚拟的展览中，获取更好的知识和体验。故宫博物院的"V故宫"项目，在虚拟世界重现了宏伟大气的皇家园林，观众可以通过佩戴头盔，进入另一个故宫。大英博物馆观众，可以通过 VR 去大英博物馆参与虚拟体验，并可以听专家解说，还可以与藏品进行交互。虚拟现实技术在碑刻类文物展示已有先例，全国重点文物保护单位镇江"焦山碑林"存有南朝、唐、宋、元、明、清碑刻共计 460 余方，仅次于古都西安碑林，为江南第一大碑林。"虚实意象 – 焦山碑林书法艺术体验式展览"项目就是结合虚拟现实技术和交互技术实现了碑刻类文物的高科技展示与体验，可以视作碑刻类文物虚拟展示的有益尝试。下图（图四）为焦山碑林体验展览框架图，可以从框架图看出这个展览虚实结合，搭载了四种交互方式，观众可以沉浸式漫游碑林，可以听解说、看视频，可以临摹碑刻文字，制作拓片并有相关作品的输出，较之于传统的展示观众的体验感、获得感明显增强。镇江焦山碑林的虚拟展示对进士题名碑林的高科技展示具有很强的借鉴意义，可以说技术已经具备，焦山碑林的展示固然值得借鉴，但是如何将进士题名碑想传播给观众的知识搭载在系统里并配合相关的展览教育活动、观众调查等项目，还有很多需要思考，实践，甚至创新的方面。

---

① 王育行：《针对碑林书法艺术虚拟体验的自然交互设计研究》，江苏大学硕士学位论文，2019 年，第 8 页。

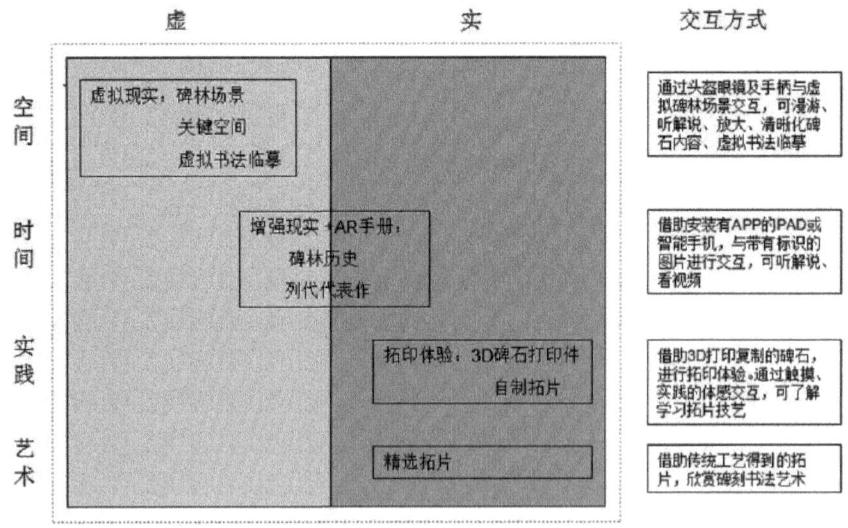

虚	实	交互方式
空间 虚拟现实；碑林场景 关键空间 虚拟书法临摹		通过头盔眼镜及手柄与虚拟碑林场景交互，可漫游、听解说、放大、清晰化碑石内容、虚拟书法临摹
时间 增强现实＋AR手册；碑林历史 列代代表作		借助安装有APP的PAD或智能手机，与带有标识的图片进行交互，可听解说、看视频
实践 拓印体验；3D碑石打印件 自制拓片		借助3D打印复制的碑石，进行拓印体验。通过触摸、实践的体感交互，可了解学习拓片技艺
艺术 精选拓片		借助传统工艺得到的拓片，欣赏碑刻书法艺术

图四 焦山碑林体验式展览框架图 ①

四、结语

随着博物馆公共文化传播功能的不断彰显，以观众为中心的理念的不断演进，以往遗址类博物馆重视文物保护，但是展示手段落后、社教活动薄弱的问题显得更加突出，对进士题名碑原址陈列相关问题的思考正是基于这样的背景下的一项反思。原址陈列是碑刻类文物展示的必然选择，但是挖掘、涵化其学术内涵，运用科技手段将碑刻文物保护与展示相结合，加大文化传播力度也是博物馆人义不容辞的责任。保护文物前提下，实物展示的改进，以及虚拟现实及交互技术的应用，如同两只有力的大手将使进士题名碑展示以一个全新的面貌示人，文化传播力增强，观众体验的欲望得到满足，"有意思的进士题名碑陈列"将得以呈现。

张珍，孔庙和国子监博物馆文化活动部，馆员

---

① 王育行：《针对碑林书法艺术虚拟体验的自然交互设计研究》，江苏大学硕士学位论文，2019 年，第 5 页。

北京国子监
《五朝上谕碑》碑额篆书研究

胡文嘉

摘要

孔庙和国子监博物馆现存有一通立石于明代的《五朝上谕碑》,其碑额篆书线条流畅,体态古雅,经考释当为"敕谕"二字。两字的字体结构秉承了篆书方正、整饬的特点,而文字线条则呈现出流畅弯转的风格特色。《五朝上谕碑》的篆书碑额是时人继承和发扬篆书书法的生动实例,也是明代官学领域存古思想的直观体现。

关键词

国子监;五朝上谕碑;敕谕;篆书;碑额

《五朝上谕碑》(以下简称《上谕碑》)碑文记载了明代洪武、宣德、正统、景泰、成化年间的五位皇帝向国子监官员和监生所作的七道训谕,于明成化三年三月,由时任朝列大夫、国子监祭酒的邢让等人立石,置于国子监太学门外东侧,南向①。原碑现存于乾隆石经展厅东侧南端,并有依照原碑复制的汉白玉石碑恢复在太学门外的原本位置。

《上谕碑》碑额刻有两字篆书,其字形结构方正,线条优美,颇具特色。从历史角度而言,篆书的产生和通行年代早在上古,去时已远,秦汉以来的各朝各代虽然对篆书均有继承,但相较而言,明代并非篆书书法的兴盛时期。在正书已然成熟的明代,篆书已鲜见于碑文而多只用于碑额及墓志盖文等处,《上谕碑》碑额即是其中一例,其不仅采用了篆书字体,并且书体风格独特,对其进行分析将有助于观察明代篆书实例,明确碑额字形的渊源所在。本文将首先对《上谕碑》碑额文字的形体进行说解,并将其置于明代篆书历史发展的背景下,试对其特征加以探讨。

---

① (清)文庆等纂修,郭亚南等校点:《钦定国子监志》卷五十四,北京:北京古籍出版社,1998年版,第933页。

一、《上谕碑》碑额篆书解形

　　《上谕碑》碑额有篆书两字，原碑（图一）字形结构方正，线条流畅，两字的结构和线条特征也在复制碑（图二）上得到了清晰复刻。碑额刻有篆书"敕谕"二字，字形均与秦统一后的标准小篆不同，以下对二字形体试加申说。

1. 碑额上字为"勑"，假借作"敕"

　　碑额两字中的上字作 ，可隶定为"勑"，即"敕"字。《说文解字·攴部》云："敕，诫也。臿地曰敕。从攴束声"，小篆字头形作 𢾭[1]。清儒段玉裁指出，"各本有声，误，今删。攴而收束之，二义皆于此会意，非束声也"[2]，认为《说文》各本均有"声"字，将"敕"字所从之"束"处理为声符，这是不恰当的，"束""攴"会意而为"敕"。古音"敕"为职部字，"束"为屋部字[3]，职、屋二韵韵腹音近，韵尾均收入声 /k/，可以旁转，据此或可认为，"束"在"敕"字的构形中同时发挥了表音和表意的功能，若然，则"敕"字是个从攴从束，束亦声的字。"敕"字于春秋时期的金文中已见，春秋晚期《秦公簋》（《集成》04315[4]）"万民是敕"之"敕"形作 ，左从束，右从攴，与小篆字形相同，唯在"束"字中间左右各有一点作为饰笔[5]，可以说小篆字形与之一脉相承。

图一：《五朝上谕碑》原碑

图二：《五朝上谕碑》复制品

①（汉）许慎：《说文解字》卷三下，北京：中华书局，1963 年版，第 68 页。（以下简称《说文》。）
②（汉）许慎撰；（清）段玉裁注：《说文解字注》，上海：上海古籍出版社，1981 年版，第 124 页。
③郭锡良：《汉字古音手册》（增订本），北京：商务印书馆，2010 年版，第 86、159 页。
④本文所引金文拓片和器号，如未说明，均出自中国社会科学院考古研究所编：《殷周金文集成》（修订增补本），北京：中华书局，2007 年版，以《集成》简称；本文所引释文，均参考吴镇烽：《商周青铜器铭文暨图像集成》，上海：上海古籍出版社，2012 年版。
⑤"束"中有两点饰笔而形似"束"，然愚以为《秦公簋》"敕"字，仍以释为从"束"为宜。"束"字古音在见母屋部，"敕"在透母职部，主要元音不同，听感差别较明显，且目前所见出土文献中，"束"多与从其得声的"涑""梀"有通假，而鲜见与职部字相通之例，故"敕"不宜解作从"束"得声。"敕"字在目前所见的两周金文中用例稀少，《秦公簋》字形为其中较清晰者。黄德宽先生指出，"敕"字"从攴、从束（或加饰点束），为整饬之意"（氏著：《古文字谱系疏证》，北京：商务印书馆，2007 年版，第 121 页）。两周金文中又见"整"字，清儒朱骏声云"从敕正声"（氏著：《说文通训定声》，北京：中华书局，1984 年版，第 864 页）。春秋晚期的《晋公盆》（《集成》10342）"整乂尔家"、《蔡侯申盘》（《集成》10171）"整肃"之"整"，构件形体均作"束"而无饰笔，或可作为参考，知"敕"字左侧或从束，或加两点饰笔而形似"束"。

对比碑额篆字，左右两侧的构件都与"敕"字形有明显区别，实为从来从力的"勑"字借用为"敕"。"勑"字未见于甲骨、金文，产生的时代似较"敕"字更晚。《说文解字·力部》："勑，劳也，从力来声"①。宋人夏竦所撰《古文四声韵》收录两例"勑"字古文形体，一则出自汉代云台碑，形作 ，另一则引自《汗简》，形作 ②。云台碑字形，右侧从"力"，左侧"來"的最上部分写作分别向左、右撇的两条弧线。《汗简》字形，右侧和小篆"敕"字基本相同，写作"支"形，线条稍有形变，左侧"來"中间的两个"人"形连成两侧短竖、中间一横的线条形状。可以看出，国子监《上谕碑》碑额的"勑（敕）"字，左侧构件正与《汗简》所录古文相同，是"來"的变形，而右侧构件正与云台碑古文"勑"字中的"力"写法相同。由此知，《上谕碑》碑额上字隶定作"勑"。

　　"敕""勑"二字在词义上没有关联，但假借之例见于古书。"勑"字古音在来母之部，"敕"字古音在透母职部，之、职二部主要元音相同，阴入对转，具备通假所需的语音条件。《周易·噬嗑》："《象》曰：'雷电'、'噬嗑'，先王以明罚勑法"，《校勘记》云："石经、岳本、闽监本同《释文》出'勑法'，毛本'勑'作'敕'"③，是为二字在古书中通假之例。《上谕碑》碑额"敕"字也属于这种情况，字形作"勑"，假借为"敕令"之"敕"。

2. 碑额下字为"谕"

　　《上谕碑》碑额两字中的下字形当为"諭"字。《说文·言部》："諭，告也，从言俞声"，小篆字头作 ④。篆文"谕"，左侧从言，右侧为"俞"，碑额字形相较小篆形变较大，或有不同的来源。"谕"字未见于目前所见的甲骨、金文中，时代相对较早的字形见于春秋、战国之际的《侯马盟书》。"委质类"盟书中反复出现"自质于君所，敢谕出入于赵尼之所"，字形作 （八六·一）、 （一五六·二六）、 （一七九·一三）等，"谕"字的位置，也写作"俞""绤"等形，借用为"偷"字，句意表示"偷偷和赵尼来往"⑤。盟书字形左侧的"言"部与小篆相同，或减省了最上方的短横线条，而右侧的"俞"形则出现了不同程度的省写：第一例与小篆字形基本相同，完整书写了"俞"的各部件，第二例"俞"下方的"舟"形与右侧的竖线共用线条，而第三例"俞"左下方的"舟"则省写为一条竖线，与右侧形成对称。《古文四声韵》又收录一例古文"谕"字作 ⑥，右侧"俞"下方的线

①（汉）许慎：《说文解字》卷三下，北京：中华书局，1963年版，第292页。
②李零、刘新光整理：《汗简 古文四声韵》，北京：中华书局，1983年版，第83页。
③《周易正义》卷三，（清）阮元校刻：《十三经注疏》，北京：中华书局，1980年版，第37、44页。
④（汉）许慎：《说文解字》卷三上，北京：中华书局，1963年版，第51页。
⑤山西省文物工作委员会编：《侯马盟书》，上海：文物出版社，1976年版，第38、264、269、271页。
⑥李零、刘新光整理：《汗简 古文四声韵》，北京：中华书局，1983年版，第54页。

条也简化为几乎对称的写法，并且左侧"言"构件的线条大幅简化，较小篆字形出现明显差异。"言"的这种写法不独见于"谕"字古文，又如《古文四声韵》收录古《史记》"詩"字作①，《上谕碑》碑额"谕"字的"言"部写法与此"诗"字完全相同。

对比上引字形可知，《上谕碑》碑额"谕"字，左侧可以确定为"言"部，右侧"俞"构件的写法，与《古文四声韵》所录字形相近，很可能有渊源关系。

就字形而言，《上谕碑》"敕谕"二字的形体与《汗简》《古文四声韵》所载的传抄古文形体存在显著的相似之处。此两部小学类著作均成书于宋代，引证古书，辑录传于世的古籍文字，客观上推动了古文的传承。宋明以降的贤者大儒，尤其是以书法、金石之学见长者，稽古、治学想必均熟习这些由古玩所见、书籍所录的字形。秦汉碑刻虽已经年久远，但古文形体却通过种种途径而代代流传。明代《上谕碑》作为立石于国学重地的御碑，其字体的确定和字形的刊刻出自官家，很可能渊源有自，且蕴含着当世书法的特征。

二、《上谕碑》碑额篆书释义

"敕谕"本为告诫晓谕之义，后来专指皇帝诏谕。

"敕"有告诫、劝诫义。《说文·支部》："敕，诫也"，"从支束声"②，段玉裁注文指出，"支而收束之"③，认为"束""支"会意为"敕"。"束"字见于甲骨、金文，西周晚期《不其簋》（《集成》04328）"矢束"之"束"形作■，"字象囊橐括其两端之形"④。《说文·木部》："束，缚也"⑤，"束"取"收束"之义。小篆"敕"字仍直观地保留了"束"的囊橐和两端束口的形体特征。"敕"由"束"的"收束"义而有约束、劝诫之义。《康诰》云："惟民其敕懋和"，传云："民既服化，乃其自敕正勉为和"，孔颖达疏："惟民既服从化，其自敕正勉力而平和"⑥。宋儒蔡沉《书集传》云："敕，戒敕也。"⑦

"敕"表示"劝诫"义时，本不体现劝诫双方的社会地位或尊卑差异，如《康诰》中的文例，表示民自相敕正，并非一定是上对下之辞。至南朝时，《世说新语·贤媛》载："赵母嫁女，女临去，敕之曰……"，同篇又载三国时期曹魏大臣王

①李零、刘新光整理：《汗简 古文四声韵》，北京：中华书局，1983年版，第10页。
②（汉）许慎：《说文解字》卷三下，北京：中华书局，1963年版，第68页。
③（汉）许慎撰，（清）段玉裁注：《说文解字注》，上海：上海古籍出版社，1981年版，第124页。
④李孝定编述：《甲骨文字集释》，台北："中央"研究院历史语言研究所，1970年版，第2105页。
⑤（汉）许慎：《说文解字》卷六下，北京：中华书局，1963年版，第128页。
⑥《尚书正义》卷十四，（清）阮元校刻：《十三经注疏》，北京：中华书局，1980年版，第204页。
⑦（宋）蔡沉撰，王丰先点校：《书集传》，北京：中华书局，2018年版，第192页。

经"涕泣辞母曰：'不从母敕，以至今日！'"①，母亲对子女的告诫、训诫可以称为"敕"，可见此时"敕"所涉及的双方体现出了上对下的尊卑之别。"敕"专指皇帝敕令的用法发生在隋唐以后。清儒赵翼专章考证"敕"这一文体的流变时指出：

> 诏敕为君上之词，本汉制。《文心雕龙》曰："汉初定仪命，有四品②，一曰策书，二曰制书，三曰诏书，四曰戒敕。"盖本《尚书》"敕天之命"也。又云："戒敕为文，实诏之切者。"然汉以后"敕"字犹通用。凡官长之谕其僚属、尊长之谕其子弟，皆曰"敕"。……惟北齐乐陵王百年之被害，因贾德胄奏其尝作"敕"字，与贾所封进相似，乃杀之。则又似专为君上之用。盖古时诏敕本自朝廷，而民间口语相沿，亦得通用。至唐显庆中再定制，必经凤阁鸾台，始名为敕，而其令始严。③

由是观之，大约是在唐代以来，"敕"成为皇帝诏令的专称，而他人不得僭用。"谕"为告诉、告谕的意义。《说文·言部》："諭，告也"④，表示告知义。古书常见的另有一从口的"喻"字，为比喻、晓喻之"喻"。专家论证指出，"谕""喻"为同源分化的关系：

> "諭、喻"本同一词，《说文》有"諭"无"喻"。《说文》云："諭，告也。"又云："譬，諭也。"可见告諭、譬喻都写作"諭"。后来从字形上区别字义：上告下，一般写作"諭"；了解、譬喻写作"喻"。⑤

"諭"和"喻"为同源关系，随着词义的丰富和汉字职能的分化，字形随之区别为"諭""喻"二者，并固定地记录相应的意义："諭"作告谕义，"喻"作晓喻、比喻义。对比传世典籍文例，可以直观两字职能的分化。《论语·里仁》曰："君子喻于义，小人喻于利"，孔传："喻，犹晓也"⑥；宋儒张载所作《正蒙》有云："《易》为君子谋，不为小人谋，故撰德于卦，虽爻有小大，及系辞其爻，必諭之以君子之义"⑦。《论语》"君子喻于义"，是说君子晓喻仁义，"喻"表示知晓；而张子

①余嘉锡撰，周祖谟、余淑宜整理：《世说新语笺疏》，北京：中华书局，1983年版，第670、678页。
②四库全书本《文心雕龙》该句作："汉初定仪则，则命有四品"。(梁)刘勰：《文心雕龙》卷四，《文渊阁四库全书》第1478册，台北：台湾商务印书馆股份有限公司，1986年，第28页。
③(清)赵翼：《陔余丛考》卷二十二，上海：商务印书馆，1957年版，第438—439页。
④(汉)许慎：《说文解字》卷三上，北京：中华书局，1963年版，第51页。
⑤王力：《同源字典》，北京：商务印书馆，1982年版，第194页。
⑥《论语注疏》卷四，(清)阮元校刻：《十三经注疏》，北京：中华书局，1980年版，第2471页。
⑦(宋)张载：《张子全书》卷三，《文渊阁四库全书》第697册，台北：台湾商务印书馆股份有限公司，1986年，第133页。

《正蒙》所说"必諭之以君子之义",是说卦爻告谕给人们的是君子之义,"諭"表示告知。

综上,"敕"为训诫、劝诫义,本通用无别,至隋唐以后成为天子诏令的专称,"谕"为告知义。同"敕"一样,碑额所记"敕谕"二字,在明代专指一类文书。专家基于对现存明代纸质公文的研究指出,明代帝王所颁的与"敕"有关的文书共有"敕命""敕""敕谕"三种,三者在行文格式、用纸、用宝和内容涉及的类别方面都有各自的特点,其中"敕谕"类文书"用于赏赐、优奖、戒饬、准许承袭、约束与保护等一般性事务",以"皇帝敕谕"起首,以"故谕"结尾,载体或为金龙笺,或为龙文缘边黄纸,或为其他纸张,识"敕命之宝"或"广运之宝"①。《上谕碑》以刻石为载体,虽在用纸规制方面不同于纸质敕谕类文书,但《上谕碑》所载七道敕文在内容上均属于戒饬、勉励类,且其中的四道都以"故谕"结尾,碑文的这些特点都与明代敕谕类文书的特征相符合,可以说,虽然载体不同,但《上谕碑》的文体和内容均如其碑额"敕谕"所标明的那样,特指明代的敕谕类文书。

三、《上谕碑》碑额篆书所见明代篆书的特点

《上谕碑》碑额的篆书"敕谕"两字,从形体上看,间架结构均衡稳固,线条匀称,多弯转而少曲折,体现较强的个体特征。这种风格的形成与明代篆书发展概貌和《上谕碑》的性质颇有关联。

时至明代,草书、楷书、行书等各种书体已然发展成熟,肇始于先秦时代的篆书在此时并不处在兴盛时期。"有明一代帖学大行,丛帖汇刻之风,风靡朝野。故行草最为可观"②。相比之下,篆书的发展则显得低调许多,后世书法家论及这一时期的篆书,甚至直言此时篆书成就不高,如清人书法家王澍在赞许唐代李阳冰篆书书法的同时,也认为明代篆书未能得其精髓,他认为"篆书"应当"圆中规,方中矩,直中绳。篆书用笔须如棉裹铁,行笔须如蚕吐丝","阳冰篆法直接斯、喜,以其圆且劲也。笔不折不圆,神不清不劲。能圆能劲,而出之虚和,不使脉兴血作,然后能离方遁圆,各尽变化。一用智巧,以我意消息之,即安排有迹,而字如算子矣。有明一代,解此语者绝少,所以篆法无一可观"③。可以看出,清儒王澍所强调的是对篆书严谨、端庄风格的继承。

---

①陈时龙:《明代的敕和敕谕》,《故宫学刊》,2015年第2期,第170-182页。
②崔尔平:《扬榷艺圃任纵横》,《明清书论集》"代序",上海:上海辞书出版社,2011年版,第1-2页。
③王澍,崔尔平选编点校:《论书剩语》,《明清书论集》,上海:上海辞书出版社,2011年版,第765页。

明代篆书承元代之风，实际上也出现了多位精于篆书的书法家和作品。"金陵在明代先为京师，后为南都"，"从明初至正德嘉靖时期，金陵在几代擅篆书家的带动影响下，已有较好的习篆风气，篆书家的篆书实践也得到社会的广泛关注"[①]。与此同时，明代的铨选制度将篆书作为取仕的标准之一，也促进了篆书的发展，擢用了多位擅长篆书的书家为朝廷效力，无疑也有助于篆书的继承和发扬。

《上谕碑》立石于明代中期成化三年，明代早期盛行一时的"台阁体"至此已见式微，江南地区成为篆书书法，乃至明代书法的一大发展重镇。"明代朝廷中所用篆字，在碑额中占有相当大的部分"，包括《上谕碑》在内的学记碑就是其中一类[②]。碑额篆字无论从字体风格还是来源上都呈现出了鲜明的个体特征，是明代篆书既有继承又有创新的一则实例。

就明代碑额出现的"敕谕"二字而言，《上谕碑》篆字碑额可谓是比较独特的。除作为教育管理机构的国子监外，明代敕谕碑还见于寺庙等其他地点，也符合前文所引专家研究"敕谕"类文书所涵盖的内容范围。其中不乏与《上谕碑》时代相近，且碑额有篆书"敕"字或"谕"字者，然其篆书形体均不与《上谕碑》相同。例如，天顺二年（1458）《道源谕祭碑》碑额篆书有"谕祭"二字（图三），"谕"字形与《说文》小篆字头相同。又如，成化五年（1469）《观音寺碑》碑额篆书作"敕赐观音禅寺"（图四），与《上谕碑》同样假借"敕"字作"敕令"之"敕"，而"敕"的形体同于《说文》小篆而别于《上谕碑》。再如，弘治十四年（1501）《正觉寺敕谕碑》碑额"皇明敕谕"四字篆书（图五）与《说文》小篆同。还如，正德八年（1513）《西禅寺敕谕碑》碑额"敕谕"二字篆书（图六）亦与《说文》小篆全同。[③] 相对而言，《上谕碑》碑额篆书"敕谕"的形体可谓是较为独特的。

图三：天顺二年（1458）道源谕祭碑 图四：成化五年（1469）观音寺碑 图五：弘治十四年（1501）正觉寺敕谕碑 图六：正德八年（1513）西禅寺敕谕碑

①蔡清德：《明代金陵篆书发展与文人篆刻之勃兴辨析——以徐霖等金陵书家及印人为视点》，《南京艺术学院学报》，2011年第4期，第25页。
②张金梁：《明代书学铨选制度研究》，吉林大学博士学位论文，2004年，第60页。
③图三至图五拓片分别引自北京图书馆金石组编：《北京图书馆藏中国历代石刻拓本汇编》，郑州：中州古籍出版社，1989年版，第52册第4、65页，第53册第81页，第54册第7页。

就形体的来源而言，《上谕碑》碑额篆书的"敕谕"二字，"敕"字与《汗简》收录字形和汉代云台碑字形明显相似，"谕"与《古文四声韵》所收录的字形也非常接近，概言之，两字的形体均与经过系统化整理的小篆字形存在较大差异，而更接近古文字形。专家研究指出："明人所书古文已经泛化，来源杂芜，除运用《说文》古文外，大都从传抄古文著述如五代郭忠恕《汗简》、宋夏竦《古文四声韵》等翻出，在笔法上受元赵孟頫《千字文》古文影响甚大，已大失真正古文面貌"[①]。由此观之，明人的篆书并不是接续着小篆一步步发展的，而是多种篆书书体并行发展，既有承自小篆的一脉，也有着意追求古文的实践，《上谕碑》篆书"敕谕"即属于后者。究其原因，这或是明人复古思想在官学领域的体现。古代教育，尤其是官学教育领域，多强调秉承圣人之教，作为教学内容的经书典籍多形成于作为元典形成时期的先秦时代。因而，对于"古"的追求，既昭显着对圣人、先贤及其教化的极大尊崇，进而也突出了自身的正统性和格局气度。古篆在字体风格方面以古雅、庄重、整饬为特征，正契合了时人崇古、复古的追求。

就线条和形体特征而言，《上谕碑》碑额篆书"敕谕"线条弯转流畅，多弯弧，少屈曲，结构均衡、方正、稳固，部件体现出对称性。例如"谕"字的右半部的"俞"构件，虽形似《古文四声韵》所载字形，但线条经过明显形变和美化，左右形成对称；下方的弧线为古文所无，可能是碑额"谕"字特有的，直观来看，使得整字的重心稍有下移而显得更加稳固。《上谕碑》碑额篆字线条两端尖，似柳叶篆，线条长而简洁，较少短而琐碎的线条，使整字在古雅的基础上更增流畅之感。例如"敕"字，借"勅"为之，左半的"來"中间的两个似"人"形的部分，线条被连接并拉成一条横线，从而以一条长线取代两条短线，显得更加整洁利落。或可认为，《上谕碑》碑额在刻写过程中参考了传抄古文的形体和构件，同时在书法艺术层面，对篆字线条进行了改易和美化，使其符合当时的审美和使用需求。各种书体发展到明代，多已较为成熟，且历代屡有创新，多为基于特定字体的艺术创作。北宋僧人汇集 32 种篆书字体，写成《金刚经》集篆。明嘉靖年间，以 32 种篆体写成的明刻本《金刚经》成为皇室藏经。可见篆书作为一种古老的字体，在宋、明时已衍生出多种艺术变体，可谓是篆书在中古时期经历创新的实例。

总体说来，《上谕碑》碑额篆书"敕谕"相较先秦古文和经过秦统一的小篆，在形体上已经出现了较大的变异。两字以传抄古文为字形基础，对线条加以调整，整字呈现出更加方正、均衡、对称、规整的特点，更加符合汉字经过隶变之后所呈

[①] 张金梁：《明代书学铨选制度研究》，吉林大学博士学位论文，2004 年，第 57 页。

现的结构特征。考虑到《上谕碑》立石于明代中期，或可推测碑额两字篆文的写法特征甚至不乏明代早期盛行一时的台阁体的影响。《上谕碑》碑额的篆书"敕谕"是明代篆书刻写的一则实例，两字整体上继承了上古时期篆书的朴茂、大气、古雅之风，而在构件写法和线条特征方面则进行了较为显著的改易，由这一个例大致可以管窥到明代篆书在继承中有所创新的一面。

四、小结

现存于孔庙和国子监博物馆的明代《五朝上谕碑》碑额篆书两字隶定为"勑谕"，即"敕谕"，字形独特、美观。"敕谕"是明代的一种文书类型，《上谕碑》的内容属于戒饬类，是皇帝对国子监师生的训诫和劝勉。《上谕碑》碑额篆书取材自传抄古文，尽管字形的源流可以追溯到先秦古文，但碑额篆字在线条、笔势等方面却发生了较显著的艺术变形，两字整体上继承了先秦古文古雅、大气的特点，而线条则更加舒展、弯转，体现时人的审美和艺术取向，整字结构也更加中正、均衡，符合汉字经过隶变之后的结构特征。《上谕碑》篆书"敕谕"可谓是观察明代篆书在继承中创新的一个生动实例，是明人在教育领域复古、拟古，彰显正统的一则具体体现。

胡文嘉，孔庙和国子监博物馆文物保管部，馆员

浅谈国子监在南学时期的教学制度
——以孔庙和国子监博物馆馆藏刘廷彦南学课卷为例

马天畅

摘要

国子监南学从设立、发展到消亡，目前所查仅有少量文字记载，并无系统梳理，文物和图片资料留存更是少之又少。南学旧址现已不可详考，最接近南学时期的照片是北洋政府时期京师图书馆迁移至南学旧址时的开馆照片。孔庙和国子监博物馆馆藏刘廷彦南学课卷填补了南学时期文物缺失的空白，是一份研究南学教学模式的珍贵历史资料。作者旨从课卷为例，梳理南学发展，浅谈国子监在南学时期的教学制度。

关键词

南学；教学；课卷

一、课卷来源及保存现状

图1 刘廷彦南学课卷封面

清刘廷彦南学课卷现藏于孔庙和国子监博物馆，于2010年从北京海王村拍卖有限责任公司拍得。该课卷保存较好，基本没有残缺，呈大开本，线装竹纸，长14.5厘米，宽24.2厘米，6幅手书书法，楷体行文，文笔流畅，字迹清晰，有较多点评批阅痕迹，学管批阅和学生行文均为墨笔。

封面左上印有"南學課卷"字样，右中偏下写有贡监生姓名"劉廷彦"，右上写有教官评定等第，为"三等七名"。第二页写有教官评语，内容为"寓奇於平未臻穩，這謌字增厭"，而后有3处批阅，内容分别为第三页上方"旨實非應試正軌"、第四页上方"橫使議論，界限未清"、第五页上方"收句氣促"。第三页开始为贡监生答题卷，每页印有红格8列，每列22格，共计1056格字。文章以《孟子·梁惠王下》中"然后察之，见贤焉，然后用之"为题，作四书文一篇；以李白《下终南山过斛斯山人宿置酒》中"山月随人归"为题，并以人字为韵脚，作五言八韵诗一首，全文共841字。

五言八韵诗自宋王安石变法后便从科举制度中取消了，直至清乾隆二十二年（1757年）才又恢复。又，根据此课卷的考试内容和形式，以及考试题目，作者推测应为清乾隆二十二年（1757年）后的一次国子监南学大课答题卷。

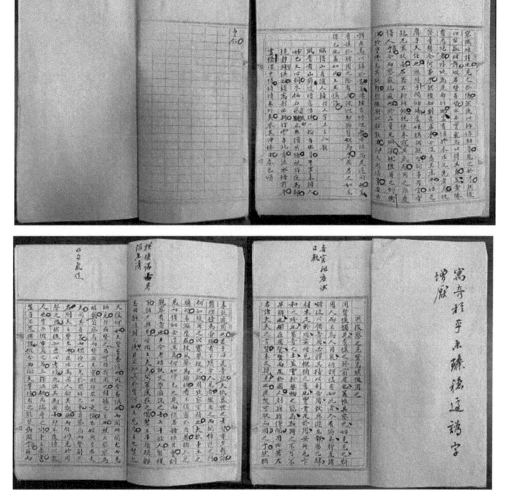

图2 刘廷彦南学课卷答题卷

浅谈国子监在南学时期的教学制度——以孔庙和国子监博物馆馆藏刘廷彦南学课卷为例

二、国子监南学简述

国子监南学设立于清雍正时期，是皇帝赐给国子监的一处学舍，供内班贡监生学习、考试、生活使用，因位于国子监南侧，所以被称为南学。

1. 南学的建筑布局

南学位于国子监南侧的方家胡同内，坐北朝南，和国子监平行，修建后共有190间房可供使用，规模完备。整体分为公所和六堂两部分，东侧是率性、修道、广业三堂，西侧是诚心、正义、崇志三堂，每堂有讲堂3间，贡监生宿舍20~30间，内班贡监生分班在六堂学习、考试、生活；中间为公所，是值日官每日查学治事的办公室。南学大门悬挂着竖额，写着"钦赐学舍"，其余六堂匾额皆为横书。直北有复道，后为总门一间。门侧房一间，门者处之。门外隙地一区，東西广二十餘丈，南北长三丈许，周缭以垣，垣中有门，与公廨周垣相对①。公所的辰厅中央，奉有乾隆四十四年（1779年）满、汉文圣谕一道；率性堂中央立有乾隆五年（1740年）御书《训饬士子文》碑一通。

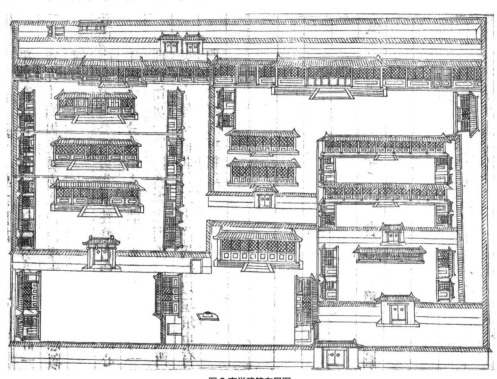

图3 南学建筑布局图

2. 南学的发展历程

雍正九年（1731年），当时在监肄业的贡监生有300多人，但国子监无法为贡监生提供住宿，只有学管办公和讲课的地方，而原来在国子监周围的500多间学舍已为民居之所，在监肄业的贡监生住宿和生活条件较差。而且贡监生名义上是坐监，实际上却是只有在释奠、堂期、季考、月课时才能聚齐。方家胡同位于国子监

---

①文庆、李宗昉：《钦定国子监志》卷九，《学志一·学制图说》，北京古籍出版社，1998年，第124页。

南侧，相距仅百步，当时恰有 142 间房屋无人居住，虽然有些破败但与国子监距离很近，若将这些房屋划归给国子监作为学舍，贡监生就近上学，省去路途奔波，有益于贡监生专心学业。而在此前一年，雍正帝也已准了祭酒孙嘉淦申请国子监经费的奏疏。于是祭酒孙嘉淦向雍正帝奏《请给官房疏》："仰恳圣恩，将此官房赏给国子监衙门。臣等即于皇上每年赏给公费银两内动支，修葺完好，令拔贡及助教人等居住其中，就近肄业[①]。"雍正帝奏准，将毗连国子监街南官房一所，赏给本监，令助教等官及肄业生等居住，是为南学[②]。又有史料记载，（雍正）九年，建南学。在学肄业者为南学，在外肄业赴学考试者为北学[③]。自此，南学正式设立，贡监生以"在学肄业"和"在外肄业"划分，内班贡监生住校学习考试称为"南学"，外班贡监生只有考试回监称为"北学"。

　　乾隆帝尊崇儒术，极其重视国学贡监生的培养，对待南学的建设发展更是郑重其事地处理。他在位期间文治光昌，崇儒重道，广修文庙；勅建御碑亭；修建辟雍、临雍讲学；保护周秦石鼓，重排石鼓文，刻新石鼓；刊刻十三经碑刻；亲临孔庙多达 11 次；特开"博学鸿词科"等等。在乾隆帝尊儒重道的政策下，南学也得到了最大程度上的发展，师徒济济，皆奋自镞砺，研求实学[④]，一度到达了有清以来培养能人贤士的巅峰。十三经碑刻刊刻完成后立石于国子监六堂，围以栅栏，供师生学习研讨，作者猜想，最晚于乾隆五十九年（1794 年），国子监的所有日常教学全部移至南学，而国子监则仅仅作为教育管理衙署存在。

图 4 十三经碑刻立石于国子监六堂内

①文庆、李宗昉：《钦定国子监志》卷六十七，《艺文志一·奏议》，北京古籍出版社，1998 年，第 1179 页。
②昆冈等：《钦定大清会典事例》卷 748，清光绪二十五年石印本。
③赵尔巽等：《清史稿》卷一百十五，志九十，职官二。
④赵尔巽等：《清史稿》卷一百六，志八十一，选举一。

嘉庆帝在位期间仍旧重视教育、兴学育才，为国子监贡监生增加了乡试中额。南学延续了乾隆之势，人才荟萃，贡监生们也仍一心向学，刻苦磨砺。但南学房屋历时已久，房屋破败，雨水渗漏，甚至多有坍塌，贡监生学习和生活多有不便，于是嘉庆七年（1802 年），御史曹锡龄奏《请修南学疏》请求修缮：复经去年雨水渗漏，坍塌者甚多，诚恐肄业贡监生于栖身或有未便。臣请敕旨办理，以期完密[①]。

道光帝在位时，政治腐败、白银外流、国库持续空虚，内忧外患严重，中国开始了半殖民地半封建的社会进程，在教育方面有心无力，故而南学也日渐颓败，只能勉强维持。至道光八年（1828 年）时，南学已近三十年再没有大修，房屋损坏严重，其间国子监曾多次上疏但未得到回应，终于在道光十三年（1833 年）李宗昉接任国子监管理监事大臣时，再次奏《请修葺南学疏》才得到修缮，然而这次修缮仅仅解了燃眉之急。至道光三十年（1850 年）时，南学房屋又面临墙垣倾颓、瓦片脱落、门窗损坏，以及料物不齐[②]等问题，于是再次上奏，曰：现在情形较重，若不及时修葺，日久敧圮愈多，所费更巨[③]。无奈之下，道光帝才下令修缮南学。

咸丰时期国家内忧外患不断，忙于军事，国子监章程被多次修改。放宽捐纳国子监学官及贡监生的限制，导致南学学官和贡监生质量严重下滑。此外还大量削减南学经费，从过去的每年六千两降低到一千二百两。这两项政策直接导致了南学的衰败。

国家战事平息之后，随着洋务运动的开展，南学进入了一段同光中兴的时期。宗室祭酒盛昱为重振国子监，整顿学风，申请增加经费，用于修缮房屋，改善住学条件。并再次更改章程以使南学恢复元气，培养贤能供朝廷使用，当时的贡监生也都发愤图强、勤勉读书。先有祭酒翁同龢、王先谦整改学风，后有祭酒盛昱、王懿荣、张百熙规范学制，使得国子监南学在同、光时期达到了一个小巅峰。同、光间，国学及官学造就科举之才，亦颇称盛[④]。直到光绪三十一年（1905 年）科举制度的废除，国子监南学也终于消失在历史的舞台。

①文庆、李宗昉：《钦定国子监志》卷六十九，《艺文志三·奏议》，北京古籍出版社，1998 年，第 1202 页。
②《工部尚书管理国子监事务臣特登额国子监折·请修南学学舍由》，中国第一历史档案馆藏，3 全宗 61 目录 3646 卷 58 号。
③《工部尚书管理国子监事务臣特登额国子监折·请修南学学舍由》，中国第一历史档案馆藏，3 全宗 61 目录 3646 卷 58 号。
④赵尔巽等：《清史稿》卷一百六，志八十一，选举一。

三、南学时期的教学模式

1. 南学时期的生员额数变化

本监肄业生向无员额，亦无内外班。世宗宪皇帝恩赏银岁六千两，给与膏火，始设有内外班额[1]。国子监当时贡监生多而经费少，为了合理使用经费、区别贡监生膏火费、优化生员配置，因此在雍正八年（1730年）时设置了内、外班的模式。

内班设置130个名额，在南学学舍居住；外班设置120个名额，在外居住并回监考试。共计250个名额，分别在六堂学习考试。率性、修道、诚心、正义四堂每堂有内班贡监生22名，外班贡监生20名；崇志、广业二堂，每堂有内班贡监生21名，外班贡监生20名。

乾隆二年（1737年），每堂内班贡监生30名，外班贡监生20名，共计300名。

乾隆三年（1738年），裁去外班贡监生120名，只留内班贡监生180名。

乾隆六年（1741年），从内班180名贡监生中拨出24名到外班，并把这24人的膏火费分给外班120名贡监生。

道光二十九年（1849年），住在南学的贡监生有100多人。

同治九年（1870年），选择优秀贡监生40人住在南学。

光绪二年（1876年），住南学的贡监生增加至60人。

光绪三十一年（1905年），内班贡监生每堂25名，外班贡监生每堂20名，共计270名。

表1 国子监南学时期内外班员额变化表

年号	公元年份	内班员额/人	外班员额/人	共计/人
雍正八年	1730年	130	120	250
乾隆二年	1737年	180	120	300
乾隆三年	1738年	180	0	180
乾隆六年	1741年	156	120	276
道光二十九年	1849年	100+	/	/
同治九年	1870年	40	/	/
光绪二年	1876年	60	/	/
光绪三十一年	1905年	150	120	270

[1] 文庆、李宗昉：《钦定国子监志》卷十一，《学志三·员额》，北京古籍出版社，1998年，第166页。

2. 南学时期的教师配置

在中国封建社会的历史背景下，国学培养诸生实质是为封建社会统治者培养官僚后备力量。贡监生学习四书五经、考取功名、走上仕途、效力朝廷。国子监是中国古代最高学府和教育管理机构，自建立以来一直归礼部管理，直到雍正三年（1725年）才从礼部独立出来，由皇帝钦点的管理监事大臣主管，且直接向皇帝负责。但招生和贡监生出路的事务仍归礼部负责。因此国子监的教官在朝中皆有品阶，半官半师，是为官师。南学时期官师的配置和职责与之前稍有不同，但整体变动不大。南学时期的教师配置及其主要职责见表2：

表2　国子监南学时期官师配置表

官师名称	配置	官阶	办公场所	职责
祭酒	满、汉各1人	从四品	国子监东厢	监内教学、考试和后勤等一切事物。
司业	满、汉、蒙各1人	正六品	国子监西厢	辅佐祭酒，负责监内教学、考试和后勤等一切事务。
监丞	满、汉各1人	正七品	绳愆厅	掌管学规，主管监督核查教课、考勤、财务等事务。
博士	满、汉各1人	从七品	博士厅	主管教学和考试，保管监内图书，留学生事宜等。和六堂助教一起检查南学。
典簿	满、汉各1人	从八品	典簿厅	掌管国子监印，负责监内官师调动考核等事务。
典籍	汉1人	从九品	典籍厅	负责监内书籍、石碑、版刻等的保存。
助教	汉6人	从七品	六堂	每堂1人，分管各堂教学工作，为学生讲书、答疑解惑，进行考试和生活管理。学正、学录掌管执事监印，和博士一起检查南学。
学正	4人	正八品	率性、修道、诚心、正义四堂	
学录	2人	正八品	崇志、广业二堂	

★注：监丞初设满员五品，汉员八品，后改为俱正七品。博士初设满员从七品，汉员八品，后改为俱从七品。六堂助教初设从八品，后改为从七品。学正初设正九品，后改为正八品。学录初设从九品，后改为正八品。均为乾隆元年（1736年）后更改。

国子监的内班教学移至南学后，由主管教学工作的博士及六堂助教、学正和学录共同管理南学事宜。每月初一和十五，由博士到南学值班，其余时间则由六堂助教、学正和学录轮流值班。值班学官负责当日的考勤，并给贡监生答疑解惑。同治九年（1870年）时，为了整顿南学学风曾专派一名助教居住在南学严加管理。

3. 南学时期的教学

南学时期六堂的年级区分逐渐弱化，变成根据教学内容分班，各堂学官在每月固定日期轮流讲书，初一和十五还有祭酒、司业和博士轮流讲课，其余时间则为自习。每月的上、中、下三旬，博士厅稽查南学三次。

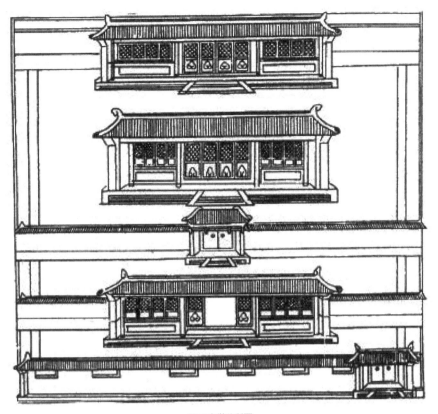

图 5 南学公所图

　　孙嘉淦在升任国子监祭酒后曾上书乾隆帝，说明科举制度的弊端和学校教学的僵化并提出改革国子监的教学模式。他建议仿照宋代名儒胡瑗的经义、治事分斋法教学。"明经者，或治一经，或兼他经，务取御纂折中、传说诸书，探其原本，讲明人伦日用之理。治事者，如历代典礼、赋役、律令、边防、水利、天官、河渠、算法之类。或专治一事，或兼治数事，务穷究其源流利弊。考试时，必以经术湛深、通达事理、验稽古爱民之识[1]。"当时乾隆帝尤为重视太学，故诏从之。孙嘉淦随即开始严立课程，奖诱备至，六堂讲师，极一时之选。举人吴鼎、梁锡玙，皆以荐举经学，授司业。进士庄亨阳，举人潘永季、蔡德峻、秦蕙田、吴鼒，贡生官献瑶、王文震，监生夏宗澜，皆以潜心经学，先后被荐为本监属官。分掌六堂，各占一经，时有"四贤五君子"之称[2]。乾隆二年（1737 年）开始实行，内班诸生，每人就所治之经，各给御纂经书一部，按日研看[3]，每天将读书题目记录在册，每月初一、十五由助教等学官呈堂查验，还要将读书心得和问题分条罗列出来，每三天将此功课交给助教等学官审阅和答疑解惑。这项改革举措实施后确实迎来了国子

①赵尔巽等：《清史稿》卷一百六，志八十一，选举一。
②赵尔巽等：《清史稿》卷一百六，志八十一，选举一。
③《钦定国子监则例》卷三四，《六堂》。

监短暂的辉煌，但由于不久后大学士兼管理监事大臣赵国麟的奏请定南学条规中提到：以经义、治事外，应讲习时艺，请颁六堂《钦定四书文》资诵习①，贡监生每三天自学八股文一篇。得到乾隆帝的首肯后，六年（1741年）四书又成为教学的主要内容，八股文的地位又得到提高。而且经义、治事的课程只是自习，学官储备较少，掌握知识和教学经验不足，监内考试的重点仍在四书五经上，因此贡监生逐渐放下对科举考试无益的经义和治事，转而继续枯燥乏味的八股文练习。自此，孙嘉淦提出的经义治事制度虽存在于国子监学规内，但也只是徒有虚名。

除八股文写作练习外，书法也是考核贡监生的重要功课之一。他们每天须临摹晋、唐名帖，练习楷书书法六百余字，并做好练字记录，每十天将功课交给助教等学官审阅批改，每月初一、十五由博士厅呈堂查验。贡监生中有字迹端正、朴茂工稳、结体严整者，可考选各馆校录，极为优秀的还会被送到武英殿抄录书籍。

按照教学规定，每月初一、十五在行释菜礼后，贡监生齐聚博士厅进行讲书、覆讲、上书、覆背的课程，每月三次。祭酒、司业和六堂助教等讲《四书》《性理》《通鉴》，博士讲《五经》。每月上旬，由六堂助教讲书一次。每月十五之后，由学正、学录讲书各讲书一次。三天后用抽签的方式决定复讲的内容和学生，抽中者复讲，奖罚严明。贡监生不断地读、背、考试，循环往复、周而复始地进行，国子监的教学循环式地围绕着这些内容进行，以确保贡监生可以熟练地掌握四书五经和写作八股文的技能。

同治二年（1863年），由于南学学风散漫，并无生徒肄业，期满仅寻数人赴监，谓之交功课，其实并无功课可交，即可得官②，于是同治帝下令国子监堂官认真整顿，严格考勤并稽查功课。要求六堂助教、学正、学录必须认识本堂贡监生，严防冒名顶替者，而贡监生上课考试必须随身携带执照，以便随时抽查。一旦发现有冒名顶替者，惟本堂助教、学正学录是问。

4. 南学时期的考试

贡监生在学肄业时，每月都有大大小小的考试，分别由祭酒、司业、博士、助教、学正和学录出题考核。初期的考试形式为传统的八股文，乾隆四年（1739年）后，增加了诗、赋、策、论，一般为二道至三道题。课，即考试，南学贡监生的考试分为考到、考验、月课、堂课、大课、季考、小课。考试的内容和形式与科举相似，是肄业贡监生模拟练习科举考试的主要方式。

贡监生要通过的第一个考试，即考到，由司业出题，取得一、二等后，再进行

---

① 赵尔巽等：《清史稿》卷一百六，志八十一，选举一。
② 《清实录·同治朝实录》卷五十九。

孔

64

孔庙国子监论丛

2021

复试，即考验，考验由管理监事大臣和祭酒出题，在每月初一进行，贡生取得一、二等，监生取得一等的，才可以入监学习，道光时将两次考试改为一次，由管理监事大臣、祭酒、司业轮流出题，四书文一篇、五言八韵诗^①一首。贡监生录取后可自愿选班补足空缺名额，诸生就内班或外班者，各听其自行填写^②。

月课，入监肄业后每月初一，由博士厅出题，考试内容为经文经解、策论各一道。

堂课，每月初三，由六堂助教轮流出题；每月十八，由学正、学录轮流出题，考试内容为四书文一篇、诗一首、经文或策一篇。

大课，每月十五，由祭酒或司业轮流出题，考试内容为四书文一篇、五言八韵诗一首，即大课。

另外每月还有一次由司业出题的考试，也叫作月课；每三个月由祭酒出题的考试，叫作季考，这两种考试内容皆为四书、五经文一篇和诏、诰、表、策论、判语一道。乾隆二年（1737 年）孙嘉淦改革时将考试内容改为四书文一篇、五经讲义各一篇、治事策问 1 道，而后乾隆四年（1739 年）赵国麟在上书请定南学条规中又重申定规。乾隆二十二年（1757 年）经礼部议准再加试五言长律诗一首。

除此之外还有每月三次的开卷考试，贡监生带回去做，限期交卷，叫作小课。同治二年（1863 年），国学专课文艺，无裨实学^③，于是下令再增加论、策的考试，用经、史、性理等书籍命题，以此奖励留心时务者。

图 6 贡监生在六堂考试（绘制图）

①五言八韵诗：又称试帖诗。科举试帖诗始于唐，兴盛于唐，宋王安石变法后取消，清乾隆二十二年（1757 年）后恢复，先是在乡试与会试中加试帖诗，后逐步在岁考、科考、贡生考、复试朝考中，都加入试帖诗。
②文庆、李宗昉：《钦定国子监志》卷四十二，《官师志二·典守》，北京古籍出版社，1998 年，第 649 页。
③赵尔巽等：《清史稿》卷一百六，志八十一，选举一。

这些考试中最重要、最严肃正规的当属大课，其意义类似于现代高考前的模拟考试，大课从考试内容到形式都和科举相似。每次大课时，贡监生天亮集齐开始考试，傍晚收卷，由上级专派监考官点名、巡场和收卷，考试期间还会提供餐食。大课成绩排名由绳愆厅公示，成绩分为一、二、三、附三等四种等次，一等有赏银，按名次高低给赏银，二等仅第一名有赏银，其余俱无，连续三次考附三等的则会被劝退。

四、结语

国子监是封建社会统治者培养官僚后备力量的大本营，南学见证了清朝国子监从鼎盛到消亡的过程。尤其晚清时期是中国社会的变革期，内忧外患不断，当朝统治者为了维护其统治地位，战后对教育尤为重视，或调整政策或改革。虽然当朝统治者曾想要通过调整学生员额、增加教育经费、提高学官选任标准、改革教育内容、临雍讲学、御赐藏书等方式振兴国学，但无奈于国子监在南学时期教学的核心仍是围绕着科举和八股文，不知变通，而且讲学与前代相比次数明显减少，考试次数却有增加，最为标志性的是增加了经义、治事的课程，但多为自学，尤其治事一科，教学教材和参考书目等都是临时采买，学官们先自行学习讨论后才为贡监生答疑解惑。随着中国近现代化的转型，西学的传入对传统文化产生了巨大的冲击，开科取士已经落后于时代，国子监作为培养官僚后备人才的场所随着科举的废除也退出了历史舞台。

马天畅，孔庙和国子监博物馆研究部，助理馆员

博物馆探索与实践

"互联网+"时代下，国内博物馆直播现状及对策研究

杨　晶

摘要

博物馆在新时代下应该如何发挥自己的价值，这是国内博物馆都面临的严峻课题。传统博物馆观念是以"物"为主，随着时代不断地发展，博物馆要满足人们日益增长的文化需求，"以人为本"的新博物馆理念则适时出现了。博物馆直播则是国内博物馆在新形势下，以"人"为中心的具体体现。各博物馆努力探索实践，积累经验，并在短短五年内基本形成了博物馆直播生态。这一生态重塑了博物馆的形象，拓展了其功能，提升了其服务水平，同时也面临着新的问题亟待研究和解决。

关键词

互联网；博物馆；网络直播

在"互联网+"时代下，博物馆发展面临着新的机遇与挑战，受到新冠肺炎疫情的影响，网络直播与博物馆的联系更加紧密了，也使得博物馆直播、"云观展""云课堂"等在网络上引起广泛的社会关注。可以说，博物馆直播是博物馆在新时代、新要求下积极寻求变化与发展的有益尝试。本文将梳理国内博物馆直播现状，探讨博物馆直播产生的背景及价值、现状及问题，并尝试提出改进措施，以期为之后博物馆直播相关研究提供可借鉴性的素材和参考依据，促进国内博物馆直播事业向更壮大、更完善方向发展。

一、国内博物馆直播的产生背景与价值

1. 博物馆直播模式产生背景

　　2016年被称为"网络直播元年"，这一年全国各行各业都在直播领域积极探索，在线直播平台如雨后春笋般出现，多达200家。媒体技术形态的改变也促进了直播与博物馆的联合，2016年腾讯策划了"海外艺宴"直播栏目，该栏目主要内容为对海外的一些博物馆馆藏品进行直播解说；其后国内第一家私立博物馆观复博

物馆也进行了直播尝试，这是国内博物馆第一次触网直播，获得了良好反响；2016年8月，国家文物局与新浪合作，在微博推出"博物馆直播月"，参与直播的13家文博单位，总共在微博上进行了17场直播。媒介技术的革新和发展，给博物馆发展带来了机遇和挑战。这是国内博物馆直播最初的尝试，这些尝试受到了网络直播热的推动，使得博物馆直播生态体系开始形成。

新时代下，人们的参观行为在慢慢地发生变化，加上2020年新冠肺炎疫情肆虐，"实物＋实地参观"的博物馆参观行为受到阻碍。在一项有关博物馆参展的调查中显示，"不方便前往博物馆参加活动"的人占比90.3%，"愿意在现场参加博物馆活动"的人占比73%，"愿意通过直播参加活动"的人占比78%。[①]

可见因为到场参观的要求导致很多观众无法实现文化消费，但观众却对博物馆活动的"现场感"和"参与感"需求强烈，并且也较乐意接受直播逛博物馆的形式。直播能够有效解决这三类问题，它打破了地域限制，全国各地区的人们都能够参与到一场博物馆直播中来；同时它是实时的，观众可以在直播中互动交流；观众对直播形式接受意愿度高。正是观众参观行为的改变，也进一步促使博物馆直播变得可行。例如，持续了三十多年的"全国十大考古新发现"会议，在2019年首次尝试以网络视频方式召开，通过央视全网直播，这样一场科学专业的线上直播，竟然达到了四千万人次观看量。[②]可见大众对于直播的形式具有更强的接纳性，对文化消费有着极大热情。

2018年，中共中央办公厅、国务院办公厅印发《关于加强文物保护利用改革的若干意见》，其中明确提出，全国各大博物馆要"创新文物价值传播推广体系""实施中华文物全媒体传播计划，发挥政府和市场作用，用好传统媒体和新兴媒体，广泛传播文物蕴含的文化精髓和时代价值，更好构筑中国精神、中国价值、中国力量"[③]，从国家层面上下达的政策支持，让博物馆更有动力进行新尝试，积极寻求变化。如今博物馆数字化、信息化转型，以及博物馆直播等，都是博物馆在顺应新时代要求的积极尝试，这从政策层面促进了博物馆直播的产生。

2. 直播对博物馆的价值体现

早期博物馆以藏品为中心，主要工作围绕着征集、收藏、保护、展示文物展开，是以"物"为主；20世纪70年代"新博物馆学"理念出现，这一理念倡导

---

①方慧超、付松聚，"博物馆＋网络直播"模式价值及趋势研究——以浙江省博物馆古琴音乐会直播为例［J］，声屏世界，2020（2），第99页。
②CCTV节目官网，2019年度全国十大考古新发现今天揭晓［OL］，http：//tv.cctv.com/2020/05/05/VIDEVbOSmlHKFRQ3OhBPCOut200505.shtml，2020-5-5。
③新华社，中共中央办公厅 国务院办公厅印发《关于加强文物保护利用改革的若干意见》［OL］，http：//www.gov.cn/zhengce/2018-10/08/content_5328558.htm，2018-10-08。

"以人为本""有助于人的发展与愉悦"为宗旨,将博物馆工作重心向"人"的方向转移[1];到21世纪,有学者提出,当下博物馆发展的根本,是认清其本质是一项公共服务事业,其存在意义是为满足公众需求。[2]也就是说未来博物馆的持续发展之路,必须更加以"人"为中心。而博物馆直播的出现,正是从公众角度出发,满足其受空间限制难以实现的文化消费需求,满足观众在文化消费中"参与性""互动性"的需求。如今国内的各大博物馆都在积极拉近与网友的距离,切实实践着"以人为本"的服务。

博物馆直播给博物馆带来了全新形象,它不再是高冷的、略显高深、门槛较高、不可亲近的文化权威形象;欣赏文物、逛博物馆也不再是一件面对静静陈列的展品、晦涩难懂的文物知识无交流无互动的过程。博物馆直播让博物馆变得更加亲民,让文物变得更为生动,让观展变成一件可以交流互动分享的趣事。博物馆如今已成为公众心中的文化课堂,且这堂课生动有趣。在直播的影响下,博物馆的服务对象不仅是现场观展的人,更是来自全国各地的网民。博物馆与观众之间的交流更加及时和便捷,使原本诸多沟通不畅、信息延迟等问题都得到了解决,加深了二者的互动联系。博物馆同行之间的合作与交流变得更便捷,如2020年2月,甘肃省博物馆、苏州博物馆、中国蔬菜博物馆、中国国家博物馆、三星堆博物馆、敦煌研究院、良渚博物院及西安碑林博物馆8家场馆也在淘宝APP上开展了"云游博物馆"直播活动,12小时9场直播,让网友相聚"云上"一起参观展厅。这充分调动了不同博物馆的资源优势,将服务深度进一步拓展。

二、国内博物馆直播现状分析

探讨过我国博物馆直播产生的背景和价值后,我们来看看实践方面是否在积极地发挥其价值。本文将从直播主体、直播载体、直播形式三个方面来进行梳理。

1. 博物馆直播主体

国内博物馆直播主体主要分为三类。第一类是以博物馆为主体,整个直播从策划到实践均由博物馆独立完成,这类博物馆或有自己的直播平台(如博物馆官方网站、微信公众号、微博公众号、博物馆App),或者利用直播软件(如抖音、快手、一直播等)平台进行直播。解说主要由博物馆方来安排讲解员、专家或志愿者担

①刘颖,从博物馆直播热看博物馆的"坚持"与"变革",文物鉴定与鉴赏[J], 2020(18),第151页。
②蒂莫西·阿姆布罗斯、克里斯平·佩恩,博物馆基础[M],凤凰出版传媒股份有限公司、译林出版社,2016年,第25页。

任。直播方案、直播内容形式均由博物馆团队承担。它使得博物馆的角色从信息收藏者变为信息主动传播者和信息技术应用者。例如，2018年甘肃省博物馆邀请本地志愿者进行了一场"铜奔马，与您相约微博"的直播活动，在直播间观众与文物进行了互动，整个过程由博物馆主导，志愿者配合完成。

第二类是以博物馆与媒介机构为主体的联合直播，整个直播主要是由博物馆负责提供内容，媒介机构来策划直播形式等，其中博物馆处于配合媒介机构的状态。解说可以由博物馆专家、讲解员等专业人士担任，也可以是媒介机构邀请的主持人、网红、KOC与博物馆方的专家、讲解员相配合的形式。这类直播借助于媒介机构广泛地传播，能够触及更多网友，这已经成为博物馆直播的主流。例如2020年清明小长假，故宫博物院与人民网、人民日报客户端、新华网、央视、抖音、今日头条、腾讯合作，策划了一场"安静的故宫，春日的美好"主题活动，让网友在故宫闭馆期间也能够感受到故宫春意之美。[①]

第三类是以个人网红为主体的直播，这类直播主要是由网红、草根、拍客、志愿者等自发进行的直播活动，因此从内容到策划、执行基本上均由拍客小团队或个人完成。因网络直播技术越来越便捷，个人只需要利用移动终端就可以完成直播。如2018年，武汉汉阳区举办一场活动，许多网红进入博物馆一边看展学习，一边通过手机终端分享文物知识、讲述汉阳历史，在现场与网友互动交流。[②]

这三类直播中，以第二类博物馆与媒介机构联合直播为主，覆盖面广，触及更多的网友，传播效果较好，内容策划也比较符合网友需求。第一类、第三类在内容输出、策划和包装质量上参差不齐，传播范围较小，尤其是第三类主体中主播素质良莠不齐，甚至有些主播为了吸引网友眼球，策划一些恶趣味内容吸引观众，降低了博物馆网络直播的水平。

2. 国内博物馆直播载体

目前国内博物馆直播常见的载体有APP应用、门户网站，其中以APP应用较多。因为APP应用能够安装在移动终端，方便携带和移动，也符合网友的网络使用习惯，因此很多博物馆直播使用APP应用较多。其次主流APP应用的流量巨大，例如2020年，中国用户量排名前10的手机APP中，微信APP达到9.7亿，QQ达到7.6亿，淘宝7亿，新浪微博3.7亿、抖音5.6亿、快手4.4亿等。[③]这些

---

① 故宫博物院官网，故宫博物院关于"安静的故宫，春日的美好"直播活动的公告［OL］，https：//www.dpm.org.cn/classify_detail/252229.html，2020-04-03。
② 史强，汉阳"理论网红"走进博物馆，边现场"充电"边直播［OL］，http：//www.cjrbapp.cjn.cn/wuhan/p/25350.html，2018-05-16。
③ 腾讯网，2020年 中国手机App用户量排行榜top100［OL］，https：//xw.qq.com/amphtml/20200220A0OXGW00，2020-02-20。

流量巨头都在积极搭建自己的直播模块，为博物馆直播奠定了巨型流量基础，一旦博物馆直播被这些 APP 平台主动推荐，覆盖规模和观看量会有较显著提升。另外，APP 应用降低了网络直播的介入门槛，让用户之间的互动变得更为简单，只需一部手机就能够观看博物馆直播，打破了时空界限，同时也让观众更近距离观看展览，获取文物知识，参与博物馆活动，更及时地与博物馆交流。

同样，博物馆直播以门户网站为载体，也是博物馆发展的必经之路。各大博物馆如今纷纷进行数字化转型，将馆内藏品进行线上数字化展示，将各类知识、数据等以信息化形式与观众进行共享和传播。这极大地提升了博物馆藏品的价值发挥，也拓展了博物馆服务内容的变革，同时也让各地博物馆之间能够形成更高效的合作与交流。例如博物馆中的"网红"故宫博物院是行业先行者，早在 2011 年就开通了官方微博（新浪微博是 2009 年出现的），如今已经积累了上千万粉丝，其发布的每一条微博都能吸引大量的点赞、评论、转发；2014 年故宫又开通了"微故宫"微信公众号，结合故宫特色组织微话题，推出微展览，提供便捷服务。除此之外，故宫还大幅度升级其官方网站，引入科技元素，推出"全景故宫""数字展厅"等网络信息平台，全方位打造属于自己的媒介矩阵，也有力地推动了故宫博物院的转型与发展。①

以上直播载体虽然种类繁多，但在具体的直播实践过程中，仍然会出现网络不通畅、技术故障、卡顿等情况，这使观众的直播体验差，互动和交流也会受到影响，尤其是博物馆的媒介建设仍然处在初期阶段，像故宫博物院这类覆盖全媒体平台的媒介矩阵建立，很多博物馆还做不到，这里面需要大量的人力、物力、财力和时间投入。

三、国内博物馆直播形式

国内博物馆直播形式，依据主体的不同，基本可以分为三类。一类是以个人、草根、志愿者和博物馆讲解员为主体的互动性直播形式。这种形式下，这些直播主体发挥着重要作用，他们在直播中起到引导、讲解、体验、探访等作用，需要其能够抓住观众的好奇心和兴趣点，并与观众进行实时互动交流，从而吸引粉丝能够继续观看直播。同时这种直播形式可以提前进行流程编排，但具体直播执行过程中，画面都是实时、客观记录博物馆的现场情况。例如，2020 年河北临城县的邢窑博

73

「互联网 +」时代下，
国内博物馆直播现状及对策研究

① 吴彧弓，网红故宫的新手段——从故宫直播谈起 [J]，美术观察，2020（7），32–33 页。

物馆举办了一场云游直播活动，讲解员自己举着直播设备进行讲解，主要介绍邢窑文化，就是一场互动形式的博物馆直播[1]。

博物馆直播的另一种形式是专题活动，专题活动是围绕某一特定主题策划直播活动，它带有不定时的特性，可以根据节假日、纪念日、热门时事、网友感兴趣的文博话题等来策划。专题活动可以持续较久时间，同一直播内容可以举办多场，同一话题或藏品也可以从不同侧面来进行展示和解说。例如2016年腾讯策划的"海外艺宴"专题活动，就邀请了来自美国、法国、日本等五国的艺术家共同讲解梵·高的名画《向日葵》，不同国家艺术家带来不同视角的解读，让观众深刻地感受到艺术鉴赏的魅力。

博物馆直播还有一种形式是系列栏目，栏目区别于专题活动，它相对固定，有固定的团队进行策划，有固定的传播渠道，同时栏目的内容上具有连续性。这类形式的直播参与主体以博物馆和媒介机构为主，不仅有了广泛的观众基础，且在传播力度上更大、更精准。[2] 例如北京各大博物馆联合光明网举办的《2018博物馆奇妙之旅》直播栏目，带领观众走进北京的各类博物馆，让大家感受到每个博物馆的特色和文物魅力，其中一站是来到北京大学赛克勒考古与艺术博物馆，展示给观众北京大学考古教学和科研成果，在新浪微博"北京发布"和"一直播"平台进行直播，结束时有65万人次观看并实时互动[3]。

在这些不同形式的博物馆直播中，特殊节日和代表性文物的专题活动较受网友欢迎。这些直播结合时下节日和有趣的文物，引起了更多网友共鸣。并且，这类直播有更多记忆价值创新点，感官冲击力较强，富有故事性。而偏向于文物讲解、座谈会等形式的直播，观看人数和效果就不太好。可见直播形式对直播效果也会有着重要的影响。

四、我国博物馆直播存在的问题及对策

通过对国内直播现状的梳理，我们能够看出其中也存在着问题，主要问题可以从以下四个方面来进行阐述，并相应地提出建议以供参考。

---

①潇湘晨报，河北临城：邢窑文化"云直播"[OL]，http://baijiahao.baidu.com/s？id=1666946196417897872&wfr=spider&for=pc，2020-05-17。
②王子恒，互联网时代国内博物馆网络直播研究[D]，吉林大学，2019，24-30页。
③北京发布，2018博物馆奇妙之旅｜走进北京大学赛克勒考古与艺术博物馆，考古爱好者看过来[OL]，https://www.sohu.com/a/259071899_176873，2018-10-12。

1. 内容缺乏深度，需要明确定位。

英国社会心理学家马罗理·沃伯说过，越是不需要深度思考、越能激发人的感官刺激的内容，越容易吸引观众眼球并被接受。网络直播兴起之时，因直播内容的泛娱乐化、低俗化而受到争议和鄙弃。[①] 直播平台的发展急需优质内容的持续输出。博物馆本身的内容就以科学、严谨、专业为特点，能够给予直播行业输出优质内容。但在目前的博物馆直播中，对直播内容深度的挖掘仍然不足。很多博物馆没有建立专业直播团队来开展直播活动，更多是临时搭建的团队，且与其他媒介机构合作处于配合状态较多。这影响了博物馆对内容的深度探索和实践，也不能形成快速高效的经验积累。

博物馆直播内容同质化严重，没有形成稳定的直播特色。很多直播内容多是以展示文物、讲解背后的故事、传播文博知识为主，创新性不够。这样长久下去会导致观众对博物馆内容的厌倦，逐渐失去兴趣。内容同质化也不利于展示各个博物馆特色，辨识度低。

笔者建议博物馆直播立足于严谨客观的知识内容基础上，挖掘其背后更深层的文化价值和社会意义。在话题设置上结合社会热点，利用直播与观众讨论话题，进行观点碰撞。其次直播内容需要注重知识的趣味性，研究观众兴趣点和需求点，找到让观众比较容易接受的角度进行切入，吸引观众理解讲解内容。对本馆进行定位，盘活本馆文物资源，形成鲜明的风格，在直播内容上也要加以体现。

2. 直播技术有局限，数字化建设需加速

当下很多博物馆的网络直播会出现光线太差、画面卡顿、像素太低、网络不稳定、直接断网、互动交流不及时等现象。在直播之前，团队对于直播时会面临的状况没有充足考量，没有突发状况的备用方案，这些都会影响观众的观看意愿。建议博物馆在进行直播时，要尽量选择像素高、网络稳定的设备，且在开播前最好进行流程排练，解决直播时会出现的大部分问题，对于紧急状况要事先进行梳理，并准备好解决方案。同时，博物馆还需要加速数字化转型，搭建属于自己的媒介矩阵，像故宫博物院这样能够建成完善的媒体传播渠道的博物院，目前数量极少。但从博物馆长久直播发展来看，要想将博物馆内的文物、文化等有效地传递给观众，必须将这些内容进行数字化、信息化的转化。观众能够在直播中更深入地参与到内容中去，同时也可以多渠道了解博物馆的直播动态，并进行互动交流。技术上的完善与突破也能够为直播内容和形式的探索打下良好基础。

3. 直播形式创意不足，需多元化探索

国内目前的直播形式多以专题、专栏形式为主，对这类形式的实践也处在探索阶段。在这些直播中，大多是通过摄像头对静态文物的客观记录，没有进程感，观众只能跟随讲解者既定的线路进行参观，悬念设置不足。建议更多的博物馆直播可以尝试进行影视化创作，或数字化 3D 全景展现等形式，把历史文物、知识多角度、情景化地呈现给观众，帮助观众理解和感悟。再如可以借鉴《国家宝藏》等节目，以直播形式进行传播，在具体操作上可以策划直播栏目，但直播的形式不局限于栏目上，还可以是对栏目前期策划、栏目中期排练、栏目后期复盘等进行趣味性直播，充分挖掘直播栏目前后的各种素材价值，拓展直播形式，让直播栏目内容正式直播前就勾起网友的兴趣，正式开播后与观众进行互动交流，整个过程充分激发观众的观看欲望，这同样是直播形式的新探索。

4. 主播素质不足，需重视人才培养

优质主播是博物馆形象的代表，是观众的讲解者和引导员。例如西安碑林讲解员白雪松在《国家宝藏》中金句频出，如"所谓林子大了，什么碑都有""有时候上班感觉像上朝"等语句圈粉无数，也让他和他所在的文博单位受到网友关注。[①]一个好的文博主播，能够给博物馆带来持续的关注度，也能够将自身的文博价值更有效地传递给观众。

目前博物馆直播的主播素质良莠不齐，并且专业的、固定的博物馆主播更少，博物馆在直播主播方面的培养意识还不够，但主播对于博物馆直播起着非常关键的作用，需要引起重视。一个优质的主播不仅要有深厚的文博专业知识，同时还需要熟悉直播特性，熟悉观众的心理，更要随机应变。拥有良好人文素质的主播，也为博物馆直播内容奠定了优质基础，能够防止哗众取宠类的直播内容出现。博物馆直播需要着力挖掘和培养这类人才，可以从博物馆讲解员中挖掘这类人才，也可以进行社会招聘，还可以举办文博讲解志愿者比赛活动等，通过各种渠道寻找直播人才，并加以培养。

五、结语

如今国内博物馆形象通过网络直播已经大大提升，博物馆的社会功能也在不断地拓展，服务内容和水平也随着人们的需求而发生改变。但"以人为本"和"内容

---

①潇湘晨报，金句频出！西安碑林讲解员白雪松实力圈粉的背后［OL］，https：//baijiahao.baidu.com/s？id=1688911530700234957&wfr=spider&for=pc，2021-01-15。

为王"是博物馆直播持续地优质地服务好观众的根本。如今博物馆直播常态化的呼声越来越高，这也表明了观众并不排斥文博消费，相反在经济高速发展的今天，人们更加追求这类精神文化消费，也表明了博物馆在新时代下急需要与互联网进行深度联合，从而与当下观众联系得更为紧密。疫情过后，笔者相信博物馆直播随着不断的实践和完善，将会出现更多形式和更多有深度的直播内容，并参与到当下社会公众议题中，发挥其不可替代的社会价值。

杨晶，孔庙和国子监博物馆社教部副主任，副研究馆员

"互联网＋"时代下，
国内博物馆直播现状及对策研究

新媒体下博物馆的线上直播探索

姜　珊

摘要

新型冠状病毒肺炎疫情的暴发，在一定程度上催生和加速了直播的推广应用。在博物馆领域，疫情让博物馆"关上门"，直播为博物馆"开了一扇窗"。面对疫情的冲击，全国多家博物馆选择了"闭馆不闭展"的方式，通过直播的手段开展"云端"展览，有些博物馆通过直播吸引了大量的粉丝，给人们带去了丰富的精神文化食粮，但也有很大一部分博物馆的直播效果并不理想。本文基于常态化疫情防控形势，对新媒体环境下的博物馆线上直播进行探索，以期能够助推博物馆的宣传推广工作健康有序地进行。

关键词

博物馆；线上直播；新途径

一、"博物馆＋线上直播"的多维价值

博物馆是收集、存储、展示和研究代表自然和人类文化遗产的地方，具有提供历史知识、教育、保护和收藏文物的功能，是一个国家重要的财富象征之一，不但能够让民众了解国家的历史文化发展，还可以增强民众的民族自豪感和自信心，并形成民族凝聚力。面对新时代特殊的社会环境，博物馆搭上线上直播的快车，不仅拉近了和民众之间的距离，而且还具备了不同于以往的多维价值。

（一）增强博物馆的社会影响力

随着社会经济水平的不断提升和互联网信息技术的不断发展，人们获取博物馆文化知识的途径也发生变化。为了能够适应这种新的变化，巩固博物馆本身的形象，进一步提升博物馆的社会影响力，国内的众多博物馆纷纷开始通过线上直播的方式来进行宣传。相关数据统计，近年来各地博物馆通过线上直播的宣传方式，吸引了数以千万计的观众参与，使越来越多的人感受到了不同时代文物的魅力。当观

众看完线上直播后，在网上发表各种关于博物馆或某个文物的话题，会引起广泛的扩散效应，进而提升博物馆的社会影响力。另外，在"博物馆＋网络直播"的宣传模式下，博物馆逐渐转变了传统实物展览的"冰冷"形象，以一种生动鲜活的形象出现在人们面前，这种人性化的转变更好地将以人为本的理念贯穿于实际工作中。这是博物馆生命的一种传承和延续，也是观众与博物馆之间的重要桥梁。博物馆线上直播以人为本，在保护文物的基础上，实时互动交流，拉近了博物馆与观众、观众与观众之间的距离，彰显了文化的独特魅力，这不仅是每个博物馆必不可少的任务，而且反映了博物馆服务社会的功能，更能增强博物馆在社会的影响力。

（二）提升博物馆的文化体验

近年来，随着电脑、手机等智能工具的普及，我国网民数量呈现出快速上涨的趋势。数据统计显示，截至 2020 年 12 月，我国的网民总体规模已占全球网民的五分之一左右，互联网普及率达 70.4%。其中，仅手机网民的规模就达到了 9.86 亿，在网民中，使用手机上网的比例为 99.7%。在网民数量不断增长的趋势下，从开始的聊天互动到现在的线上直播互动，网络传播手段也不断增多。人们不需要再在固定的时间和特定的地点获取信息，他们通过手机等智能终端设备随时在任何时间和任何地点观看直播。并且，在"博物馆＋线上直播"的模式下，各个地域的人们再也不用担心时间和地理位置的限制，而是将手机屏幕视为"移动博物馆"，通过线上观看实况转播，他们可以享受博物馆的许多实时服务，即使在家也能获得和现场一样的服务。在技术手段上，线上直播还具有储存功能，一些错过线上直播的人，可以通过回看功能获得相关内容，自由选择观看时间。由此可见，博物馆的实况转播不仅可以跨时空为观众提供文化服务，而且可以无限期地扩展博物馆本来有限的文化服务在互联网空间中的时限。另外，在博物馆的现场直播期间，博物馆与观众之间可以进行实时互动。人们不仅可以通过线上赠送虚拟礼物来表达对博物馆主播和博物馆的赞美，还可以通过弹幕和博物馆主播及其他观众进行实时互动，给观众带来前所未有的参与感，极大地提升了博物馆的文化体验。

（三）延展博物馆的教育功能

教育功能是博物馆所具有的重要功能之一，通过"博物馆＋网络直播"的传播方式，不仅能够向人们展示博物馆的历史文化底蕴，而且能通过线上讲解和实时互动的方式给人们提供更为详尽的信息，增强教育的实效性。不同于传统博物馆陈列展览的方式，线上直播是通过影像的手段将文物多维立体地呈现出来，从而更为充分地展现出馆藏文物的细节，弥补了以往文物展示的不足，大大提高了信息传播的效果，为博物馆的教育功能提供了新途径。另外，随着线上直播技术的不断成熟，包括故宫在内的各地博物馆都尝试着以"博物馆＋线上直播"的方式来向人们呈现馆藏。人们通过互联网，对博物馆及馆藏信息有了更为直观全面的了解。线上直播的内容由博物馆精心安排，其中不仅包括对各种风格迥异的馆藏文物知识的讲解，更增加了当代权威大师对相关文物的讲座等模式，使人们在观看线上直播时学到了很多知识。通过线上直播，广大博物馆工作人员可以在充分了解馆藏及其内涵的基础上，传播与馆藏文物有关的历史文化知识，从而使馆藏文化的教育传播方式更为多样化，极大地延展了博物馆的教育功能。

二、"博物馆＋线上直播"的多元探索

当前，"博物馆＋线上直播"模式已经成为各地博物馆在宣传和推广过程中的常见手段。尽管在博物馆直播的过程中，出现了主播互联网思维不足、专业知识储备不足、技术设备落后等一系列问题，给直播的效果造成了一定的影响。但在智能信息时代，博物馆在未来的发展过程中，需要紧跟时代发展潮流，在传统实物展览的基础上，探索出一条让受众感兴趣、听得懂的专业化和多元化的直播道路。而伴随着博物馆宣传推广模式的多元化探索，博物馆在内容呈现、推广渠道、受众群体等方面也呈现出多元化的趋势。

（一）内容多元呈现

与传统展览式的内容呈现模式不同，"博物馆＋线上直播"在内容呈现上具有展陈讲解直播、现场学术讲座直播及其他各种直播等方式。首先，展览讲解直播是博物馆向人们展示自身馆藏和研究水平的重要途径，同时也是社会教育和公共服务的重要渠道。通过展览讲解直播，还能起到对博物馆的宣传和推广作用。在当前众多博物馆的内容呈现方式上，大多数博物馆都采用了这种直播方式，如南京市博物馆的"南京城市史展"和陕西历史博物馆的"日本醍醐寺国宝展"。其次，现场学术讲座直播是博物馆进行社会教育和提供公共文化服务的另一种方式，能够使人们了解到蕴含在文物中深层次的历史文化。正如美国博物馆学家古德所说："博物馆

者，非古董品之墓地，乃活思想之育种场。"当前，现场学术直播的方式被很多博物馆所使用，如2019年4月，河南省文物考古研究院潘伟斌研究员的《打开高陵之门——考古队长潘伟斌亲讲曹操墓地发现过程》、阿富汗巴米扬大学学者的《巴米扬世界文化遗产的考古与历史展望》和《巴米扬文化和历史景点巡礼》，吸引了众多目光。第三，其他直播活动。当前，很多博物馆将一些线下活动移至线上进行现场直播。如2020年4月18日，陕西历史博物馆举行的云上国宝音乐会直播，通过网络直播的形式，为民众展现音乐与文物交融之美。在直播过程中，还加入了一些个性字幕、弹幕等方式，和更多的年轻观众在网络上交流。

（二）链条多元发展

在向民众进行科普工作的过程中，"博物馆+线上直播"的模式并不是独立存在的，而是作为博物馆功能延伸中不可或缺的一部分。博物馆要想体现自身的科普优势，就必须转变思路，走出一条多元化的新路。通过藏品陈列展览、线上直播等手段将博物馆品牌大范围地宣传出去，以便更好地发挥社会教育功能，并不断吸引公众的眼球。当前，受益于网络信息技术的飞速发展和互联网的普及，各地区博物馆在发展过程中，不再受到地域和客容量等因素的限制，除了继续延续传统博物馆发展模式之外，加大了多元化的线上直播发展模式的探索，并且逐渐形成一条线上线下相融合的多元化发展模式。具体体现为：结合博物馆特点，构建完善的、独具地域特色的博物馆教育体系，在线下通过展览、讲解等方式，帮助人们进行更好地理解和欣赏；在线上通过微信和微博等新媒体渠道、抖音和哔哩哔哩等短视频平台、淘宝和拼多多等购物平台多链条赋能的方式，将蕴含在博物馆文物中的文化精华，通过综艺、时尚等方式展现出来。如中央电视台推出的文博探索节目《国家宝藏》，融合了纪录片、真人秀、戏剧等多种艺术形态，赢得了人们的喜爱。另外，博物馆牵手多种业态，举办艺术市场、音乐会、情景剧，以及以文化为元素的时装秀、慈善舞会，来展示博物馆的现代时尚活力。如2020年4月陕西历史博物馆举行的云上国宝音乐会直播，通过哔哩哔哩、优酷APP、微信公众号等渠道将人们引流到线上直播音乐会中，享受博物馆音乐大餐。

（三）受众多元拓展

受众是博物馆在发展过程中的一个重要指标。每个博物馆都面临着一个复杂的潜在市场，由于受到博物馆自身馆藏性质，以及受众在年龄、性别、种族、文化程度、收入水平等方面的影响，博物馆的目标受众具有与博物馆职能相符合的特点。随着全球一体化的进程加快，以及我国网民总体规模的增长和博物馆线上直播的兴起，博物馆的受众也得到了多元化的拓展。在地域上，除了国内各地区的观众之外，很多国外不同种族的观众也陆续加入；在年龄上，不再是以传统青壮年群体为主，未成年人和"银发"老人群体也陆续"触网"；在文化程度上，除了学生、教师、专家学者、专业人员之外，一些文化水平低的人也以线上直播的方式，通过讲解和影像来参与。另外，一些残障人士也在家人朋友的帮助下，加入博物馆线上直播中。

三、结语

随着社会物质生活水平的不断提高，人们对精神文化的需求也越来越高，在当前新时代新形势下，如何全面提升人们的文化素养，已成为促进人们精神消费的巨大动力。因此，作为具有收集、存储、展示和研究功能的博物馆，应注重探索发展各种形式的信息传播方式，增强博物馆的社会影响力、提升博物馆的文化体验、延展博物馆的教育功能，从而展现出博物馆+线上直播的多维价值。另外，要注意进行博物馆+线上直播的多元探索，在内容、链条和受众方面进行多元化发展，并且逐渐形成良性的循环，使博物馆的社会功能得到健康、可持续的发展。

姜珊，孔庙和国子监博物馆社教部，馆员

数据分析在博物馆场景中的典型应用

朱医博

摘要

随着国家文化事业的发展，博物馆的数量和质量不断提升。新技术和新方法在博物馆不断推广应用，使得公共文化服务从线下扩展到线上，各种管理和服务指标得以量化呈现。本文研究了近年来数据分析在博物馆线上、线下多个场景中的典型应用，展现了其在安全管理、文物保护和文化宣传等方面的重要作用。

关键词

博物馆；数据；监测；智慧化

　　博物馆是保护和传承人类文明的重要殿堂，是连接过去、现在、未来的桥梁。随着国家对文化建设的日益重视，近年来全国博物馆数量与质量持续提升。据人民网报道，"十三五"期间，全国博物馆数量由4692家增长至5788家，年度参观人数由7亿人次增长至12亿人次。博物馆在社会发展中的作用持续显现，不断增强国家软实力，坚定国民的文化自信，丰富群众的文化生活，给人民群众带来获得感、幸福感。"到博物馆看展览"已逐步成为新的生活方式和社会风尚。大数据、云计算、物联网、人工智能等新技术、新方法也正在博物馆中推广应用，博物馆正在往智慧化的方向迅速发展。数据分析可以帮助博物馆，在各种新技术的基础上，做好场馆环境安全管理、文物保存与保护、文物展示与文化宣传等工作，特别是在环境安全精准化、人流状态数据化、文物信息可视化、传播效果"用户中心化"等方面应用效果显著。

一、环境安全精准化

　　无论何时，环境安全对博物馆的运营和文物的保存研究都是至关重要的。博物馆的环境包括文物环境和场馆环境，涉及文物安全、消防安全和人员安全等。消防安全事件一般是突发性的，如2019年4月，法国巴黎圣母院不慎发生火灾，整座建筑损毁严重。而文物安全的侵害常常是比较隐蔽的、潜移默化、更加普遍的。如2021年端午假期，陕西乾陵博物馆被爆出了两件文物"长毛"了，迅速引发网友热议。后来专家分析，这是文物受到天气、温度变化等因素影响，出现了"类似长毛"的盐析现象，这种现象在文物保存中并不少见。

环境因素主要包括温湿度、光辐射、污染物和有害生物等四类，它们对文物保存有着至关重要的影响。为了防止环境因素对文物藏品的劣化损害，很多博物馆建立了环境监控系统。通过信息控制与处理、人工智能、自动化、物联网及多媒体技术，形成一套数字化、智能化的博物馆环境综合管理系统，满足博物馆对环境监测与安全防范的需求。

展柜编号: **A1**
文物类型: **瓷器**
展柜类型: **独立柜**
设备仪器: **微环境多参数测控仪，微环境恒温恒湿机**

| 温度: 20.20℃ | 湿度: 45.30%RH | PM2.5: 52ug/m³ | 甲醛: 47ug/m³ | TVOC: 42ppm |

温湿度走势数据　　温湿度参数设置　　微环境历史数据

数据记录时间	展柜编号	温度（℃）	湿度（RH%）	PM2.5（ug/m3）	甲醛（ug/m3）	TVOC（ppm）
2019-03-02 10:00:00	A1	20.20	45.30	52	47	42
2019-03-02 09:45:00	A1	20.50	45.10	51	43	43
2019-03-02 09:30:00	A1	20.40	45.80	51	44	41
2019-03-02 09:15:00	A1	20.20	45.00	49	45	41
2019-03-02 09:00:00	A1	20.10	44.80	48	46	44
2019-03-02 08:45:00	A1	20.20	44.20	51	46	43
2019-03-02 08:30:00	A1	20.10	45.10	50	46	42

图1 微环境智能监控平台数据界面设计图

环境监控系统收集监测数据，主要有两个用途：一是预防性保护，基于以往的成熟数据指标，对文物存放环境实施有效的指标监测和控制，提升对文物藏品的风险防控能力，最大限度地抑制或减缓环境因素对文物材料的破坏，在发生紧急事件时进行告警；二是补救性研究，通过对数据的收集和分析，找出破坏文物安全的关键因素或者综合因素，制定出适合具体场景的解决方案。如上海博物馆为了了解书画陈列馆陈列空气环境现状，曾对馆里的二氧化硫、氮氧化物、臭氧等物质进行检测，通过分析得出氮氧化物是主要污染源。为此用多种测定法对此进行了较长时间的监测，并在监测数据分析的基础上建立了治理模型并确定了治理方案，最终获得了良好的治理效果。

随着物联网的迅速发展和广泛应用，基于数据收集和分析的博物馆环境监测，可有效提高环境监测的实时性、精准性，实现信息数据共享并且提供辅助决策，为环境监测管理提供参考，从而推动博物馆馆藏文物保护工作实现从传统的个体保护走向科学的整体保护的目标。

二、人流状态数据化

随着国家对文博事业的重视和扶持，博物馆日益成为公众喜爱的文化"打卡"地。近年来，博物馆组织展览次数和游览参观人数都明显增长。与此同时，很多博物馆内客流量分布存在明显不均的现象。各大博物馆镇馆之宝前总是人满为患，而冷门展品前却门可罗雀。博物馆需要了解观众流量分布状况，区分热门展品和展区，以及高峰期和低谷期时段，从而安排工作人员进行分流和管理。

（一）实时把握场馆观众流量

对于博物馆来说，馆内人员流量对文物安全、消防安全和防疫安全都十分重要。每逢节假日，一些热门场馆或精品大展便会出现排长队的现象，因而许多博物馆都采取了措施以限制到馆参观人数。特别是新冠肺炎疫情之后，为了避免人员聚集，保证观众参观安全，恢复开放的博物馆普遍实行预约制度，并对入馆参观人数做出了明确的限制。很多博物馆不但对单日承载量做了限制，对瞬时承载量也做了限制。如上海科技馆规定瞬时承载量为4050人，单日承载量为9000人（2020年3月数据）。

通过预约系统中每日预约参观人数的设定，可以实现对单日承载量进行限制。而通过获取馆内实时人员信息，则可以对瞬时承载量进行控制。比如可以分别在进出馆门口进行身份证信息扫描或者门票扫描，通过对进出馆的信息比对来

图 2 上海科技馆门票分时预约界面

获取馆内人员数量情况，为管理者提供"是否开启瞬间承载量限制"的决策支持，当瞬间承载量突破阈值时，暂时关闭场馆入口，引导观众错时、分批入馆。确保在提供文化服务的同时，为观众营造安全有序的参观环境。

（二）精准把握热门展区流量

博物馆普遍存在展区流量不均的问题，如何统计和限制局部观众流量一直是管理的难题。通过分析展区 AP 的实时接入数量，可以有效解决这一问题。

由于很多博物馆占地面积大，观众流量大，以及信号遮蔽严重等因素，手机移动网络在博物馆的传播受限，不少博物馆都实施了免费的 WIFI 覆盖，观众通过手机便可自行接入。AP（Access Point）即无线接入点，是移动设备用户进入有线网络的接入点，信号覆盖能力较强，可以覆盖周边几十米至上百米的距离。通过对不同区域的 AP 覆盖，可以实现无线网络对场馆的全方位覆盖。对于博物馆的运营人员来说，通过不同 AP 的设备接入数量，可以统计具体热门展区人数累计和时间累计的情况，比如在某个展区停留 15 及 30 分钟以上的人数。依据历史数据可以制定出每个展区观众数量的瞬时承载阈值和停留时间限制，以便及时进行疏导、组织排队。此外，通过 AP 的切换状况，还可以判断场馆内人流的移动轨迹，从而提前做好准备，维持场馆的良好秩序。

三、文物信息可视化

传统的文物档案很难将文物的细节和色彩完整保存下来。为了保护文物不受污染，一般又不允许对文物进行接触性的研究和复制。大数据技术在文物信息管理中的使用，特别是与三维扫描及 3D 打印技术的结合，实现了在不直接接触物品的条件下，获取丰富、立体的文物信息，打破了传统文物档案以二维数据信息为主的状况，有利于文物的精细化管理、修复和"活化"利用。

（一）解决文物保存与修复的难题

由于人类活动、自然灾害、保护能力等原因，大量文物正以不可逆的方式被快速损毁乃至消失。比如，巴西国家博物馆在 2018 年不幸发生火灾，约 90% 的文物在大火中被烧毁。比较幸运的是，借助于图像识别以及大数据分析等数字化手段，一些比较珍贵的文物藏品得以"复活"。2019年9月，由巴西国家博物馆与腾讯合作打造的"数字巴西国家博物馆"小程序上线。这个线上博物馆共展示了700个数字档案，其中，有400件被焚毁文物的数字档案是根据民众捐献资料进行数字化重建后得来的。

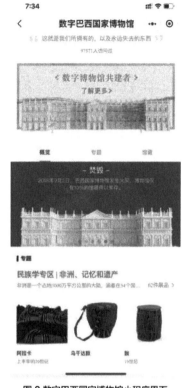

图3 数字巴西国家博物馆小程序界面

在各个博物馆里面，都有很多受到人为损毁或者自然老化的文物。虽然随着博物馆防护和保管能力的升级，文物的寿命也在不断延长，但始终无法杜绝外界对文物的侵蚀和破坏。对于由于各种原因已经受到损毁的文物，为了满足保存、展示、研究等需要，有必要借助技术手段获取文物信息、建立数据模型进行精准修复。而对于一些不再适宜陈列的文物，出于各种原因不得不进行展示的，也可以通过技术手段获取数据模型，制作出一些替代品进行陈列。

目前比较主流的数据模型获取技术是三维扫描技术。该技术在不对文物造成损伤和破坏的情况下，以点云形式快速获取被摄物体阵列图形的集合数据，将珍贵文物的几何、颜色、纹理信息记载下来，通过数据分析和数据修复生成三维数据模型。然后通过3D打印技术，将数据模型转化为高质量实体模型，为文物留下更加准确、完整、高精度的永久数字化档案；再通过与逆向技术相结合，还可为文物藏品的修复与复刻、文化产品的转化与开发提供解决方案。

（二）成就"云上博物馆"

突如其来的新冠肺炎疫情，促使博物馆游览方式发生了一次革命性升级。许多博物馆的服务从"线下"转为"线上"，开放数字资源、推出虚拟游览、在线讲座等服务，以数字化方式推出多种形式的文化活动，让人们足不出户便可在"云上"参观艺术殿堂、游览名胜古迹，畅享历史文化盛宴，弥补疫情期间无法实地参观的遗憾。

随着多媒体技术的深入应用，线上"云展览"活动内容和形式愈加丰富，观众不仅可以聆听现场语音讲解，还可以观看VR视频讲解、三维文物展示，还能在展馆进行虚拟漫游。特别是 VR、AR 等新形式、新技术的运用，综合了三维技术与大数据技术，创造了新的展览体验。如故宫博物院与日本公司合作的"数字故宫"项目、浙江大学开发的敦煌石窟虚拟漫游与壁画复原系统等。通过 360 度全景展示，博物馆的空间结构、艺术品的陈列格局得到更好呈现，观众还可以借助数字高清技术，放大欣赏藏品纤毫毕现的细节，获得身临其境的参观体验。

这种极为逼真的用户体验，才是真正成就"云上博物馆"的关键。"云上博物馆"的出现，打破了博物馆文化服务在时间和空间上的限制，不仅使公众能够足不出户便享受到高质量的文化服务，也为博物馆拓展公共文化服务的形式和内容提供了新思路。而在虚拟游览的吸引下，游客到现场参观的可能性大大增加，这将为疫情过去后的旅游业发展带来积极影响。

四、传播效果"用户中心"化

随着时代的发展，博物馆传统的线下传播平台已经不能满足观众对文化艺术的需要，网站、微博、微信、短视频等各种线上传播平台不断出现。社交媒体的发展，打破了原有的传统大众媒体的格局，逐渐形成了以"用户"为中心的宣传理念。越来越多的博物馆在社交媒体上发力，实现了与用户的良好互动，积累了大量的粉丝，扩大了自己的网络影响力。快速、准确地收集分析传播效果信息，更好地为用户服务，成为博物馆网络平台运营的关键。

（一）实现内容的精准推送

新媒体的一个重要特点，是加强了与用户的交互。新媒体平台更容易获取用户的基础数据和行为数据，从而细化用户分析，掌握用户的特征、习惯和喜好，实现内容的精准推送。

以微信公众号为例。目前公众号后台包含一些自带数据，主要有用户分析、内容分析、菜单分析、消息分析、接口分析、网页分析等，比较常用的是用户分析和图文分析。通过用户分析，可以看到性别、年龄、城市、终端等基础数据，从而可以推测粉丝的阅读偏好，对公众号进行更为精确的定位；可以看到公众号增加关注的主要途径，以便更好地帮助博物馆判断运营发力点。通过图文分析，可以找出点击率比较高的文章，再结合新关注人数的变化，分析总结出比较受欢迎的文章类型；可以根据不同推送时间的阅读量对比，得出最佳推送的时间点，实现传播效果最大化。

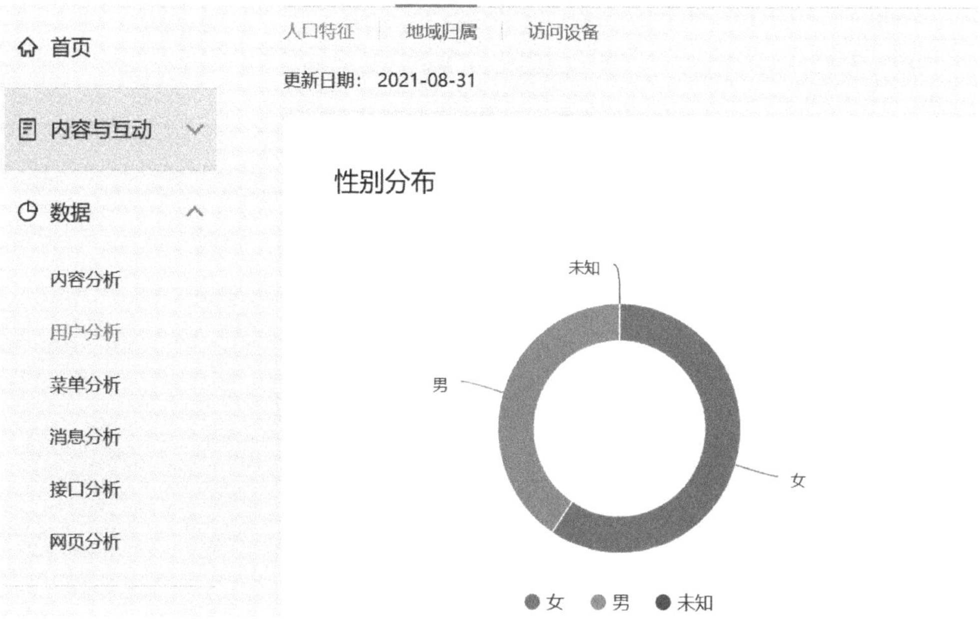

图 4 微信公众号后台数据界面

（二）快速响应网络舆情

社交媒体的发展使得信息传播更加多元化、快速化、形象化，但同时，也使得负面信息传播得更快、网络影响力更大。有时，在纷繁复杂的信息流中，事件的真实性被扭曲或者被细节过度解读，如果不及时应对，会对事件主体造成比较大的影响。越来越多的博物馆开始重视网络舆情，主动关注舆论动向，发现自身潜在风险，积极加强与公众的沟通。

做好舆情管理工作需要制度、人力和技术等多方面的保障。舆情监控系统可以通过对海量网络信息进行实时的采集、汇总、分析，识别其中的关键舆情信息并及时通知提醒专职管理人员。相关人员在舆情监控系统所供信息的基础上，综合分析判断舆情所处阶段、掌握网络舆论倾向、快速响应舆情事件，及时准确做出正面的舆论引导。博物馆常见的负面舆情类型有场馆安全、文物损坏、不当经营、服务投诉等。不良舆情应对的关键是及时发现问题、坦诚与公众沟通和勇于承担责任。

其实，舆情也不光是负面的，正面舆情的例子也很多。有的博物馆甚至会主动把握热点，创造正面舆情，提升博物馆品牌影响力。比如 2020 年底河南博物馆通过观察近期动向，发现舆情热点，利用近来"盲盒热"的风潮，及时推出"考古盲盒"，开展了线上线下互动活动，带火了一波盲盒热、考古热、博物馆热。不但提升了公共文化服务的发展空间，还拓展了公益类博物馆的营收途径。

如今，智慧化博物馆在国内方兴未艾，"用户需求为本"是智慧化博物馆与数字化博物馆最重要的区别。智慧化博物馆以"需求"为驱动，重新梳理和构建博物馆各要素，提供"物、人、数据"三者之间的交互通道，借助物联网、云计算、大数据，实现以人为中心的信息传递模式，从而实现博物馆智慧化服务、智慧化保护和智慧化管理。其中，以"需求"为驱动的数据汇聚、分析、管理及应用是博物馆智慧化的基础，必将在智慧化进程中起到越来越广泛和深入的作用。

朱医博，孔庙和国子监博物馆网络信息部，工程师

疫情防控常态化下的博物馆教育活动直播实践
——以孔庙和国子监博物馆为例

陆　承

摘要

在新冠肺炎疫情影响下，网络直播成为博物馆教育活动新的打开方式，有效保障了博物馆公共服务职能的履行，拉近了博物馆与大众的距离，并为后疫情时代博物馆教育活动传播创造了新的可能性。本文借助传播学理论视角，回顾了孔庙和国子监博物馆教育活动直播实践，总结了相关经验和不足，并对今后提高博物馆教育活动直播传播效果提出相关策略。

关键词

博物馆教育；网络直播；传播效果

　　2020年初，突如其来的新冠肺炎疫情为博物馆的教育活动开展带来了巨大挑战。如何确保闭馆不停服务，保障以博物馆教育活动为代表的博物馆基本公共文化服务供给，并在后疫情时代适应疫情防控常态化新形势，成为每个博物馆面临的共同课题。本文通过回顾孔庙和国子监博物馆（以下简称"我馆"）教育活动直播实践，论述了通过网络直播形式开展博物馆教育活动的必要性，总结了相关实践经验和不足，并对提高直播传播效果提出相关策略。

一、开展博物馆教育活动直播的必要性

（一）提高博物馆科普传播效率的要求

　　博物馆教育活动是博物馆进行社会科学传播的重要载体。社会科学普及本质上是一种科学知识与信息的传播活动。它的传播效果与受众广度和使用的传播载体、形式等息息相关。从疫情暴发初期的被迫闭馆，到疫情防控常态化下的限流要求，

线下博物馆教育活动的规模和频次受到一定程度的限制，博物馆科普传播效率受到极大影响。与此同时，我国网络直播服务发展方兴未艾。根据第 47 次《中国互联网络发展状况统计报告》[①]，截至 2020 年 12 月，我国网络直播用户规模达 6.17 亿，较 2020 年 3 月增长 5703 万，占网民整体的 62.4%。在此背景下，依托网络直播平台，博物馆可触及的潜在教育活动受众理论上得以几何级增长。

此外，随着经济社会的发展，博物馆观众的休闲方式极大丰富，人们的休闲时间也因繁忙的工作生活节奏愈发呈现碎片化趋势，博物馆教育活动同样面临着与其他休闲、教育活动开展"注意力争夺战"的挑战。根据我馆收集的《社会教育活动观众调查问卷》，"日期时间安排"和"交通便利程度"成为观众是否选择参与博物馆教育活动的第一和第五重要因素。

网络直播是指在现场随着事件的发生、发展进程同步制作和发布信息，具有双向流通过程的信息网络发布方式。网络直播除具有实时性、互动性外，大部分网络直播平台还设置了点播、回放功能，便于潜在受众能够随时、随地参与博物馆教育活动，突破了传统线下博物馆教育活动的时空限制，适应了当代大众休闲生活碎片化的趋势。

（二）提高博物馆公共文化服务公益性、可及性和均等化的要求

2007 年国际博物馆协会通过了经修改的《国际博物馆协会章程》，将博物馆的定义修订为"是一个为社会及其发展服务的、向公众开放的非营利性常设机构，为教育、研究、欣赏的目的征集、保护、研究、传播并展出人类及人类环境的物质及非物质遗产"。此次修订将教育调整到博物馆业务目的的首位，博物馆教育已成为博物馆公共文化服务的核心组成部分。《中华人民共和国公共文化服务保障法》《关于加快构建现代公共文化服务体系的意见》等规范公共文化服务的法律法规、政策文件中则均强调了博物馆公共文化服务的公益性、可及性、均等化。

截至 2020 年 12 月，我国手机网民规模达 9.86 亿，较 2020 年 3 月增长 8885 万，网民使用手机上网的比例达 99.7%，较 2020 年 3 月提升 0.4 个百分点[②]。以 5G 为代表的移动通信技术和以网络直播为代表的移动网络应用的广泛普及，极大消除了城乡、区域、社会阶层间的信息鸿沟，为提高博物馆公共文化服务公益性、可及性和均等化提供了技术基础。将网络直播引入博物馆教育活动，将进一步提高博物

---

① 中国互联网信息中心：第 47 次《中国互联网络发展状况统计报告》2021 年。
② 中国互联网信息中心：第 47 次《中国互联网络发展状况统计报告》2021 年。

馆公共文化服务触达率，更好解决长期以来如何让社会科学知识惠及更多人民群众的难题，更好满足新时代人民群众的精神文化需求。

二、孔庙和国子监博物馆的教育活动直播实践

我馆教育活动直播实践经历了从新冠肺炎疫情暴发初期的被动应变，到适应疫情常态化防控要求下主动求新求变的过程。自 2020 年 1 月底闭馆以来，我馆教育活动陷入停滞状态。为恢复博物馆教育活动，保障博物馆正常履行公共文化服务职能，我馆于 2020 年 2 月 21 日紧急上线了首期教育活动直播，直播内容为孔庙和国子监院落讲解，这也是我馆院落讲解首次采用网络直播的形式。尽管直播内容较为基础，但一经发布仍收获了极佳的效果，直播期间最高在线人数达 1.8 万。首次教育活动直播既完成了科普工作，收到了较好效果，也密切了闭馆期间博物馆与观众之间的联系，为后续直播活动开展积累了潜在受众，增强了我馆做好博物馆教育活动直播的信心。

此后，我馆教育活动直播逐渐步入正轨，从 2020 年 2 月至 2021 年 2 月期间，共策划推出 7 期教育活动直播，内容涉及祭孔文化、古代太学生活、古代科举制度、馆藏碑刻与石质保护、传统节日岁时文化等，收到了较好的传播效果。截至 2020 年底，线上活动累计参与人数达 1078 万人次，直播账号粉丝数量达 49281人。我馆开展教育活动直播的经验总结如下：

（一）坚持正确价值导向，弘扬主旋律与主流文化

博物馆作为收藏研究、展示传播人类文明历史和科学文化知识的重要场所，是弘扬民族文化、传承民族精神的重要阵地，是中国特色社会主义文化的组成部分。博物馆教育工作要充分重视博物馆的意识形态属性，坚持正确价值导向，弘扬社会主义核心价值观，坚定文化自信，充分发挥博物馆"以文化人""润物无声"的宣传教育优势。当今互联网日益成为意识形态斗争的主战场，博物馆要善于运用网络直播等互联网工具，主动占领网络舆论阵地。我馆在教育活动直播中，深入挖掘祭孔文化、古代科举制度、太学文化等内容中所蕴含的崇德向善、公平正义、经世致用等中华优秀传统文化元素，充分发挥博物馆在意识形态工作领域的宣传引导作用。

（二）以馆藏文物为依托，让文物"活起来"

充分挖掘馆藏文物价值、加强文物价值阐释与传播，利用馆藏文物开展教育活动让文物"活起来"，是博物馆充分发挥公共文化服务机构属性的必然要求。传统馆藏文物利用途径主要包括举办展览、服务科学研究等方面。传统博物馆教育模式，如展览讲解、科普讲座等，侧重于单向的直线传播，一定程度上忽视了传播的双向性和互动性。施拉姆提出的循环互动传播模型理论则强调了传播过程的互动性，突出了传播过程两端传播主体的对等性，同时突出了"反馈"的作用，认为反馈的存在是传播双方互动的一个重要原因。

网络直播模式的引入极大提高了博物馆教育活动的互动性。在直播实践中，主播人可根据网络直播平台提供的"弹幕"功能实时接收受众反馈，并对讲解节奏、侧重点进行相应调整；同时，通过设置问答环节，与受众开展相关互动，增加了讲解的趣味性和互动性，克服了传统博物馆教育活动自说自话，过于艰深难懂、不接"地气"的缺陷。我馆教育活动直播涵盖了祭孔礼器、乐器，楹联匾额，碑刻拓片等可移动文物，以及馆内古建、碑刻等不可移动文物，构建了馆藏文物传播新途径，提高了馆藏文物利用效率，借助直播的互动性力求让文物"活起来"。

（三）领导高度重视，构建跨部门协作机制

我馆教育直播活动受到了馆领导的高度重视，构建了跨部门协作机制。除社教部外，网信部、研究部和保管部均参与其中。从确定选题、提供藏品资料、撰写脚本、内容审核、活动预热，到最终拍摄播出，均有相应部门负责；同时，适当引入外部资源，提升直播内容制作专业化水平。通过理顺制作流程，实现多业务部门协作、形成合力，有力保障了直播活动产出。

三、对提升博物馆教育活动直播传播效果的思考

（一）深化人才队伍建设，打造复合型人才。我馆教育活动直播能够不断保持内容输出，离不开众多博物馆宣教、研究人员的长期积累，但如何更好地利用网络直播这一新媒介助力博物馆教育传播活动，仍是广大博物馆人面对的新课题。未来的博物馆教育传播活动，需要既能准确把握和阐释馆藏文物所承载的人文历史、科学技术、传统技艺、民族精神与审美情趣价值，又能掌握博物馆教育理论、网络直

播等新媒体传播规律的复合型人才，这也是全体博物馆宣教人员的努力方向。

（二）加强受众研究，聚焦公众需求。受众既是传播活动的消费者，也是传播活动的重要参与者。受众调查是提高传播效果的一个重要途径，其主要内容是了解受众的需要和兴趣，了解各阶层受众对传播内容和形式的反应。受众调查为分众传播提供了重要依据[1]。在传播学领域，所谓分众传播是根据受众的差异性，面向特定的受众群体或者大众的某种特定需求，提供特定的信息与服务[2]。我馆的教育活动受众研究尚处在起步阶段，还需进一步完善研究体系、积累研究样本，后续我馆可针对相关群体和内容开展有针对性的教育活动直播。

（三）加强馆藏资源数字化建设，保障直播内容素材供给。博物馆馆藏的数字化是指将藏品及通过藏品实现博物馆职能的陈列、保管、科研、考古等信息采用计算机技术，使之成为通过人的视觉、听觉能感受的媒体信息，即多媒体信息[3]。在直播内容制作过程中，某些情况下馆藏文物数字化素材匮乏成为了掣肘因素。为适应未来博物馆馆藏数字化传播趋势，我馆馆藏数字化工作还需进一步加强，以提高馆藏文物利用效率，更好服务于教育传播工作。

四、结语

据不完全统计，自 2020 年 2 月起多家大型互联网平台相继举办"云游博物馆"直播活动，全国多家博物馆参与，网友反响热烈，单日观看量超千万。博物馆网络直播备受观众和社会关注，不仅在闭馆期间为博物馆提供了开展教育等公共文化服务的新方式，更成为文博行业数字化发展的新趋势。在后疫情时代，博物馆还应继续借助传播学理论，深入研究博物馆教育活动直播的内在传播规律，利用互联网传播工具更好履行博物馆教育职能，更好满足人民群众更高层次精神文化需求和对美好生活的向往。

陆承，孔庙和国子监博物馆社教部，业务干部

①陈龙：《大众传播学导论》，苏州大学出版社，2007 年，第 254 页。
②李丹芳、郑霞：《对博物馆网站分众的再思考》，《2019 北京数字博物馆研讨会论文集》2019 年。
③孟中元：《对数字化博物馆的认识与思考》，《中国博物馆》2000 年 02 期。

博物馆文化创意产品开发、宣传与利用

——以孔庙和国子监博物馆为例

赵雪峰

摘要

随着经济社会不断发展，人民需求不断提升，大众对博物馆文化宣传形式有更多、更高要求，文化创意产品开创了新思路、新领域，同时也带来了新挑战、新机遇，在开展博物馆文创开发工作方面，既要阔步向前尝试开发、利用好文创产品，又要谨小慎微，一步一个脚印，走好每一步探索之路，推动文化创意产品开发，要始终把社会效益放在首位，实现社会效益和经济效益相统一，坚持守正创新，进一步推动博物馆事业繁荣发展。

关键词

博物馆；文创产品；开发宣传

十八大以来，习近平总书记在多个场合谈到中华优秀传统文化，表达了自己对传统文化、传统思想价值体系的认同与尊崇。博物馆作为传承中华民族优秀传统文化的重要阵地，拥有着丰富的文化资源。文创产品在博物馆当中又充当起符合当今社会人民需求新形势的重要载体，起到了积极的教育宣传意义，只有不断挖掘、探索、创新文创工作，才能更好地扩大文创产品的影响力，宣传博物馆历史文化，进而推动中国优秀传统文化传承发扬，在世界的舞台上大放异彩。

一、目前博物馆文创开发背景与社会教育意义

根据国务院、国务院办公厅、国家文物局印发《关于进一步加强文物工作的指导意见》《关于推动文化文物单位文化创意产品开发的若干意见》《博物馆馆藏资源著作权、商标权和品牌授权操作指引（试行）》的通知，激发博物馆创新活力，盘活用好博物馆馆藏文物资源，推进博物馆逐步开放共享文物资源信息，切实解决制约博物馆文化创意产品开发工作中馆藏资源授权的制度瓶颈。切实增强中华优秀传统文化的生命力、影响力，更好地促进经济社会发展，不断满足人民群众日益增长

的美好生活需求。

随着我国经济的快速发展，居民消费结构逐步升级，从以"物质消费"为主转向以"精神文化消费"为主，极大地刺激了我国文化创意产业的快速发展；根据国家统计局数据，2010-2018年，我国文化及相关产业增加值从11052亿元增长至38737亿元，年均复合增长率达到16.97%，占GDP比重由2.75%增长至4.21%，呈现逐年稳步上升的态势。通过消费结构发生的变化可以得出，人们的注意力从过去简单的物质消费上，逐渐转移到精神文化消费上来，博物馆在宣传重点方式上，也应随着社会经济、人民关切的变化而改变。在社会教育方面，利用好文创产品做好宣传，既丰富大众体验，提升满意度，又提高社会经济效益，促进博物馆事业发展，合作企业共同双赢的新局面。

二、提取博物馆中具有特色的文创元素

博物馆馆中所蕴含的文化元素丰富繁多，按照其代表性大致分类为：建筑类元素、文化类元素、自然风景类元素、馆藏文物类元素；将文化元素进行提取与转化，借助文创产品的本身功用，通过设计师创意性地表达，实现文化与产品融合，文化与产品升华，文化通过产品传递，产品通过文化赋能。

建筑类元素要从具有历史意义、建构特点与独特性的角度出发去寻找探索。例如：国子监中院的辟雍大殿是世上唯一皇帝讲学所用的宫殿，其外圆内方、四周环水的建筑特点，成为我馆文创产品中主要设计元素、也是代表性的元素，在与千叶珠宝有限公司合作的《金榜题名》中副产品作为金片的外包装封面设计。

文化类元素表现形式多为思想文化、书法作品、楹联匾额等，在文创产品中的应用上更考验设计师的设计想法，中华优秀传统思想文化得到恰当、准确的表达，需要充分理解其内涵，了解文化背景、相关历史知识，在通过产品功用贴切、设计方案合理的表达后，历史文化和功能产品才能产生共鸣。例如：十三经碑林中《礼记·大学》："古之欲明明德于天下者，先治其国；欲治其国者，先齐其家；欲齐其家者，先修其身；欲修其身者，先正其心；欲正其心者，先诚其意；欲诚其意者，先致其知"。按照其文化意义，该文章应用到孔庙和国子监博物馆与中国工商银行合作的贵金属文创产品——《锦绣前程》主产品国潮扇形摆件的折页上，儒雅、大方，设计精美。

风景类提炼的元素更多的是直观、感性、唯美，借助历史上的名人趣事，通过不变的风景去感受古代的盛况与人们内心的情感，以风景度文化，例如：孔庙和国

子监内种植的紫藤，4月中旬到5月上旬，紫色藤蔓缠绕在枯树上、花团锦簇、分外妖娆，与古代常以紫藤为题作诗相呼应，成为每年游客打卡的热门风景，该项元素应用于工商银行贵金属产品中的副产品锦囊妙计书签的设计中。

馆藏文物类元素的选择更加多样，每件文物都凝聚了古代人们的智慧、能工巧匠们的鬼斧神工体现出皇家地位之尊贵、中华传统文化之博大，庄严肃穆的文物当中其实也不乏一些受到当下年轻人欢迎的可爱形象，这其中的建筑构件也是文物类之一，例如：古建筑上四条垂脊上的跑兽分别有骑凤仙人、龙、凤、狮子、天马、海马、狻猊、押鱼、獬豸、斗牛、行什。这些元素在通过设计师以卡通的形象表达出来后，马上就成为走红的"吉"兽，此项设计应用在与工商银行合作的贵金属文创产品中，独具特色，深受大众喜爱。

三、文创产品知识产权的创造与保护

知识产权主要包括专利权、商标权、著作权、商业秘密等。知识产权是公民、法人或者其他组织拥有、使用、处分和受益于其智力劳动成果的专有权法律，是一种财产权，受国家法律保护，任何人不得侵犯，是可以买卖赠予和使用的。其中用于博物馆文创授权内容大致包括著作权授权、商标权授权、品牌授权、其他授权。对于知识产权在博物馆文创开发应用方面，不同于电影、音乐等其他方面，博物馆是向公众展示、教育等为目的的公益性组织，因此，应正确把握博物馆有哪些权、应该保护哪些权要特别明确。首先要明确馆内古建筑、历史文物、历史文化资源本身形成时间久远，是不具备相应知识产权的。人们在参观过程中，通过自己拍摄等独立创作过程，本身可以享有对自己作品的处置权。然后，博物馆在文创开发过程中，只有形成自己独立创作出的作品，例如：商标、品牌图案以及独有的文物摄影、摄像作品等，才具备相应的知识产权，并且受到法律保护。

博物馆拥有自己的知识产权后，在文创产品开发、授权、销售、展示等环节，同样要把握知识产权保护。例如：中国商业出版社 1999 年出版的《中国清代瓷器图录》《中国宋元瓷器图录》两本书。有不法公司擅自盗用 790 张故宫博物院版权所有的图片，并且利用照片内容，进行文创产品开发，谋取非法利益。因此，从知识产权形成的那天开始，就应该注意对权利的保护，该案件体现的是博物馆拍摄所得的文物照片著作权的权利保护。

同时，博物馆文创开发工作还处于起步阶段，市场上因此产生的版权纠纷等法律问题也是新生问题，对此，法律法规等相关制度并不完备，这也为维权工作带来了复杂环境。针对各种确权、授权可能引发的问题，博物馆需要做的就是将权利表达清晰，对于授权内容、授权期限、授权使用范围、产权归属、对被授权企业的选择、授权性质、授权费用及支付方式、监督管理和保密等，在授权协议中都要做出准确约定，避免在出现法律空白时期，无法可依，无权可维。

四、文创产品进入市场销售的合理性

根据我国 2015 年发布实施的《博物馆条例》，博物馆是指以教育、研究和欣赏为目的，收藏、保护并向公众展示人类活动和自然环境的见证物，经登记管理机关依法登记的非营利组织。博物馆作为公益性的文博单位，对于文创开发工作，公益性并不能片面地理解成经营销售文创产品的不合法性，将文创经营收入再次用于公益事业，使大众得到更多更丰富的博物馆体验，这也是文创产品传承和传播历史文化的重要工作之一。近些年来，中共中央办公厅、国务院办公厅等部门先后发布《关于加强文物保护利用改革的若干意见》《关于进一步加强文物工作的指导意见》《关于推动文化文物单位文化创意产品开发的若干意见》《关于推进博物馆改革发展的指导意见》，坚持守正创新，激发博物馆创新活力，支持和鼓励博物馆开展文创开发工作，完善管理体制，健全激励机制等。因此，博物馆开展文创开发活动，销售收入只要建立在完善的监管体制下，并再次用于社会公益性服务，博物馆文创开发销售就是合法的、合理的。

五、结语

习近平总书记曾说过："让收藏在博物馆里的文物，陈列在广阔大地上的遗产，书写在古籍里的文字都活起来。"在迎接下一个百年的历史交汇时期，我国博物馆在场馆建设、文物保护、藏品研究、陈列展览、开放服务、教育传播、国际交流等方面不断取得新进展，日益成为世界博物馆发展的中心和热点。文创产品开发作为博物馆宣传教育的新手段、新途径，不仅促进文物文化内涵研究、丰富宣传形式、满足大众需要、扩大影响力，还能为博物馆产生一定的营收，促进博物馆公益事业进一步提升，为博物馆蓬勃发展注入新活力。

赵雪峰，孔庙和国子监博物馆社教部，业务干部

国子监辟雍环水清淤纪实

吴博文

摘要

国子监辟雍环水在 2014 年进行过一次清淤作业,由于两次清淤作业间隔时间较长,致使环水内存在颜色浑浊、水质发臭、底部渗水等现象,严重影响博物馆景观环境以及水资源浪费。针对该情况,博物馆相关部门拟对辟雍环水进行彻底的清淤整治及底面防漏养护作业。本工程于 2018 年被列为博物馆三年滚动计划,2020 年决定执行,2020 年初文物局相关部室将该工程列为文物局重点工程,4 月报财政评审,5 月经过财政评审后资金为 12.06 万元。该合同已于 8 月 4 日签订完毕,其他相关工作已就绪,具备实施条件。本文主要从项目概况、项目目标、项目申报流程、项目施工过程以及项目经验教训等五个方面进行综合记录。

关键词

国子监;辟雍环水;岁修;清淤

国子监为隋朝以后的中央官学,是我国古代教育体系中的最高学府。北京国子监建于元大德十年（1306 年）,是元明清三代国家管理教育的最高行政机关和最高学府。

辟雍建于清乾隆四十八年（1783 年）,高大的石基下建水池环绕,池岸用汉白玉做护栏,构成"辟雍环水"的古代形制,总建筑面积约为 730 ㎡。池水之上东南西北各建一座石梁桥通达四门,连接内外,构成了辟雍的独特建筑风格,体现了辟雍深邃的历史内涵。"辟雍"一词起源于我国三千年前的周代,据史料记载,"天子之学曰辟雍",辟雍四面环水,是周天子学习、议事的场所。辟雍最早是建在湖心小岛上的大房子,周边是水,水的外边是树林,天子不仅可以在里面学习文化政治知识,还可以在四周捕鱼狩猎,古时所谓"礼、乐、射、御、书、数"六艺都可以在这里学习演练,是一处既安全又安静的好地方。也正是由于这种优美的自然环境,决定了它的名称。据汉代大学者蔡邕解释:辟雍的"辟"字与玉璧的"璧"通用,就是指周边的水环绕一周,湖水清澈透明,呈圆形,就像一块无瑕的玉璧;"雍"为水中陆地;而"辟雍"这座大房子就建在上面,是玉璧的中心,所以取名辟雍。本次工程建设单位为孔庙和国子监博物馆,2020 年 7 月 24 日经我馆组建内部询价小组审查评议，北京兴润泽建设发展有限公司在方案、报价、资料上都满足该项目的要求，选定为该项目成交供应商，合同金额为 119925.62 元。开工日期为 2020 年 8 月 5 日，竣工日期为 2020 年 8 月 20 日。

第一部分：项目概况

（一）项目基本情况

1. 立项情况

辟雍四周的池水为"死水"，随着时间的推移现主要存在以下问题：1. 池底密封性差，池水通过缝隙向地下流失现象严重；2. 淤泥堆积情况严重，极大地影响到鱼类的生存与游人的观赏。为了有效解决这些问题，相关部门负责同志在与相关专业技术人员进行现场考察研究后，建议进行一次比较彻底的池底清理工作，此项工作主要包含以下内容：1. 将现有池水及金鱼转移并进行池底清淤；2. 对池底缝隙进行修补；3. 利用阳光暴晒为池塘消毒；4. 重新注水，补充鱼苗，恢复原貌。

此项工作为博物馆 2020 年滚动计划，已经经馆办公会讨论商议批准实施，实施面积为整个辟雍环水，约 730 ㎡，经费约 15 万元。

2. 实施主体

孔庙和国子监博物馆。

3. 项目资金及主要内容

项目资金全部来自财政资金库；送审价格为 14.54 万元，经市财政评审中心评审，审定金额为 12.06 万元。

（二）项目年度预算绩效目标和绩效指标设定情况

1. 年度预期总目标

（1）在规定的工期内完成《国子监辟雍环水清淤工程》；

（2）保证《国子监辟雍环水清淤工程》质量合格，"治臭、治色、治漏"体现出"高质量、高品位、高规格"定位要求；

（3）通过清淤工程提升孔庙和国子监文物保护、展示的总体水平，为游人提供一个良好的参观环境；

（4）发挥政府资金的投资效益，改善游客的参观环境，更好地向世人展示国学的特色，提高孔庙和国子监的知名度。

2. 项目阶段性目标

（1）遵守国家及本市有关部门对施工现场的交通和施工噪音等管理规定，负责安全保卫、清洁卫生等各项工作，做好施工现场周围建筑物、构筑物（含文物保护建筑）、古树名木的保护。

（2）为保护古建筑路面不受破坏，施工须用棉毡和奥松板铺盖施工车辆通行路面。

（3）辟雍环水四周搭建 2.5 米高围挡。

（4）搭建长宽深为 $3 \times 2 \times 1.5$ 米临时水池，用于盛放环水中的观赏鱼。

（5）水池内清理出的淤泥及杂物尽快清运出馆。

（6）按照古建做法进行勾缝抹砌，封堵水池侧壁及底部裂缝及破损处。

（7）对原水循环系统电器及管道进行检修保养。

（8）辟雍环水重新注水后放入 1200 尾观赏鱼。

（9）工程中产生的垃圾及时完成清运，不得堆积施工现场。

3. 衡量绩效目标实现程度的评价指标、标准

（1）是否按期完成修缮工程，修缮范围和修缮内容是否与立项批准文件相符。

（2）修缮工程质量是否合格，是否通过质量验收，修缮工程每道工序是否符合工程质量要求和设计要求。

（3）修缮工程结果是否达到去除文物安全隐患的目的，是否满足对外开放条件。

（4）是否有健全的、规范的组织管理制度，施工过程中是否能及时发现薄弱环节，是否能够有效地控制施工过程中发现的问题。

（5）施工过程中是否有文物损坏或人员伤亡的情况发生。

（6）是否发挥了政府资金的投资效益，更好地向世人展示国学的特色，提高孔庙和国子监的知名度。

二、项目决策及资金使用管理情况

（一）项目决策情况

　　本工程为 2020 年滚动计划，年初文物局相关部室将该工程列为文物局重点工程，7 月 24 日经我馆组建内部询价小组，经审查评议，北京兴润泽建设发展有限公司在方案、报价、资料上都满足该项目的要求，选定为该项目成交供应商，合同金额为 119925.62 元。该合同已于 8 月 4 日签订完毕，其他相关工作已就绪，具备实施条件。

（二）项目资金投入情况

　　2020 年 4 月报财政评审，5 月经过财政评审后资金为 12.06 万元。

（三）项目资金实际使用情况

　　根据 2020 年实施的孔庙和国子监博物馆内部控制制度规定，该项目选定施工单位需经过内部询价环节得出。7 月 24 日经我馆组建内部询价小组审查评议，北京兴润泽建设发展有限公司在方案、报价、资料上都满足该项目的要求，选定为该项目施工单位。8 月 4 日工程合同签订后，依据合同约定支付 50% 项目款 59962.81 元。8 月 25 日项目完工后，依据合同约定支付剩余 50% 项目款 59962.81 元。

（四）项目资金管理情况

　　项目管理部门建立了较健全的财务管理制度、专项资金使用的管理制度、经济合同管理制度、支票现金领用报销管理制度、会计岗位责任制、会计人员调动移交制度及会计档案制度等，并严格按照北京市文物建筑专项经费管理办法及财务、工程管理的各项规定，专款专用，各项支出合理、合规。在资金拨付方面手续严格，保证了资金的有效合理使用。

国子监辟雍环水清淤纪实

三、项目组织实施情况

1. 项目管理制度建设

2020 年 8 月 4 日，博物馆召开文物保护工程会议，项目负责人邀请本馆电工及施工单位人员参加了会议，会上对各施工分项进行了明确部署。

2. 日常检查监督情况

施工单位入场后，博物馆保卫部立即组织所有施工人员进行了施工安全教育，以"规范施工""文明施工""安全施工"为前提，提出了施工过程的具体要求，双方签订施工安全协议。

施工过程中，施工单位一名专门负责施工现场安全督导的安全员，在施工现场负责安全督导检查工作。监理单位每日至少有一名工作人员在施工现场，如施工遇到问题或施工过程有不得当的地方，及时停工并召开现场监理协调会解决问题。博物馆各个工程工作小组每月定期排出值班表，每日严格按照值班表的安排指派工作人员在施工现场值班检查。参与工程的博物馆和施工单位工作人员为工程做出了最大努力，确保了修缮工程的效率和质量。

第二部分：项目施工过程

原状照片：（淤泥厚度约 40cm）

工期倒排计划表				
序号	分项名称	施工内容	施工时间（天）	备注
第一阶段：前期准备阶段	1. 道路保护	为保护古建筑路面不受破坏，施工将用棉毡和奥松板铺盖施工车辆通行路面。需 2.5 米步道铺设 70 米。	1	时间上应先于其他辅助施工作业
	2. 围挡搭设	为最大限度减小施工对游人参观的影响，施工应将水池四周搭建围挡。围挡为 1.8 米彩钢硬质围挡，需铺设 80 延米。	2	时间上需在施工中单独进行
	3. 工作面搭设	在水池中架设脚手架，以便人员上下，以及淤泥向外转运。架设盘扣式脚手架带加固杆，1.2×2.4 米，双层，两副。	1	需在施工中分次搭建
	4. 搭设临时鱼池	为将池中观赏鱼转移存放，在辟雍旁边，临时搭建水池，大小为 3×2×1.5 米。	1	可与其他辅助施工同时进行
第二阶段：排污作业阶段	5. 污水排泄	选择合理位置，架设潜水排水泵。将污水抽引至绿化区域。用排水泵缓慢排水，逐渐降低水位。	1	时间上需在施工中单独进行
	6. 淤泥清理	将池中观赏鱼通过人工捕捞移至临时鱼池。再通过人工清理淤泥，将淤泥装袋后，通过脚手架，经人工搬运至岸上。施工工程重点，主要不得损坏原池塘地面及侧壁。尽量较少对观赏鱼的伤害。	6	时间上需在施工中单独进行
	7. 垃圾清运	将池底清理出的淤泥及垃圾装车运至垃圾站。不能使用机型设备，必须通过人工装卸清运。要基本做到随清随运。	3	需在夜间运输，时间上应与其他施工重叠
第三阶段：修复检修阶段	8. 防水层修复	用防水材料，按古建做法进行勾缝抹砌，封堵水池侧壁及底部裂缝及破损处。现场裂损情况暂时无法判定，需待清污完成后，确定具体方案。	5	时间上需在施工中独立进行
	9. 电器管道检修	对原水循环系统电器及管道进行检修保养。由于水位较高，现场情况不明。但考虑使用年限及时间，估计部分电器元件需要更换，具体情况，将视现场情况再定。	2	可与其他施工同时进行
第四阶段：恢复阶段	10. 水池注水	将池中重新注水，将移出的观赏鱼移回池中。同时再新购买 1200 尾观赏鱼投放池中。	1	时间上需在施工中单独进行
	11. 恢复作业面	将围挡及覆盖路面的建筑材料拆除清运。将施工作业面恢复原状。将施工垃圾清运干净。	1	时间上需在施工中单独进行

1. 前期准备阶段

本阶段包含道路保护、围挡搭设、搭设临时鱼池等几个分项。由于博物馆照常开放，为了保证游客参观的安全性与施工作业的隐蔽性，故对于现有设施的保护应该放到第一位。为了实现这一目标，财务物业部连同保卫部、保管部、研究部的相关同志共同来到施工现场对该阶段施工进行指导。

国子监辟雍环水清淤纪实

在现场搭设围挡

临时鱼池搭设

对路面进行保护

工作面搭设

2. 排污作业阶段

本阶段是正式清淤的第一步，包含污水排泄、淤泥清理以及垃圾清运。

重点在于选择合理位置，架设潜水排水泵。用排水泵缓慢排水，逐渐降低水位，将流动性较好的污水抽引至绿化区域。既排污又能给周边绿地施肥。剩下淤泥含量较高的部分，通过人工清理淤泥，设置四个淤泥集中沉淀池，待淤泥沉淀后将

排水见泥

集中淤泥进行沉淀

淤泥抽排

工作面搭设

国子监辟雍环水清淤纪实

淤泥装袋，通过脚手架，经人工搬运至岸上。为了提高工作效率，可以使用小型特种清运车辆进行淤泥抽排作业。

施工工程重点难点：不得损坏原池塘地面及侧壁。淤泥密度较大，沉淀缓慢。小型特种作业车辆进场要做好保护，避免对周边环境损害。

3. 第三阶段

修复检修阶段。本阶段主要针对防水层进行修复，以及电路检修用防水材料，按照古建做法进行勾缝抹砌，封堵水池侧壁及底部裂缝及破损处。现场裂损情况暂时无法判定，需待清污完成后，确定具体方案。对原水循环系统电器及管道进行检修保养。由于水位较高，现场情况不明。但考虑使用年限及时间，估计部分电器元件需要更换，具体情况，将视现场情况再定。

局部冲洗

勾缝抹砌防水

4. 第四阶段

恢复阶段。水池注水恢复作业面，将池中重新注水，将移出的观赏鱼移回池中。同时再新购买 1200 尾观赏鱼投放池中。将围挡及覆盖路面的建筑材料拆除清运。将施工作业面恢复原状。将施工垃圾清运干净。

水池注水 草坪恢复

第三部分：后续计划及经验总结

（一）后续工作计划

1.国子监辟雍修建时间已近 300 年，由于地下水位的降低，已经无法实现原设计初衷的自动换水过程。且遵循最小干预原则，该水池不适于再添设新的循环设备。基于以上原因，为了保持水质，每两到三年需进行该项工作一次。

2.后期可以考虑利用遥感探测手段，发现旧时上下水道，对整体结构进行深一步分析研究，其主要目的是探明结构做法及布局。

（二）主要经验及做法、存在问题和建议

1.存在问题：

（1）原有鱼苗预估量不足，替换水池制作容量较小，造成了部分鱼苗缺氧死亡。

（2）距离上一次清淤作业时间较长，淤泥沉积较密实，原计划中人工清淤的比例上升，为了不影响工期致使工人工作强度较大。

2.相关经验：

（1）按照实际鱼苗数量设置更大或者更多的替换水池并增设循环泵。

（2）将清淤工作固定化、常态化，列入岁修工作中。日常做到垃圾落叶每天清理；如果条件允许每两年进行一次清淤。保证博物馆整体形象的稳定。

2021 年 4 月 29 日

吴博文，孔庙和国子监博物馆人事保卫部，副主任

孔子博物馆的馆校合作研究

阳依霖

摘要

随着我国教育改革推进,博物馆"第二课堂"作用凸显,国家愈来愈重视对博物馆资源的利用,并积极推动博物馆教育与学校教育的有效衔接。孔子博物馆作为国家一级博物馆,以服务大众特别是青少年学生为主要目标,目前正处于建立馆校合作机制的起始阶段。本文从国内馆校合作大背景下,对孔子博物馆目前馆校合作开展状况、运行机制及目的意义进行初步的评估与探讨,来探析博物馆进行馆校合作的可行性方式,旨在为孔子博物馆建立长效稳定的馆校合作机制提供借鉴。

关键词

馆校合作;博物馆教育;孔子博物馆

博物馆不仅承担着社会教育的使命,更是青少年教育的重要辅助手段,是学校课堂外的补充。青少年学生在博物馆社会教育服务对象中占据了极重的分量,因此,博物馆教育不应同课堂教学割裂开来。

作为博物馆大国,截至 2019 年底,我国已备案博物馆 5500 余家。博物馆事业的迅速发展,也使博物馆教育与国民教育体系的衔接融合越来越受到国家重视。比如,2015 年,国家文物局和教育部联合发布了《关于加强文教结合、完善博物馆青少年教育功能的指导意见》;2020 年 9 月两部门又联合印发了《关于利用博物馆资源开展中小学教育教学的意见》(以下简称为《意见》),对中小学利用博物馆资源开展教育教学提出明确指导意见。《意见》的提出,标志着馆校合作在我国的进一步推动,也使更多目光聚集到馆校合作活动的开展。

在《意见》指导下,山东省政府迅速做出反应,对已定级博物馆提出明确要求,规定了每年需要组织的进校园展览、教育活动以及以中小学生为对象的专题展览、讲座的数量①。济宁市曲阜市孔子博物馆亦在《意见》精神的指导下,于 2021

---

① 罗静、张亚娜:馆校融合,让博物馆资源"点亮"未来——专访国家文物局博物馆与社会文物司司长罗静 [J].博物院,2021(1):6-9。

年3月正式启动了与舞雩坛小学的馆校合作项目。项目开展处于起始阶段，目前收效显著，受到舞雩坛小学同学的欢迎。但就建立长效稳定的馆校合作机制来看，孔子博物馆的馆校合作之路仍任重而道远。本文围绕孔子博物馆馆校合作相关问题进行初步的讨论，以期为未来孔子博物馆更好地持续开展馆校合作提供思考。

一、博物馆馆校合作基本概况

馆校合作由来已久，因此本文第一部分主要介绍我国博物馆开展馆校活动的现状，讨论国内馆校合作的主要形式与主体以及孔子博物馆目前开展馆校合作方面现状，以便了解馆校合作在国内大环境与孔子博物馆小地点的情况。

（一）国内博物馆馆校合作现状

关于馆校合作，王乐博士认为，是指在教育目的一致的前提下，博物馆与学校通过相互协作从而进行的一种教学活动[①]。宋娴博士则认为，是博物馆与学校以各自目标为目的，对自身行为策略进行积极调整，提升所供给教育产品的行为[②]。即以博物馆与学校为主体，相关目标为基础，分别运用馆校资源并采取一定教育手段，最终完成预期目标的行为。

馆校合作自上世纪初便已提出，在西方与中国均经历了萌芽、发展以及成熟阶段[③]。博物馆在中国出现以来，其教育功能的重要性便已被认识到。但相较于西方，由于受到历史情况、制度体系、政府偏重、教育目的、公众意识等因素影响，中国的馆校合作显得较为落后且主体间结合不紧密，缺乏一个自我探究的过程。同时，社会的需求应在其中起着不可忽视的影响作用。随着时代不断发展，在中国博物馆以及学校教育制度与课程体系自我革新的基础上，教育产生了新需求[④]。新型的馆校合作也因此有望得以实现。

1. 馆校合作形式

浙江省博物馆的陈平提出我国的博物馆与学校合作形式主要包括七种：一、组织学生团队参观博物馆；二、在博物馆或学校举办讲座、报告；三、提供教学资料；四、博物馆与学校合作编写关于博物馆藏品的普及性读物；五、开展冬夏令营

①王乐：馆校合作的反思与重构——基于扎根理论的质性研究［J］.中国教育学刊，2016（10）：72-76。
②宋娴：博物馆与学校的合作机制研究［M］.上海科技教育出版社，2016：8。
③宋娴：博物馆与学校的合作机制研究［M］.上海科技教育出版社，2016：28-30，49-52。
④陆澳波：活化文物点化人——试论馆校合作对文物和青少年的双促性［J］.博物馆教育，2018（1）：117-123。

活动，组织课外活动小组；六、博物馆内开辟专栏、专场为学生服务；七、在博物馆举行开学典礼等①。这一划分与国外并无较大差异，与当今国内馆校合作主要形式亦是大同小异，但要注意在互联网时代下还需提供网络教育服务。比如常州市博物馆的陆澳波根据实际情况，将目前博物馆开展馆校合作的主要形式归纳为：导览教学、场馆资源、教学设计、借出服务、文化活动、网上教育项目②。在实践过程中，中国馆校合作的内容与形式均丰富多彩，在数量与质量上与国外其实差距并不大。

2. 馆校合作主体

讨论馆校合作，离不开对参与馆校合作主体的讨论。馆校合作在理论上，应以学校为主体；在实践层面，馆校合作的主体应以实际情况而定。馆校合作实质上应属于正式教育，博物馆提供资源，而学校将博物馆资源运用到正式教育中去，目的是为了满足学校需求。具体实践中，以博物馆为主体进行馆校合作的情况下，博物馆的定位应是资源的供给者，主要提供主题活动、校园课程和教师培训的资源；以学校为主体参与馆校合作活动的情况下，学校的定位应是活动的需求者，对博物馆资源的利用分为全盘接受、拿来主义和自主研发三种情况③。

博物馆在馆校合作中作为主体时，主要提供一些学生参与或进入校园的教育活动，部分经验充足的博物馆研发系统化的馆校合作课程，还有通过培训教师以得到最大教育效果；学校作为主体时，对博物馆资源的利用，或被动地对博物馆提供项目全盘接受，或自主性更强地对博物馆项目进行选择的基础上由学校教师进行修改与教学，或运用博物馆所有资源研发课程，将博物馆资源灵活融入进学校教育中。由此可见，教师培训和自主研发课程分别是博物馆和学校在馆校合作中发挥主体性最大的活动④。但在实践过程中，博物馆和学校还是要以教育目的为导向，来选择所运用的教育方式和活动形式。

（二）孔子博物馆馆校合作现状

孔子博物馆坐落于万世先师孔子的故乡曲阜，是为传承弘扬以儒家思想为代表的中华优秀传统文化而建设的一座省级专门性现代化博物馆，2020年获批国家一级博物馆。该馆展陈围绕孔子文化展开，以文物为基本载体，以高科技为手段，以

①陈平：关于博物馆面向学校推行教育功能的思考［J］．博物馆研究，2007（2）：139-143。
②陆澳波：活化文物点化人——试论馆校合作对文物和青少年的双促性［J］．博物馆教育，2018（1）：117-123。
③果美侠：馆校合作之审视与反思：理念、实践及第三方［J］博物院，2021（1）：52-57。
④果美侠：馆校合作之审视与反思：理念、实践及第三方［J］博物院，2021（1）：52-57。

服务大众特别是青少年学生为主要目标^①。同时，孔子博物馆距离山东省属重点高校曲阜师范大学仅约 6 公里，而曲阜市内还拥有中小学 40 余所，具有开展馆校合作的巨大潜力。

孔子博物馆目前的教育活动以社会教育活动为主。孔子博物馆以打造"孔子课堂"社教活动品牌为目标，依托本馆展厅、多媒体教室、青少年活动中心、青少年劳动实践基地、孔博餐厅等场所开展社教活动，目前已进行百余场。根据其公众号及官网的公开预约信息，可了解其社教活动主要分为四大类：节日节气系列，"六艺"系列，食俗系列，以及根据本馆展览、承办活动或社会事件策划的独立主题社教活动，活动形式包括参观本馆展览、手工制作、糕点制作、劳作实践以及古代生活体验等。孔子博物馆积极开展针对青少年的社教活动，为其进行馆校合作打下了坚实的基础。

在馆校合作活动开展方面，孔子博物馆于 2021 年 3 月中下旬与曲阜市舞雩坛小学开展馆校合作教育项目，共同打造"孔子教室进校园"系列课程。本次合作是舞雩坛小学在本校社团基础上，深入挖掘社会文化资源，积极联系并邀请孔子博物馆社教部工作人员来校授课。因此，"孔子教室"活动时间安排在学校每周五下午的社团课，共计 80 分钟，采取学生自愿报名形式。每堂课主要为社教老师讲授与学生实践体验两个环节，主要根据时间和时节的变化，讲述中国的传统节日、历史文化、相关文物知识以及二十四节气的习俗、风俗文化等，并带领同学们进行相关手工制作。截至 2021 年 5 月前，"孔子教室"已进行 5 次课程，先后讲授了《二月二·龙抬头》（见图 1）、《春分·纸鸢》（见图 2）、《穿竹简·知勤勉》《清明节·清凉伞》和《谷雨·农耕》等内容。

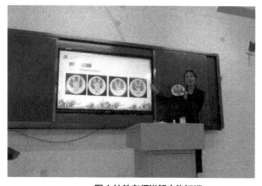

图 1 社教老师讲解文物知识   图 2 同学制作"鱼跃龙门"纸鸢
（注：图源孔子博物馆公众号）

---

①杨淑娟、刘玥：以"六艺"为核，打响"孔子教室"社教品牌［J］.文物天地，2020（5）：46-48。

孔子博物馆目前正处于开展馆校合作的起始阶段，合作方式为博物馆主题活动进入课堂，而课程内容则基本照搬的是馆内日常开展的社教活动内容，目前讲解内容主要来自社教活动的节日节气系列。孔子博物馆的社教活动开展时间长，理论与实践相结合，具有一定的趣味性，其手工活动尤其受到青少年儿童群体欢迎。在其社教活动基础上进行的馆校合作活动，在调动学生积极性上有着鲜明的优势。但其在馆校合作的目标设定、资源利用以及活动开展的层次上依然存在着不可忽视的缺漏。

二、孔子博物馆开展馆校合作的问题及对策

目前孔子博物馆在馆校合作上虽有所探索，但处在开展初期，存在着许多问题。在寻找问题的解决方法之前，首先应该了解问题的原因，寻找问题的根源，这样才能做到有的放矢。因此，本文在此将对馆校合作的制约因素，包括对国内馆校合作制约因素的共性和孔子博物馆馆校合作开展存在问题的个性进行探讨，并据此提出针对性的对策，以期为孔子博物馆在馆校合作活动的开展上提供一些思路。

（一）馆校合作制约因素

孔子博物馆目前的馆校合作项目缺乏系统的内容体系，与学校课程融合程度不够。究其原因，有以下五点：

第一，合作程度不够深入。结合上文可以看出，孔子博物馆与舞雩坛小学的馆校合作项目，是以舞雩坛小学为主体，向孔子博物馆要求教育资源的合作。但舞雩坛小学对孔子博物馆所提供课程采取全盘接受、直接采用的方式，缺少学校参与的主动性，从课程资源到教学工作全部由孔子博物馆承担与负责，双方的馆校合作仅停留在浅表。

第二，学校方面存在对馆校合作认识的不足，以及没有充分考虑博物馆资源与学校课程的衔接，与博物馆交流不足。作为与孔子博物馆开展馆校合作项目的需求方，舞雩坛小学没有充分发挥主体性，学校教师参与度不足，不利于馆校合作的持续开展。同时，侧面反映了学校与博物馆尚未建立高效的沟通机制。

第三，目前馆校合作普遍存在的制度上的共性问题，在孔子博物馆馆校合作项目中亦有体现。比如，制度保障的缺失导致激励机制不够积极。目前我国缺乏对馆校合作有力的法律保障，而各级政府近年虽然有所努力，但尚未建立有效将博物馆

孔子博物馆的馆校合作研究

纳入国民教育体系的机制①。政府在建立馆校合作机制中的桥梁作用未能充分发挥，从而使得孔子博物馆开展馆校合作项目缺乏制度上的指导。

第四，缺乏规范化、系统化的监督评估制度。我国的馆校合作尚未建立统一的评价标准，而博物馆与学校各自的评价体系又千差万别。评价标准的缺失，使得我们无法发现存在的问题，也让存在的问题无法被及时发现与解决。目前孔子博物馆与舞雩坛小学馆校合作的收效，只能根据学生的热情来评判，对活动中存在的问题反馈不够及时显著，不利于馆校合作长期有效的开展。

第五，博物馆和学校在专业能力以及第三方专业支持方面的缺失，也是重要的因素。大学和专业研究者在欧美国家经常作为第三方介入馆校合作②。孔子博物馆社教部的工作人员虽然拥有丰富的社教活动经验，但是缺乏在馆校合作理念与实践上的深度体会，观念没有得到及时的转变，仍然是按照社教活动的思路开展馆校活动。社教人员在博物馆学或教育学背景上存在专业上的不足。

（二）改进馆校合作活动的措施

馆校合作应该包括形式与内容的合作，即既要有形式上的系统管理机制配合，还要有内容上课程资源的互惠开发③。而对于馆校合作的制度设计、课程资源开发等方面的举措，国内外已有不少的讨论与实践。本文针对孔子博物馆目前活动的优势与不足，结合前文所述其活动开展的制约因素，从政府、博物馆和学校三个层面，积极探索博物馆教育与学校教育的有效衔接。

1. 政府层面

政府为馆校合作提供制度供给，是发起者，也是激励者和评估者，在馆校合作中起着重要的桥梁作用。因此，当地政府有必要通过相关的制度和政策设计，包括法律、行政以及财政上的手段，对孔子博物馆馆校合作中存在的制度制约因素进行解决。

首先，可以参考国外先进成熟的馆校合作机制及法律。如被认为是馆校合作最极致的案例的美国博物馆学校，以及英国小学将课堂搬进博物馆，以其为参考，结合实际情况，进行深度的馆校合作尝试。在立法方面，意大利颁布了《文化遗产和景观法》、日本制定在《社会教育法》中的《博物馆法》以及美国的《博物馆服务

孔庙国子监论丛

2021

①陆建松：试论推动"馆校合作"的制度设计［C］//中国博物馆协会博物馆学专业委员会.中国博物馆协会博物馆学专业委员会2013年"博物馆与教育"学术研讨会论文集.兰州：中国书店，2014：381-383。
②宋娴、孙阳：我国博物馆与学校合作的历史进程［J］.上海教育科研，2014（4）：44-47。
③王乐：馆校合作研究——基于中英比较的视角［D］.武汉：华中师范大学，2015：36。

法》等，依据立法，政府得以建设馆校合作机制，并为馆校合作提供专项资金保障[1]。

其次，地方政府可以运用行政手段及财政手段，推动本省市内馆校合作机制的建设以及提供资金支持。孔子博物馆作为省级博物馆，可以与政府沟通，使政府为馆校合作牵桥搭线，统筹市内学校与博物馆资源衔接，并积极争取相应的馆校合作资金支持，为馆校合作的开展提供保障。

最后，政府需要推动完善馆校合作成效评定的体系与标准。应根据馆校合作的实践情况，灵活制定评定考核形式，充分考虑博物馆教育人员、教师、学生等实际参与人员的评价，将促进博物馆资源与国民教育体系深度融合落到实处。

2. 博物馆层面

首先，孔子博物馆要转变观念，明确教育目标。博物馆和学校应建立起有效的馆校沟通模式，避免片面地将博物馆社教活动生搬硬套在馆校合作中。

其次，完善本馆教育资源，建立清单。孔子博物馆可以全面整合本馆藏品、展览及相关资源，从中选择与教育课程体系相配的馆藏资源，制作成教育资源清单。学校方面可以根据清单选择与了解博物馆资源，再内化为符合自身教学情况的教育资源。清单也可以为博物馆今后馆校合作的持续发展和多方合作提供帮助。同时，不断完善博物馆公众号及网站等途径，为学生、教师等获取博物馆咨询提供便利。

再次，孔子博物馆应与学校建立专业人员培训的系统机制。博物馆为学校教师提供培训，让教师了解博物馆中的教育资源，积极参与到馆校合作活动中，并为日常课程的进行提供新的思路。

然后，馆校合作活动配合展览进校园。孔子博物馆可以在确保文物安全情况下，通过选择相关教具、藏品以及藏品复制品等，组成针对馆校合作的专题展览，以配合馆校合作课程，发挥博物馆教育的直观性、实物性优势。同时，孔子博物馆目前馆校合作课程的特色在于丰富有趣的手工实践，在馆校合作不断开展的今后，可以将同学们的学习成果整合成学习成果展，同学们还可以参与进展览的策划工作中，提高参与度与趣味性。

最后，与高校等第三方机构建立合作。作为省级博物馆，孔子博物馆可以与省内高校相关专业积极建立合作，通过开设培训学习班、引进优秀教师或邀请专家来馆指导等方式，以提升馆校合作及教育活动方面的专业化程度。利用周边资源，比如与孔子博物馆附近的文化产业园创意中心、孔子六艺城文化旅游城等相关文旅机

117

孔子博物馆的馆校合作研究

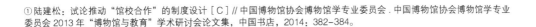

① 陆建松：试论推动"馆校合作"的制度设计［C］// 中国博物馆协会博物馆学专业委员会. 中国博物馆协会博物馆学专业委员会 2013 年"博物馆与教育"学术研讨会论文集，中国书店，2014：382-384。

构建立合作，利用第三方机构完善本馆活动的体验。

3. 学校层面

一方面，学校要提高意识，明确需求。馆校合作的发展离不开终身教育、素质教育等理念的发展，学校在提出馆校合作的同时，需要明确馆校合作在新课程改革中的作用，确定学习知识、提高学生综合素质等需求，发挥主动性，安排教师参与观摩与培训，提高技能，了解馆校合作的实质，从而更加主动地参与到馆校合作活动中。

另一方面，积极进行课程资源开发设计。课程的开发需要结合博物馆特色及学校教育理念，可以借鉴中国国家博物馆在长期实践中总结的博物馆课程资源开发"5R"法：构建博物馆与课程的关联—选择代表藏品—藏品研究—完善教学设计—反思与调整[1]。舞雩坛小学应充分利用博物馆资源，根据学生学习情况选择与完善，发挥主体作用，研发知识性与趣味性兼备的课程，最终发挥馆校合作的最大作用。

三、孔子博物馆开展馆校合作的意义

作为博物馆服务社会和拓展教育的有效途径，研究与推进馆校合作机制的有效实施，将丰富的博物馆资源有效转化为中小学教育教学资源，对于博物馆、学校以及社会各方面都有着积极意义。

（一）博物馆层面

首先，有利于博物馆教育职能的发挥。博物馆教育功能的首要作用，在国内外已经取得广泛共识。推动馆校合作开展，有利于孔子博物馆发挥教育职能，实现服务中小学生的目标。随着馆校合作的推行，最终实现为全体大众终身教育而服务。

其次，有利于推动博物馆作为教育资源的有效分配与利用。孔子博物馆以传承纪念著名教育家孔子思想为核心，展览均围绕孔子进行策划，其内容本身蕴藏着极大的教育价值。馆校合作的开展，则将孔子博物馆馆藏资源向教育资源转化与利用，更规范地进入国民教育体系，有利于博物馆资源的配置，也提高了博物馆资源的社会效益。

再次，有利于孔子博物馆本身资源的活化利用。随着馆校合作深度开展，博物馆人员与学校教师从各自的视角发掘馆藏，并运用在馆校合作课程及学校日常教学中，有利于盘活馆藏文物，充分发挥藏品作用。

---

[1] 赵菁：馆校合作视域下博物馆课程资源开发的实现路径 [J]．博物院，2020（4）：92-98。

最后，有利于吸引博物馆观众。孔子博物馆与舞雩坛小学开展馆校合作项目，有利于更多学生及家长了解博物馆，发掘潜在观众，提高更多人对博物馆的好奇与兴趣。

（二）学校层面

首先，有利于推动学校教育革新。馆校合作的出现与教育观念的转变相关，进行馆校合作的研究与实践，有利于学校，尤其是在中小学校，进行教育手段的创新，也有利于学校教育制度的改革。

其次，有利于激发学生的学习兴趣，丰富其知识储备。馆校合作的开展，为在校学生带来了学习环境以及学习视野的拓展，加之博物馆本身具有的优秀文化蕴藏，有利于激发学生学习热情，培养兴趣爱好。孔子博物馆位于孔子故乡，当地儒家文化氛围浓厚，舞雩坛小学的校名也与《论语》相关，双方合作，使学生更有亲切感，更能激发其兴趣。

最后，有利于馆校优势结合，促进学生综合素质提升。学校教育对于智力与思想道德教育，普遍存在重前者而轻后者的情况，同时，缺乏在社会实践方面的锻炼[1]。而博物馆教育作为非正式教育，缺乏正式教育的手段。馆校合作则有利于促进博物馆与学校优势互补，理论教育与实践教育相互补充。有利于学生的全面发展。因此，孔子博物馆仍需再接再厉，发掘优势，与舞雩坛小学进行深入的合作。

（三）社会层面

一方面，有利于社会教育资源有效配置。馆校合作，推进了以博物馆为代表的非正式教育和学校正式教育的交流融合，有利于将全社会的教育资源整合，在馆校合作机制运行下，进行合理高效的配置。使得教育资源得到有效的利用，并作用于我国教育水平的提高。孔子博物馆作为位于县级市的省级博物馆，资源丰富，更能起到影响地区教育发展的作用。

另一方面，凸显社会公共机构作为教育资源潜力。博物馆作为公共文化机构，研究其在学校乃至社会中的教育作用，对于启发水族馆、科技馆等相关文博机构，乃至大学、图书馆等机构寻求在学习型社会中的定位，促进馆校合作的广泛推行，发挥公共机构的教育潜力，有着积极意义[2]。

① 吴镝：美国博物馆教育与学校教育的对接融合 [J].当代教育论坛（综合研究），2011（5）：125-127。
② 宋娴：博物馆与学校的合作机制研究 [M].上海科技教育出版社，2016：9。

四、结语

在教育改革推进的背景下，国家愈加重视中小学的课外教育以及素质教育。作为"第二课堂"的博物馆，在中小学教育中有着不可忽视的优势与作用。随着中小学课外教育的开展以及博物馆经营理念的转变，可以预见未来馆校合作机制的推进。

孔子博物馆 2019 年正式开放，2020 年即被评选为国家一级博物馆，拥有丰富的馆藏、细致的展陈策划、审美与功能兼备的建筑以及充足的教育资源，拥有馆校合作的巨大潜力。如前文所述，孔子博物馆响应舞雩坛小学需求，与其共建馆校合作项目，当前的项目开展正处于初始阶段，虽然有优秀的社教活动作为支撑，但合作不够深入，没有发挥馆校合作的最大效果。当地政府、博物馆、学校三方应积极配合，从自身转变观念，采取相关措施，才能更好地建立长效的馆校合作机制，推动孔子博物馆馆校合作活动持续、优质地开展。

阳依霖，女，中南民族大学民族学与社会学学院，文物与博物馆学专业硕士在读

儒家思想研究

从文化发展视角看蜀石经的刻立

陶俊竹　李晓顿

摘要

中国曾七次大规模刊刻儒家石经,出土于巴蜀地区的蜀石经也是其中之一。蜀石经的镌刻起自后蜀广政元年(938年),是历次石经中刊刻时间最长、体例最完备、总字数最多的一种。蜀石经虽刻立于乱世之中,但它的刻立却对后蜀的文化产生了极大影响。通过对蜀石经刻立背景和其文化影响的分析,可以看出后蜀政权的文化建设主要集中在两方面,一是对儒学的推崇,二是对人才的重视。

关键词

蜀石经;孟昶;文化发展

蜀石经,或称"孟蜀石经",刊刻肇始于后蜀广政元年（938年）,其后一直续刻至宋孝宗赵眘乾道六年（1170年）,前后历时230余年,终成我国历代石经中刊刻时间最长、体例最完备、总字数最多的一种。其篆刻工艺精湛,科学艺术价值极高,是研究后蜀时期文化教育历史的重要物质载体。

一、蜀石经的刊刻与流传

石经,顾名思义,即石刻的经书,主要指刻于石碑、摩崖壁面上的儒家经典或佛道经文等。儒学石经始于东汉熹平四年（175年）,汉灵帝下令将官方校正过的经文刻在石上,陈列于太学,作为标准本,以供校对、勘定文字,传抄学习。这便是有历史记载的最早的石经——熹平石经。其后,魏正始石经、唐开成石经等相继出现。

到了五代十国时期,战争频繁,君臣失礼,弑君之风大行其道,统治阶层便格外看重儒家学说中的君臣教化功能,推行儒经就在这样的乱世背景下而倍受后蜀统治者的重视与青睐,蜀石经应运而生。

后蜀广政元年（938 年），毋昭裔亲自主持刻经事宜，"常按雍都旧本《九经》，命张德钊书之，刻石于成都学宫"①，经过八年终刻竣完毕。毋昭裔之于蜀石经不仅有首倡之功，而且慷慨献出个人私财"捐俸金"以资刻经活动。

毋昭裔先以文字内容相对准确的"开成石经"为蓝本，比照"熹平石经"和"正始石经"，并对经文加以精心订正后进行蜀石经的刻制。此外，还在每块经石的侧面都刻下序列编号，使得各篇经文目次章节一目了然。石经整体采用分排书刻的形式，正经大字字径六七分，注解小字双行刊刻、正楷书写，每三字占大字两格，分别注于篇章句中。与之前的三种石经比较，加刻经文的注文也成为蜀石经最大特点。经注并刻，工整有序、清晰醒目，为参看阅读和正确理解提供了很大的便捷性。

另据记载及学者考证，五代十国时期的孟蜀石经仅包括《孝经》《论语》《尔雅》《周易》《毛诗》《尚书》《仪礼》《礼记》《周礼》《春秋左氏传》，实际上既不是后世的儒学经典"十三经"，也不是"九经"，而是十种儒经及注释。后经北宋时期的多次补刻，至宋徽宗宣和五年（1123 年）"十三经"方才集结置于成都府学，石碑数量可达一千余块，字数约 133 万字以上，其貌磅礴，蔚为大观。②

西蜀虽偏居一隅，但及宋元之交，依然未能免于战火纷扰，蜀石经也随之毁坏殆尽，万余片碎石亦不知所踪。直到乾隆四十年（1775 年），福安康修筑成都城，什邡令任思任在土壤中得蜀石经数十片据为己有，罢官后将其运归贵州，其后又下落不明。抗战期间，成都人民为躲避空袭方便疏散而拆除了老南门城门洞，这个过程中"在南门外发现蜀石经残石约十片左右"③。按周文所言，此次发现的石经残石分别为江鹤笙、黄希成、陈俭十、王氏、陈达高所得，其中，江、黄（罗）二位先生与 20 世纪 50–70 年代四川博物院蜀石经的捐赠者姓名④ 相一致。又因这批残石经未能悉数流传再次有所丢失，故迄今为止可见的存世蜀石经残石仅为七块。其中，《仪礼·牲馈食礼》一块，藏于中国国家博物馆；其余六块皆藏于四川博物院，它们分别为《毛诗》一块、《周易》两块、《尚书》两块、《古文尚书》一块，蜀石经的考释研究成果甚多，兹不再赘论。

①［清］吴任臣，徐敏霞、周莹点校：《十国春秋》卷五十二《后蜀五列传》，中华书局 1983 年，第 768 页。
②李均惠：《孟蜀石经与蜀文化》，《文史杂志》1998 年第 6 期。
③周萼生：《近代出土的蜀石经残石》，《文物》1963 年第 7 期。
④雷玲：《四川博物院藏"蜀石经"残石碑文考》，《博物院》2017 年第 4 期。

二、蜀石经的出现原因

安史之乱以后，中原分裂加剧，北方局势动荡、无暇他顾，给了割据南方的藩镇势力以可乘之机纷纷自立。放眼十国政权，占据巴蜀之地的前、后蜀政权虽偶有战事摩擦，但蜀地素来"地富民饶""崇文尚礼"，是蜀石经得以在蜀地产生的先天优势。除此以外，后蜀时期统治者所实行的特定文化政策和源源不断的人才贡献文化力量可谓蜀石经产生的直接动因。

（一）肇兴文教

蜀中文化教育在此基础上有序发展，至于前、后蜀统治者极为支持和重视文化教育必然是更为举足轻重的触发因素。特别是后蜀政权，在孟知祥多年的精心治理下，蜀地社会政治、经济、文化等各方面发展良好。不过，后蜀明德元年（934年）六月，称帝自立未满一年的孟知祥寝疾离世，嗣主孟昶登继帝位。

承父遗志的孟昶"孜孜求治"，在位期间政治上大展拳脚，整饬短弊。文化上更是高度重视、重拳出击，对文教的重视程度之高在五代君王中是比较少见的。他主张设立史馆，制定完善的修史制度；镂版印《九经》，以颁郡县。[1] 另外，孟昶本人自幼爱好文学"知书乐善"[2]，曾与花蕊夫人夜起避暑摩诃池上填艳词一首，其首二句为"冰肌玉骨，自清凉无汗"[3]。不仅如此，他还同前蜀统治者一样热衷绘画，"耽玩图画以自娱"[4]，在宫廷中召集了一批优秀的画家。上有所好，下必从之，后蜀孟昶提出的文化政策和表现出的个人喜好都大大延续了前蜀的文化发展基调，是蜀石经产生的必要文化背景。

（二）人才济济

巴山蜀水钟灵毓秀，自古以来就是文人骚客流寓或宦游之所，孕育人才的摇篮。唐五代时期，北方地区战事不断，政权交替频仍，而以成都为中心的蜀地社会环境则相对安定。当时，唐僖宗因避黄巢之难幸蜀，大量文化人才随之一起入蜀，他们中的绝大多数其后并未随驾返京，而是选择留居在文化环境稳定宽松的蜀中。

①［清］吴任臣，徐敏霞、周莹点校：《十国春秋》卷四九《后蜀二·后祖本纪》，中华书局1983年，第723页。
②［宋］张唐英撰，王文才、王炎校笺：《蜀梼杌校笺》卷三《后蜀先主》，巴蜀书社1999年，第326页。
③［明］陶宗仪：《影印文渊阁四库全书》子部《墨庄漫录》，台湾商务印书馆，2003年。
④［元］费著：《蜀名画记》，《全蜀艺文志》卷四二，第1268页。

这些唐末入蜀且具有文化才学的北方士人，成为成都地区文教、科技迅猛发展的智力支持，直接促成两蜀时期文学、史学、本草学、绘画、书法、音乐、戏剧达到前所未有的繁荣。

前蜀一朝国祚甚短，委身王氏政权的北方士人群体一时之间分崩离析，或遵后唐朝廷命令随后主王衍入洛，或另寻他主自谋出路。随着孟知祥镇蜀雄踞一方气焰日盛，广泛延纳招徕文才武将储备力量是孟蜀得以称霸的重要举措之一。

蜀地初安，北方贤良不断涌入蜀中，这些人包含一些能征善战的武人，如弃洛入蜀的后唐谏议大夫何瓒，被孟知祥拜为西川行军司马。而其中的文人群体则更为庞大，如同样离洛入蜀的毋昭裔，重返归蜀的李昊、欧阳彬、欧阳炯等人。孟蜀政权对文人倚重非常，常委以要职，也正因为如此，他们从"藩府僚属及谋士文人摇身一变，成为后蜀王朝的军政要员和统治核心"[1]，供职朝廷获得政治身份的文人们拥有了一定的话语权，发挥个人才学，实现文化抱负变得简单。

后蜀文人政治才能突出，文化造诣精深者极多，最具代表性的，毋昭裔当是其一。毋昭裔，本为河中龙门人士，孟知祥镇西川时，被辟为掌书记，知祥登极后又擢其为御史中丞。后蜀后主明德二年（935 年），拜为中书侍郎、同平章事，不久又改任门下侍郎。广政三年（940 年）四月，分判盐铁[2]，以次晋为左仆射，最后"以太子太师致仕"[3]。毋昭裔"性嗜藏书，酷好古文"[4]，文化素养全面，治学才能超人，励志深耕教育事业传播知识之心虔诚不移。加之，他仕途顺达、身居高位，自然而然地可以在后蜀文化发展上大有作为。从首倡、出资到刊刻，毋昭裔主导并参与了孟蜀石经制作的全部过程。毋庸置疑，毋昭裔是蜀石经的奠基人，是促成蜀石经问世最关键的人物。毫不夸张地说，没有"毋昭裔"就没有"蜀石经"。

三、蜀石经的文化影响

孟蜀石经刻立之前，前代虽早已有熹平石经、正始石经等，不过能够将刊刻石经视为地方文化命脉，延续刻经传统逾二百年者仅孟蜀石经一例。经过数千年的历史洗礼，蜀石经余碑所剩无几，但依旧无法磨灭其作为儒学经典的有形物质载体，对于推动西蜀地区传统儒学等相关文化产生了远的文化影响。

①孙振涛：《唐末五代西蜀文人群体及文学思想研究》，南开大学 2012 年博士学位论文，第 81 页。
②[清] 吴任臣，徐敏霞、周莹点校：《十国春秋》卷四九《后蜀二·后祖本纪》，中华书局 1983 年，第 710 页。
③[清] 吴任臣，徐敏霞、周莹点校：《十国春秋》卷五十二《后蜀五·列传》，中华书局 1983 年，第 768 页。
④同①。

（一）经学基础初成

后蜀孟氏上层集团组织刊刻蜀石经的活动，本就是经学发展史上最负盛名的事件之一，此举自然又会反向推动儒家经学的传授研究的进一步深入。具体来说，一方面，唐以前《孟子》长期处于地位不高、与诸书并列的位置。历经唐代儒学复兴运动和宋代孟子升格思潮[①]后，宋熙宁四年（1071年）《孟子》才首次被纳入科举考试的科目，元丰六年（1083年）孟子其人也首次受到官方封爵。据学者考证，蜀石经是石经中最早镌刻《孟子》一经的，反映了唐宋时期"孟子地位的升格及《孟子》由子转经"这一经学重要变化。[②]另一方面，致力于儒学传授研究的文人积聚，除毋昭裔"精经术"著录《尔雅音略》三卷[③]外，还有"以儒学教授成都中"的刘孟温，其子刘玓也"精于经术"，曾在后蜀广政十年（947年）补石室教授[④]，以及曾充任诸王侍读，"治《尚书》《左氏》家言"的户部郎中刘保义[⑤]等。后蜀经学初成，为两宋时期成都经学学者涌现和经学著述鼎盛奠基。

（二）贡举取试重启

以儒家学说为正统的科举取试文化，与各时期经学兴衰有着天然的联系。前蜀武成元年（908年）王建即位之初，颁大赦文《郊天改元赦文》[⑥]，设立国子监，依唐时旧制恢复各州孔庙与学校。目前可考证的前蜀科举情况，多为制科，年份主要为三次，武成元年、乾德四年以及乾德五年。[⑦]后蜀孟知祥忽毙，未置贡举。至迟及孟昶"广政十二年，置吏部三铨、礼部贡举"[⑧]，《十国春秋》中所记时间与之相同，其后，贡举取试屡次开考，能够考证的年份共六次[⑨]。目前已知的后蜀所置科目有进士、明经，主持掌管过贡举的官员有欧阳迥、范禹偁。[⑩]检索史料，后蜀时期有明确年份和其他无明确纪年的及第人数至少几十人，著名者如王归、句中正[⑪]、苏协、文谷、费禹珪[⑫]等，其中王归为状元及第。

①徐洪兴《思想的转型——理学发生过程研究》，上海人民出版社1996年，第92-137页。
②粟品孝：《蜀石经的形成、特色及地位》，《地方文化研究辑刊》（第四辑）2011年，第32页。
③[清]吴任臣，徐敏霞、周莹点校：《十国春秋》卷五十二《后蜀五·列传》，中华书局1983年，第768页。
④[清]吴任臣，徐敏霞、周莹点校：《十国春秋》卷五十三《后蜀六·列传》，中华书局1983年，第785页。
⑤[清]吴任臣，徐敏霞、周莹点校：《十国春秋》卷五十三《后蜀六·列传》，中华书局1983年，第784页。
⑥[清]董浩等编：《全唐文》卷一百二十九，中华书局1983年，第1288页。
⑦孙福轩：《十国科举试赋考议》，《科举学论丛》2009年第1期。
⑧[宋]欧阳修撰．徐无党注：《新五代史》卷六十四《后蜀世家第四·孟知祥》，中华书局2013年，第805页。
⑨同⑤。
⑩[清]吴任臣，徐敏霞、周莹点校：《十国春秋》卷五十二《后蜀五·列传》、卷五十三《后蜀六·列传》，中华书局1983年，第777页、第782页。
⑪[清]吴任臣，徐敏霞、周莹点校：《十国春秋》卷五十三《后蜀六·列传》、卷五十六《后蜀九·列传》，中华书局1983年，第785页、第814页。
⑫[宋]黄休复：文渊阁四库全书《茅亭客话》卷二。

（三）西蜀史学繁荣

"盛世修史"，在兵荒马乱大分裂的五代十国时期，能满足各方面条件大力修史、设置史馆和史官的只有所谓中原正统五代和十国中的后蜀、南唐政权。蜀石经的完成直接推动了经学发展，也间接带动了与经学密切相关的史学进步，单从史家人数和存世史籍数量来看，仅后蜀一代的史学繁荣程度甚至远超经学。后蜀官方修史以李昊为主导，另有郭廷钧、赵元拱、崔崇构、王中孚等人。李昊主持编撰的史书有《前蜀书》40卷、《后蜀实录》110卷、《蜀书》20卷、《蜀祖经纬略》100卷、《枢机集》20卷。后蜀私修史也十分出彩，如欧阳迥所著《唐录备阙》15卷，何光远所撰《鉴诫录》10卷。还有杨九龄著述诸多，值得一提，见于《宋史·艺文志》有"《河洛春秋》二卷，《历代善恶春秋》二十卷，《正史杂论》十卷（别史类），《正史杂编》（文史类），《桂堂编事》二十卷，《经史书目》七卷"[1]。入宋后上述史著逐渐散佚，但其对唐五代和前后蜀时期社会情况记载翔实，为北宋以后编修五代两蜀历史提供了珍贵的历史材料，终获"唐后史学莫隆于蜀"[2]美赞。

四、结语

蜀石经能够在孟昶时期开始刊刻，得益于后蜀政权对文化建设的高度重视。秦朝统一中国后，儒家思想传入蜀地，并开始广泛传播。到了后蜀时期，后主孟昶的执政理念和政治举措坚持以儒家思想为基础，尊经重教、肇兴汉学，延揽人才，着力儒家经典的刊刻。蜀石经的刊刻也直接推动了蜀地后世儒学经典的传播，为更好地培育选拔人才以及地方经史学繁荣奠定了基础，促进了蜀地文化的长期稳定发展。

陶俊竹，四川博物院馆员

李晓颐，孔庙和国子监博物馆研究部馆员

---

① 杨伟立：《前蜀后蜀史》，四川省社会科学院出版社1986年，第235页。

② 刘咸炘：《推十书》卷一《蜀学论》，成都古籍书店影印本，1996年。

试论孔庙内供奉的先贤先儒

辛 秀

摘要

先贤、先儒最初并无特定的概念及界限。但是在进入孔庙之后,先贤和先儒则分别具有了特点。其中先贤主要指的是孔门弟子,而先儒则主要是指后世入祀诸儒。孔庙从祀等级十分森严,两庑先贤、先儒居于四配、十哲之后。先贤、先儒两级位阶是在不断发展和演化的过程中形成的产物。在唐以后,孔庙从祀制度不断得到完善和发展,使得从祀人员的规模不断扩大。

关键词

孔庙;先贤;先儒

一、孔庙先贤先儒的基本传承

唐以前主要以颜回配享,贞观二十一年(647年)以"二十二贤"与颜回并配,开元八年(720年)十哲跻于堂上,七十弟子与二十二贤图于庙壁之上。宋咸淳三年四配成型,与十哲定位于殿堂之上,七十弟子与二十二贤也就长居于两庑。从祀格局虽然基本形成了稳定的格局,但是随着大量新人的不断加入,使得大量新的元素逐渐加入其中。七十弟子已非其七十之数,同时传经之儒向传道之儒转变。

孔庙两庑先贤、先儒称谓从嘉靖孔庙的改制开始逐渐被定用。具体来讲在改制中规定:"十哲以下凡孔门弟子,皆称先贤某子。左丘明以下,皆称先儒某子。不复称公侯伯。"[①] 这一规定使得其更加简单,打破了传统上各方面的限制,同时为后来从祀者的取舍立下了标准。但是嘉靖更名的目的主要并不在于要使孔庙从祀体系更为严密、称谓更为规范,而是要借此剥夺受享人员的封爵名衔,用通用性的先贤、先儒来代替以往国家所轻施的爵赏名器。嘉靖立名实在于降等,而这也正是嘉

---

①(清)张廷玉等撰.《明史·礼志》.第1299页。

靖孔庙改制的宗旨所在。

孔庙从祀系统的封爵制是从唐代开始的。开元二十七年（739 年），孔子称文宣王，为了与孔子封爵相称，颜回被赠为兖公，四科其他九人如闵损、冉耕、冉雍、冉求、仲由、宰予、端木赐、言偃、卜商等被赠为侯，孔门其余弟子被赠为伯。[1] 真宗大中祥符二年（1009 年）五月，加封颜回为兖国公，闵损以下九人为郡公，其余弟子为侯。[2] 七月，封左丘明以下先儒为伯（其时王肃为兰陵亭侯，杜预为当阳侯，分别封为司空、司徒）。[3] 此后，四配皆为国公，[4] 十哲皆为公，孔门七十弟子皆为侯，左丘明以下皆为伯。增祀人员在升祀前，往往先被授予相应的封爵，然后方得进入。代代相传的封爵制，终结于嘉靖九年（1530 年）。嘉靖改制的矛头本来主要指向孔子的王封，但是先圣的王封既去，从祀们的爵号也就无由存在了。自此以后，在孔庙中，圣、贤、儒的学术模式取代了王、公、侯、伯的封爵模式。

二、"七十子"与先贤沿革

先贤居于孔庙从祀的第三等，其源头始于东汉的"七十二弟子"。明帝、章帝、安帝东巡过鲁，都曾到孔宅祭祀孔子，皆以七十二弟子从祀。但七十二弟子从祀之例并未在后朝延续下去。其后，陪祀者主要以颜回当之。唐开元时，七十子被授以爵号，列十哲之下，其从祀地位才基本稳定。

七十子之数准确地说到底应该是多少位，历朝历代都无定论。授业于夫子之门的有三千人，其中四科冠首，共十人。三千中的佼佼者，若以精于六艺为准，则可扩充至七十多人。《史记·孔子世家》记载："孔子以诗、书、礼、乐教，弟子盖三千焉，身通六艺者七十有二人。"[5]《史记·仲尼弟子列传》则载："孔子曰'受业身通者七十有七人，皆异能之士也。"一书两说，不知所从。同样的情况也见于《孔子家语》，司马贞称《家语》"亦有七十七人"。[6] 今本《家语》无此数字，但卷九之目标为《七十二弟子解》，其后所列姓名自颜回至颜相却是七十六人，也是彼此互异。[7] 大观年间，朝廷将曾剔除的公夏首等十人重新补入，孔门贤者遂至八十二人（堂上十哲、两庑七十二贤。因为十哲早就独立成行，为方便起见，后文出现的先

①（后晋）刘昫撰.《旧唐书·礼仪志》.第 921 页。
②（宋）李焘撰.《续资治通鉴长编·卷七·一·真宗》.第 1605 页。
③（宋）李焘撰.《续资治通鉴长编·卷七·一·真宗》.第 1625 页。
④ 神宗元丰元年，孟轲被封为邹国公。度宗咸淳三年，封曾参为郕国公，孔伋为沂国公。
⑤（汉）司马迁撰.《史记·孔子世家》.第 1938 页.对"三千"与"七十二"这两个数字，黄进兴先生分别以汪中的三为虚数及闻一多的七十二的象征意义作解，独具创见。参见《优入圣域：权力、信仰与正当性》（第 267 页）。
⑥（汉）司马迁撰.《史记·仲尼弟子列传》.第 2185 页。
⑦（魏）王肃注.《孔子家语》卷九。

贤主要指两庑的孔门弟子，不再赘述）。此后先贤变动大致在此基数的基础上进行增减。

先贤除了在人数问题上头绪繁杂外，人员取舍也几乎毫无规律可循。这些问题都源于取为考证依据的《史记》《家语》等书本身就有矛盾之处，而被视为同时所出的《文翁礼殿图》，其中人物去留，又有出入。自从唐代七十弟子从祀孔庙后，历朝政权在整顿孔庙祀典时都绕不过这一难题，都要对此数人进行重复性的甄别取舍。而世儒们同样也都绕不开前"二书一图"的羁绊，得出的结论又往往乏善可陈，不外乎列举"二书一图"所共录之某某、此中所有而彼中所无之某某、此一姓名即彼一姓名（称名称字之别、字画之误）等。① 至于确论，却无人能言。《史记》《家语》取信何者，也往往成为解决问题的关键。苏辙试图并录《史记》《家语》，所以合集为七十九人。② 程敏政笃信《家语》之书出于孔氏，以为最得其实，是以断然称司马迁《史记》与文翁成都庙壁图多出之人为"先儒谓后人以所见增益，殊未可据"。③ 东汉虽以七十二弟子从祀，但此七十二人分别为何许人，"七十二"是实指还是虚指，古籍中并无留下记载。

在宋代先贤人员变动过程中，高宗御制《七十二子赞》殊有不同。绍兴十四年（1144 年），高宗临幸太学，遍览唐明皇及太祖、真宗等先帝所制先贤赞文，接着"命有司悉取从祀诸赞，并录以进"④。二十五年（1155 年），高宗作成《七十二子赞》，并将其刊石颁于诸州郡学校。以往的圣贤赞文，皇帝大都选作一篇或几篇，其他由大臣撰作，高宗是唯一一位将御制赞文遍及于七十二弟子的帝王。这一举动为南渡初创政权增辉不浅，明人陆深尽管并不欣赏赵构的写作风格，却仍然盛称其中的诚意：（高宗赞文）虽辞乏雅淳，然一时人君知所崇尚如此，其功倍于章缝之士远矣。⑤ 然而，高宗所择定的七十二人与其时受享于学中的孔门弟子并不完全相符。他将唐制七十七弟子去掉公良孺、公夏首、公肩定、颜祖、鄡单、句井疆、罕父黑、原亢、颜何、公西舆如十人，增加申枨、蘧伯玉、陈亢、林放、琴牢五人，遂为七十二人。⑥ 高宗的取舍原则虽有类于宋初制度，却又不尽相同。其中详情，难以得知。或者《赞》之文体本与体悟偏好相连，不必拘于一定的客体模式。如果真是这样，皇帝的随意性同样为后世的冒乱之作提供了滋生土壤。⑦

清朝是孔庙先贤的大盛时期，其表现为：一是很多嘉靖分流人员重被整合回

①《云麓漫抄》（第 77 页）载。
②（宋）苏辙撰.《古史·卷三十二》.《文渊阁四库全书》第 371 册，第 496–497 页。
③（明）程敏政撰.《篁墩文集·卷十·奏考正祀典》.《文渊阁四库全书》第 1252 册，第 172 页。
④（宋）王应麟撰.《玉海·卷一百十三》. 第 2157 页。
⑤（明）陆深撰.《俨山集·卷八十八·跋圣哲图》.《文渊阁四库全书》第 1268 册，第 571 页。
⑥（宋）潜说友撰.《咸淳临安志·行在所录》.《文渊阁四库全书》第 490 册，第 128~ 133 页。
⑦（明）吕维琪编.《圣贤像赞》. 济南：山东友谊出版社，1989。

来；二是新增祀了一部分人员。雍正二年（1724 年），复祀林放、蘧瑗、秦冉、颜何四人；增祀孔子弟子县亶、牧皮，孟子弟子乐正克、公都子、万章、公孙丑，共六人。咸丰三年（1853 年），增祀公明仪。

历经一轮轮取舍上的重复争辩，到了清代，学者们对孔庙先贤命题显然已倍感厌倦，关注程度明显降低。阎若璩是例外的一位，其一贯的考证热情同样延及于先贤问题上。遗憾的是，他已经很难超越前人规矩，只是以程敏政的学说为底本略加评断。[①] 对于阎氏的取证立论方式，毛奇龄在往来书信中毫不客气地批评道："至若学宫从祀，则从来荒谬，向与尊兄言庙学合一之陋，孔子先圣称名之谬，极蒙许可。至从祀进退，则大不足凭。……足下偏执程敏政无学之说以为金科，陋矣！[②]乾隆十二年（1747 年），翰林院检讨阮学浩将阎氏的《孔庙从祀末议十一条》奏上，皇帝的第一反应是："朕初加披阅，大概多前人所已经议及，非有卓然至当不易之论，有裨典制，必当见之施行者。"[③]

在七十子的人员筛选上，历代聚讼不已。倪岳曾以"又何必以区区臆见追论于千百年之后哉"[④]质疑当时聚讼之人。可见聚讼之由又并非简单的学理可概。一个可能永远都无法令人满意的问题是，七十子数量庞大，时间距离又远，仅凭史籍留下的寥寥数语一一加以复原，效果可知。且不说其在传道方面的功绩何定，只要求此一干人呈现出鲜明的个体特征就很困难。其中只留姓名生平不详者绝非一位，有只言片语者亦非少数，孔门高徒的身份何以取证，何以服人，实不可晓。是以也不时会有人透露一下不满，朱彝尊在《陈请孺悲从祀孔庙》时就抱怨道："以亲受礼于孔子之儒不获附，一无表见之邦、郳、燕、狄、廉、乐诸子反得与配食之列，斯则祀典之网矣！"

纵观先贤从祀史，其大致经历了这样一个更新过程：由纯粹的孔门弟子统系到孔子同代贤人的加入，再到宋代名儒的破格升进，最后延及弟子以后的弟子，如子张的弟子、孟子的弟子等。先贤的原始受封意义已为明显的社会等级意义所取代。与此一演变同步发生的是，孔门数十位无清楚履历的弟子加剧边缘化，后人虽欲议之而实无可议以致终无人议。企望后人将其朗朗于口，如数家珍，遂致强人所难。他们的困局在于，史籍虽存名而事迹无法考证，从祀孔庙却无法发挥实质的楷模之效，只等同于虚设。是以宋镰发出罢七十子祀之语。李之藻亦毫不掩饰自己的想法："每思两庑群贤自《论语》《家语》记载而外，嘉懿泯灭，师儒秉笔，大抵忆姓

①（清）阎若璩撰.《尚书古文疏证·卷八》.《文渊阁四库全书》第 66 册，第 513-514 页。
②（清）毛奇龄撰.《西河文集·卷二十·与阎潜丘论尚书疏证书》. 第 214-215 页。
③（清）文庆、李宗昉等纂修，郭亚南等校点.《钦定国子监志·卷首一·圣谕·天章》，第 22 页。
④（明）吴宽撰.《匏翁家藏集·第五十九卷·倪文毅公家传》。

名于仿佛。所称几筵校诵如见其人，入户忾然如闻叹息者，总不可强。顾不如唐人仅祀经师，诵其书，修其祀典，犹或申如在之敬也。"① 然而先贤们的陪祀资格因得到当政者及学儒们的百般维护而稳定不移，也只有少数几人才敢于提出以上质疑。

三、"二十二贤"与先儒沿革

相较先贤，更引世人关注的是先儒的升降。先儒主要指那些分布于各个历史时期对儒学的发扬光大作出巨大贡献的儒家学者们。先儒源于贞观"二十二贤"，是孔庙从祀中的最后一等。

子夏在唐代已入十哲之列，"二十二贤"实为二十一人，加上荀况、扬雄、韩愈三人，共二十四人。大观二年（1118 年），绘子思像，从祀于数人间。政和三年（1113 年），王安石、王雱父子入祀。此二人在先儒一阶只作了短暂停留，南渡后，子思先后升十哲升配享，王氏父子则遭罢祀。淳祐元年（1241 年），理宗诏周敦颐、张载、程颢、程颐、朱熹从祀；景定二年（1261 年），又继以张栻、吕祖谦；咸淳三年（1267 年），再以邵雍、司马光加入。至此，宋代名儒悉数纳入，先儒共为三十三人。理宗诏祀五子，深许其明道之功："朕惟孔子之道，自孟轲后不得其传，至我朝周敦颐、张载、程颢、程颐，真见实践，深探圣域，千载绝学，始有指归。中兴以来，又得朱熹精思明辨，表里浑融，使《大学》《论》《孟》《中庸》之书，本末洞彻，孔子之道，益以大明于世。"② 五子中，尤以朱熹最受推崇。后来的张、吕、邵、司马诸人大都因晦庵之故而增入，如张、吕二人从祀是因为与朱熹"志同道合，切磋讲磨，如义利之辨，如《近思录》之书，择精语详，开牖后学，诚有功于圣门"③，邵雍、司马光从祀是因为朱熹的《六先生画像赞》中的六先生已祀周、二程、张四人，尚遗雍、光二人，是以增入。④

道统论在宋代极为盛行，它实际上就是一条以远古为起点的传道正脉。在韩愈的《原道》中，道在尧、舜、禹、汤、文王、武王、周公、孔子、孟子之间依次传递，孟子之后戛然而止，道统谱系也随之中断凝固。宋代的最大创举是将此一传道链重新激活，再次流动。受韩愈影响，宋儒们无不将上接孟子千载不传之学当作为学的终极目标。程颢就自称："孟子没而圣学不传，以兴起斯文为己任。"⑤ 其后，

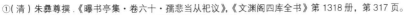

①（清）朱彝尊撰.《曝书亭集·卷六十·孺悲当从祀议》,《文渊阁四库全书》第 1318 册，第 317 页。
②（元）脱脱等撰.《宋史·卷四十二·理宗二》,第 821 页。
③（宋）程颢、程颐著，王孝鱼点校.《二程集》,第 638 页。
④（宋）王炎撰.《双溪类稿·卷十九·见张南轩》,《文渊阁四库全书》第 1155 册，第 642 页。
⑤（元）脱脱等撰.《宋史·卷四百二十九·朱熹传》,第 12769 页－12770 页。

朱熹将周敦颐、二程全部纳入绝学体系之中。王炎则在《见张南轩》中正式写道："盖自孟子之后，道之正统绝而不传。二程先生鸣道于伊洛之间，则道之正统绝而复传。"①王炎以二程接孟子之后，绝学遂得再续。接着，朱熹弟子黄干将师派传承正式纳入道统的行列，"道之正统待人而后传，自周以来，任传道之责者不过数人，而能使斯道章章较著者，一二人而止耳。由孔子而后，曾子、子思继其微，至孟子而始著。由孟子而后，周、程、张子继其绝，至熹而始著。"黄干的道统传递论，当时"识者以为知言"，在后世也得到一致公认。儒学传承链历经千年断裂，此时终于再度衔接。尧、舜、禹、汤、文、武所传之道，几乎在一夜之间抖落神秘的面纱，真实地呈现于众人面前。圣人之道不再高不可攀，圣贤殿堂也不是不可企及，这种既源远流长又触摸可及的学问无疑对后学充满了更强的吸引力。得道即可入祀孔庙，这又是另一个层面的敦劝机制。胡瑗在上《请宋五贤从祀》时直接指出："此五人者，学问接道统之传，著述发儒先之秘，其功甚大。……从祀先圣庙庭，可以敦厚儒风，激劝后学。"

道统论的最大特点是在时间段上由孟子的战国时代直接跨越到了周、程的宋代，秦宋之间则是一段空白期。空白即意味着道统失传或无传，这也即是对汉唐诸儒的全盘否定，注经之儒与明道之儒自此各竞一途。章懋迫不及待地要根据道统观来整肃孔庙从祀人员，他宣称："以道统言之，须进周子、两程子、张子、朱子于配享之位，汰汉儒之无稽者，而序进宋数大儒于从祀之列，斯允当矣！"明代孔庙祀典更动大致就是沿着抑汉儒崇宋儒的思路进行的。清初义理、训诂间的分歧重新凸显，顾炎武反其道行之，将"道儒"统括于"经儒"之下，希望以此来压制宋明以来的理学强势并化解二者间的无休争吵，他是这样表述的："以今论之，惟程子之《易传》，朱子之《四书章句集注》《易本义》《诗传》及蔡氏之《尚书集传》，胡氏之《春秋传》，陈氏之《礼记集说》，是所谓'代用其书，垂于国胄'者尔。南轩之《论语解》、东莱之《读书记》抑又次之。而《太极图》《通书》《西铭》《正蒙》，亦羽翼六经之作也。"很明显，这是在用贞观标准来重新衡量宋代的道学家们，道统论在此不值一提。孔庙从祀也忠实地反映出学术规律的演变。

在明代，孔庙从祀所经历的波折，堪称一场道德清洗运动。洪武初，宋濂在提供给皇帝的《孔子庙堂议》中写道："今也杂置而妄列，甚至荀况之一言性恶，扬雄之事王莽，王弼之宗《庄》《老》，贾逵之忽细行，杜预之建短丧，马融之党附势家，亦厕其中，吾不知其为何说也？"对经师们私人品行的揭露并不始于文宪公，

---

①（明）宋濂等撰.《元史·卷七十七·祭祀志·宋五贤从祀》，第1922页。

熊禾、马端临均有涉及，同时的王伟也有议及，只不过后三人揭短的目的更在于要为增祀新人开道，而非以罢旧人为快。宋濂则刚好相反，直接将目标指向了对经师整体的排斥。他言辞的背后，是极其鲜明凛然的道德立场。宋濂挑起的批判风潮因其本人遭远谪而暂告一段落，但是洪武朝行事基本依循了这一批判立场。先是，洪武五年以《孟子》言辞过激而一度罢孟子配享。洪武二十九年扬雄被冠以"为莽大夫，贻讥万世"的罪名遭罢祀。

这种以细行不检、学术不端为切入点来抵制汉魏经师的做法，至少折射出了时代学风的转变以及大众心理诉求上的变化。一则是在学术研究、知识传播上，对经典的运用已经由原来的专门训话演变到义理普及；一则是当代对完美人格、个人私德上的要求日趋严格。学风转向的讯息也体现到了程氏的奏疏中，"其书行于唐，故唐姑以备经师之数祀之。今当理学大明之后，《易》用程朱，《诗》用朱子，《书》用蔡氏，《春秋》用胡氏，又何取于汉魏以来驳而不正之人，使安享天下之祀哉？"义理之学兴，则专业训话之书倍受冷遇。道德评判既然求全责备，道德楷模自要慎选，得非其人，就会如程氏所担心的那样，"夫所以祀之者，非徒使学者诵其诗读其书，亦将识其人而使之尚友也。臣恐学者习其训话之文，于身心未必有补，而考其奸诡淫邪贪墨怪妄之迹，将自甘于效尤之地，曰：先贤亦若此哉。其祸儒害道将有不可胜言者矣！"

辛秀，孔庙和国子监博物馆社教部，讲解员

试论孔庙内供奉的先贤先儒

乡饮射礼研究
——以宋明两朝苏州文庙乡饮射礼为例

张晓旭

摘要

孔庙中的"学庙"[1]有三种祭孔礼仪,分别是释奠礼、释菜礼和乡饮射礼。这三种礼仪都属国家礼制。其中,释奠礼是这三种礼仪的最高等级。祭孔属于国家礼制行为,纳入国家要事行列。释菜礼包括开学典礼、成人礼等;新任地方主官先到所在地孔庙祭孔,再施政也属于释菜礼的一种礼仪。只不过祭孔仪式简单,无三老、三拜九叩等礼节。乡饮射礼是忠孝文化在文庙教化中的集中体现。这是宋代的称呼。先秦时期的周代、汉唐,以及明清两代则叫乡饮酒礼。两者内容和含义是一致的,并无大的区别。行礼前先举行释菜礼;礼毕,再行乡饮射礼,或乡饮酒礼。举行乡饮射(酒)礼,其过程为先饮后射。饮为序长幼;射为尊老观德。由地方政府特邀年长者参加。宋代宝祐赵与筹的《观德》碑(王景齐跋)[2]、明代洪武王彝的《乡饮酒碑铭》[3],分别记录了在苏州文庙举行乡饮酒礼的全过程。

关键词

祭孔;序长幼;尊长;敬老;观德

136

在古代,苏州州(府)学文庙有三礼。第一是释奠礼。第二是释菜礼,第三是乡饮射礼。其中,释奠礼级别和规格最高,每年春秋之仲月上丁日向孔子行礼。这是国家礼制。释菜礼主要是开学典礼,或举办成人礼等,也属国家礼制。春秋两季开学时祭奠孔子,其礼仪简洁。"春,入学,舍采合舞。"[4]另外,释菜礼也是新任地方主官开始执政的一种礼仪:如新任苏州最高行政长官一般先到孔庙祭孔,然后再施政。第三就是乡饮射礼。乡射,最初是地方官为荐贤举士而举行的射礼;射礼前后,常有燕饮。明清两代则叫乡饮酒礼。乡饮射(酒)礼开始前,先举行释菜礼,然后再举行乡饮射礼。也就是说乡饮射礼往往和释菜礼结合在一起。如要举行乡饮射礼,要先行释菜礼,然后再行乡饮射礼。

乡饮射礼实际上是一种尊长敬老观德之礼仪。乡饮射礼为先饮后射。先"饮"即先序长幼,后"射"即后举行尊长、敬老礼仪,按尊长及年龄长幼先后顺序排列,尊者、长者在前,位次者、年少者在后。并以此观人的德行,射礼行三揖三让

---

①张晓旭《中国孔庙研究专辑.中国孔庙发展史纲》,载《南方文物》2002年第四期。
②碑藏苏州碑刻博物馆。
③碑藏苏州碑刻博物馆。
④《周礼·春官·大胥》。

之迎宾礼，不争不吵，培养忠君孝亲之民和在校生员。

宋、明两朝苏州文庙分别有《观德碑》和《乡饮酒碑铭》记载了苏州文庙举办乡饮酒礼的概况。碑文叙述了以下几个方面的内容：

一、泰伯仲雍不争逊让奔吴

苏州古称吴，具有行乡饮酒礼的客观有利条件。"吴，故泰伯之国也，莫大于天下而让者三，其去揖升下饮之远矣。厥后二千年间，忠信之教虽微，而礼孙之士不乏。"① 3200多年前，周太王有三个儿子，长子泰伯、次子仲雍、三子季历，周太王非常喜欢季历的儿子姬昌，想将来让姬昌继承王位。泰伯为了成全父亲的这个愿望，就三让王位，携弟弟仲雍，从中原到了现今的苏州、无锡一带，开发了江南地区，并建立了吴国。后来姬昌继承了王位，那就是赫赫有名的周文王，中国从此进入了长达八百年的周王朝。"吴太伯，太伯弟仲雍，皆周太王之子，而王季历之兄也。季历贤，而有圣子昌，太王欲立季历以及昌，于是太伯、仲雍二人乃奔荆蛮，文身断发，示不可用，以避季历。季历果立，是为王季，而昌为文王。太伯之奔荆蛮，自号句吴。荆蛮义之，从而归之者千余家，立为吴太伯。"②

泰伯礼让王位、开创吴地功德，孔子给予了高度评价："泰伯其可谓至德也已矣，三以天下让，民无得而称焉。"③孔子评价泰伯，称他是品德最高尚的人了，几次把王位让给三弟季历，老百姓都找不到合适的词句来称赞他。至此，泰伯被后人奉为"至德"。历代苏州地方官以泰伯仲雍三让天下为楷模举办乡饮射礼，以此竖立良好的社会风气和教化。

二、乡饮射礼之源流

最早的乡饮射礼诞生于西周。是以乡、里、宗族为单位举行的。周代尚武，男子出生则悬弧，三年则出门射箭，然后一直到耄老之际，习射皆为本分，故于每年春秋习射，其礼大同乡饮。唯以三番射，故称乡射礼。三番即轮流三次或三组之意。"四矢反兮"④，唐孔颖达疏："大射皆三番，射讫止，而不复射，是礼射三而止也。"

① 宋宝祐丙辰《观德碑》，藏苏州碑刻博物馆。
② 司马迁《史记·吴太伯世家》。
③《论语·泰伯篇》。
④《诗·齐风·猗嗟》。

后来乡饮酒礼演变成在周朝乡学中举行的选拔人才的礼仪。"士当何如哉？是必昧绎志之义，乐采蘩之节，孝弟好礼，笃学称道，无愧乎蘷圃扬觯之言可也。它日试于天子之泽宫，而中者多与者盛，岂直进爵益地，为先生荣哉？当知士者，民之表也。礼者，化之枢也。"① 扬觯，原为举起酒杯之义，在此比喻选贤。"孔子射于蘷相之圃，盖观者如堵墙。射至于司马，使子路执弓矢，出延射，曰：'奔军之将，亡国之大夫，与为人后者不入，其余皆入。'盖去者半，入者半。又使公罔之裘、序点扬觯而语。公罔之裘扬觯而语曰：'幼壮孝弟，耄耋好礼，不从流俗，修身以俟死者。在此位也。'盖去者半，处者半。序点又扬觯而语曰：'好学不倦，好礼不变，耄期称道不乱者。在此位也。'盖仅有存者。"后以此为选贤的典故。"若此，则蹲甲壮基，扬觯观孔。信一场之独擅，终六辔之未总。"② 科举时代，有鹿鸣宴③ 以嘉学子，也是对历史上乡饮酒礼的传承。

"鲁世世相传以岁时奉祠孔子冢，而诸儒亦讲礼乡饮大射于孔子冢。"④ 里祭酒由里中老人推举产生，职掌里中的教化，是一里之望。政府倚重里祭酒的影响，从思想上控制编户民，加强了基层控制。里祭酒负责传播儒家乡饮酒礼。自古乡里有教，夏曰校，殷曰庠，周曰序。周制每三年选乡间贤能，于是在乡校由乡大夫举行乡饮酒，先王制乡饮酒礼以是尊贤养老，申孝悌揖让之道。

到了汉代及以后，则演变成一种对民众的教化。邀贤能之士和年高德上者为宾、介、众宾，这一制度沿袭最久。东汉建武五年，乡饮酒礼被国家确定为国家基本礼仪制度，一直延续至清代。

舍采（释菜），古代开学典礼，祭祀先圣先师。"春，入学，舍采合舞。"⑤ "上丁，命乐正习舞，释菜。"⑥ 乡饮酒礼前先行释菜礼，再行乡饮酒礼，实为两礼合一。

乡饮酒礼的地点是泽宫，古代学宫习射之所，是后世学宫射圃的别称。"扬袂入泽宫，鹄心一箭中。"⑦ 乡饮酒礼由尊至卑在礼器或礼遇上实行降杀，即以此递减之意。"天子七庙，诸侯五，大夫三，士一，降杀以两。"⑧ 乡饮酒礼实行大宾，即最珍贵的宾客之意。大宾：古乡饮礼，推举年高德望者一人为宾，称大宾。如前进

①宋《观德碑》，藏苏州碑刻博物馆。
②唐．元稹《观兵部马射赋》。
③亦作"鹿鸣筵"。科举时代，乡举考试后，州县长官宴请得中举子。或放榜次日，宴主考、执事人员及新举人，歌《诗·小雅·鹿鸣》，作魁星舞，故名。
④汉 司马迁《史记·孔子世家》。
⑤《周礼·春官·大胥》。
⑥《礼记·月令》。
⑦宋．王禹偁《五哀》。
⑧《宋史·礼志九》。

士魏俊民为苏州文庙洪武六年正月乡饮射礼大宾 [1]。

三、乡饮射礼的初衷或目的

举行乡饮礼的初衷或目的，实为教化，使民遇事不争，安分守己，各守本分。在于尊长敬老、长幼有序，并以此观德。乡饮酒的礼仪："宾三揖三让，登，而三让，让入门也。五豆六豆昭其等也。" [2]

明太祖朱元璋注重民间风化，定每岁正月十五、十月初一，于乡校儒学行乡饮酒礼，行进退揖让、尊荣贬斥之礼仪，使人耳濡目染，知老者有养，贤者有尊，孝悌大道乃能行于举手投足间。周代按年龄大小定席次。 [3] "六十者坐，五十者立侍。六十者三豆，七十者四豆，八十者五豆，九十者六豆。" [4] 通过乡饮射礼"使民不慢不争，兴仁兴逊，得于观感而邪惰消，养于习熟而和顺积，以之尊高年，敬有德，孝于而家，弟于而乡，忽不自知，为王道之归矣。" [5] 三揖三让，为古代迎宾之礼。主人三揖，宾客三让："宾三揖三让，登。再而三让，让入门也。" [6] "三揖至于阶，三让。" [7] 五豆六豆，别席次也。

"古卿大夫射必先行乡饮之礼。饮，所以序长幼；射，所以观德行欤。夫揖让而无所争，不中而不怨胜己，惟有德者能之，繇其安行乎恭孙之节，习熟乎和顺之体者有素也。不然，血气之性能无争、物欲之情能无怨乎？故三揖三让，昭其敬也；五豆六豆，昭其等也。由是而贵贱明，降杀辨，则以之备志。体之正直，持弓矢而审，固争且怨何有哉？然则先饮后射，古人以此观德行，而亦世教所关欤？" [8] "夫乡有饮，尚德也；宾有序，尚齿也；饮有遵，尚爵也。三者备，而礼成矣。夫饮有众宾也，而宾、主、僎、介具于礼独详焉，所重在宾、在僎、在介、在主耳。夫遵者，尊也。《传》曰：乡人仕至大夫，主人藉以乐宾，取荣而遵法者也。故自宾视之，若主而非主也；自主视之，若宾而非宾也。是以遵至宾，主偕降迎焉。" [9]

乡饮射礼"序宾以贤，习乡尚齿，使命知教"，目的是"咨尔学子其能砥节而

①明代洪武六年《乡饮酒碑铭》。
②明《乡饮酒碑铭》，藏苏州碑刻博物馆。
③《周礼·秋官·司仪》。
④《仪礼·乡饮酒礼》。
⑤赵与筹《宝祐乡饮小录序》。
⑥《周礼·秋官·司仪》。
⑦《仪礼·士官礼》。
⑧宋宝祐丙辰《观德碑》。
⑨《苏州乡饮酒请导书》。

行，立道成德，忠君孝亲，建功植业……"①

四、乡饮射礼的流程及其亮点

宋代苏州文庙举行乡饮射礼，时间是"岁在柔兆执徐孟春壬寅，节垒观相赵公先生再镇吴门。报政之五月，以是日行乡饮于郡学，奥四月壬午，合乡射于学之圃，礼也。"②其流程为先举行舍采礼，而后请包恢（进士，历仕郡县，政绩斐然，官至资政殿学士）、洪焘（官至吏部尚书、浙西东安抚使）参礼，会八十以上在苏州的德高望重者、官员，并按年龄大小定席次，长者为尊位；由知府赵与筹主持，三行百拜礼，伴以乐舞。并命苏州的几个县学文庙效仿。"前期舍采于先圣先师，越夕会乡之耆老暨大夫士齿于饮所。先以馈礼延致宪使宏斋包公恢，庾使云嵩洪公焘，而先生实主之。三行百拜，观听一新。且班教给费，命诸邑效行如郡庠。威仪盛美矣！林君曰：'古人射礼，必继乡饮之后，盖有为也，可举一废一哉？'撤射亭而新之，俾衿佩游于斯，习于斯，无何决拾。既闲正鹄命中，君曰：'可矣。'乃自请莅射。先生复为之集衣冠，合台府旗旄戾止，立司马射人以节其进退之仪。雝雝于于，升降以序。发彼有的，行同乎宾筵；舍矢既均，艺修乎行苇。先生喟然曰：'礼无古今欤？何转移习俗之易也！射可以观德，信矣。'"③

本次乡饮射礼，重在义理的阐发和观感："宾主介僎，礼之人也；尊爵俎豆，礼之器也；升降揖逊，礼之文也。然此皆古先圣人至意所寓，与于斯者，必因其仪节而思其本指，大要使民不慢不争，兴仁兴逊，得于观感而邪惰消，养于习俗而和顺积，以之尊高年，敬有德，孝于而家，弟于而乡，忽不自知，为王道之归矣。此今日区区行礼之意也。礼成，私幸鄙夷或可有孚，将使古吴之民日兴于行"④，整个乡饮酒礼流程为："前期舍采于先圣先师，越夕会乡之耆老暨大夫士齿于饮所。先以馈礼延致宪使宏斋包公恢，庾使云嵩洪公焘，而先生实主之。三行百拜，观听一新。且班教给费，命诸邑效行如郡庠。威仪盛美矣！"⑤

明代洪武五年，朝廷下诏：地方每年春季、冬季的第一个月举行乡饮射礼。苏州知府魏观决定于洪武六年正月举行。并让经历李亨、教授贡颖之与地方名望周南老、王行、徐用诚共商之，并让张端及府学生员提前练习乡饮射礼仪。先行释菜

---

① 陈仁玉《赵公生祠记》。
② 宋《观德碑》。
③ 宋宝祐丙辰《观德碑》。
④ 宋宝祐六年《观德碑》。
⑤ 宋宝祐六年《观德碑》。

礼，定于冬季的第一个月之吉日癸卯在文庙府学举行。而后，举办乡饮射礼。[1]

洪武六年正月在苏州文庙举办乡饮酒礼。爰舍菜先圣先师，以孟冬之月吉日癸未行与郡学。其亮点是：邀请年高德望者前进士魏俊民为大宾；邀请孔子第五十四孙孔思睸为赞礼嘉宾等11人；特请三位老人：昆山周寿谊110岁；吴县杨茂93岁、林文友92岁，皆形充神完，行坐有礼之人。另请八十以上者13人；七十以上者62人；60以上者47人出席。五十立而听政役者百人。设教授位；吴县教谕、昆山教谕次之；训导15人又次之……府学及六县生员160人等近千人参加，规模空前。[2]

为此，魏观作一诗记之：

> 伦序明于上，而民孝敬生。由来乡饮礼，爰即泮宫行。
>
> 父老交相庆，君王致太平。遗文稽汉制，多士集周桢。
>
> 酌礼遵毛齿，歌诗达性情。欢声腾几杖，雅韵协琴笙。
>
> 俎豆随丰俭，尊罍事洁清。觯扬勤拜洗，乐献勉趋楹。
>
> 西北宾从义，东南主受荣。介僎分长次，赞辅间耆英。
>
> 阶阼严升降，门屏谨送迎。四筵时合岁，三让月逢庚。
>
> 子弟诸家暨，生员六序并。周旋皆中节，讲习不逾程。
>
> 整若垂绅带，常如佩玉珩。威仪多可度，耄耋廿余名。
>
> 难老昆山叟，平居亩畮氓，百龄过十岁，两目且双明。
>
> 流俗同观感，淳风喜逐更。洋洋听读律，亹亹念推诚。
>
> 政乃存绥抚，人其息斗争。还家亲塾训，务本力农耕。
>
> 至道凝和气，殊恩简役征。鄙夫千载遇，盛礼一朝成。
>
> 犹籍斯文在，殷勤为作铭。[3]

对于这次乡饮酒礼的流程及其盛况，同治《苏州府志》作了记载：

> 洪武六年正月癸未，苏州知府魏观行乡饮酒礼于郡学。其大宾为前进士魏俊民，介为先圣五十四世孙思睸，僎为推官□芳三，宾为范廷征，众宾为邵允礼、钱琼等十一人，次僎为吴县知事曾黼、知长洲县事张翔，而乐正以张

乡饮射礼研究
——以宋明两朝苏州文庙乡饮射礼为例

---

① 明．王彝《乡饮酒碑铭》。
② 明．王彝《乡饮酒碑铭》，藏苏州碑刻博物馆。
③ 明．魏观《乡饮酒礼诗》。

由，司正以滕权。又特位三老人：昆山周寿谊，年百有十岁；吴县杨茂，九十有三岁；林文友，九十有二岁。皆形充神完，行坐有礼。然后列坐八十以上者十有三人；七十以上者六十有二人；六十以上者四十有七人；凡在位者之子弟侍立者二十有八人；主宾傧介之赞相、爵尊豆笾俎洗之执事者咸具。又别为教授位，而吴县教谕徐鼎、昆山教谕陈□次之，训导十五人又次之，长洲县教谕周敏则以侍其父南老，常熟县教谕傅著侍其父玉，皆降而北面立，合乡学及六县弟子员之立者百有六十人，文武僚佐之莅位观礼者若干人，农工商贾远近之观者又以千计。知府年且七十，而朱颜焕如，独出人表，升降揖拜，竟日无倦，而其子槃侍立，进趋中度，礼明乐和，众以大悦。既，乃读律，众复耸听，皆曰："天子神圣，援人于水火中，而斯礼也，身亲见之，幸哉！"越五日，周老人还昆山，知府躬出娄门之郊，再拜以饯，都人士观者又慨焉，以为幸见，且曰："明府之于人父兄也如父兄，吾于吾父兄宜何如？"君子以是知魏守观之政，兴孝兴弟者盖易易也。

嘉定王彝亲睹其盛，为铭记。老人者，生宋景定，中历元，百年而际逢明代，尝蒙召见，太祖赐酒馔殿上，蠲其家丁役，后百十六终。[1]

尤其是对110岁的苏州府昆山县周寿谊老寿星，成为此次乡饮射礼的明星人物，知府魏观对其彬彬有礼，临走时，还特意在娄门外为其饯行。周寿谊老人活到了116岁无疾而终。这在当时的生活条件来说是不可思议的，也许正因为苏州这块沃土有了不争、逊让、敬长尊老的乡饮射礼传统，形成了敬长尊老的社会氛围，在那个物质贫乏的年代才会出现这种长寿老人，而这正是乡饮射礼的社会价值所在。

五、附录

1. 宋《观德》碑：高2.05米，宽0.98米，厚0.20米。分上下两部分。碑的上部分为"观德"楷书大字深刻。右题："宝祐丙辰（1256年）孟夏"；左题"古汴赵与筹书"，均为楷书。其中"观德"为正楷，每字字径0.47米。碑的下部分为观德碑记。共30行，行36字不等。楷书。王景齐跋。观德两大字为平江知府赵与筹书。现藏苏州碑刻博物馆。

---

[1] 同治《苏州府志》。

142

孔庙国子监论丛

2021

宋宝祐观德碑，张晓旭摄

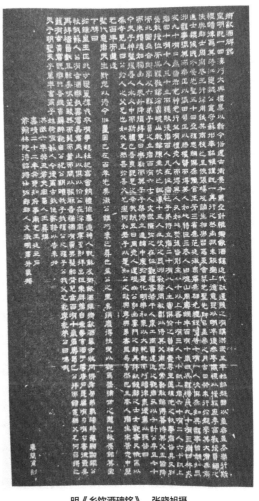

明《乡饮酒碑铭》，张晓旭摄

　　赵与筹，字德渊，太祖十世孙，希怿子，寓处州之青田。嘉熙三年（1239 年），直敷文阁，知平江（今苏州），兼淮浙发运使，特置司，领其事，自与筹始。四年，郡中饥，分场设粥，以寓公方万里，为人所推敬，委请董役，全活者数万人。宝祐三年（1255 年），以观文殿学士再守郡，行乡饮射礼于学官，复修饰殿堂、斋庐，广弦诵。以严教养学官子弟，为立生祠，明年，兼提刑。六年（1258 年），除江东安抚使，知建康府（今南京市）。景定初，再知平江，乞祠。①

---

① 明·卢熊《苏州府志》

碑文：

岁在柔兆执徐孟春壬寅，节垒观相赵公先生再镇吴门。报政之五月，以是日行乡饮于郡学，奥四月壬午，合乡射于学之圃，礼也。

古卿大夫射必先行乡饮之礼。饮，所以序长幼；射，所以观德行欤。夫揖让而无所争，不中而不怨胜己，惟有德者能之，繄其安行乎恭孙之节，习熟乎和顺之体者有素也。不然，血气之性能无争、物欲之情能无怨乎？故三揖三让，昭其敬也；五豆六豆，昭其等也。由是而贵贱明，降杀辨，则以之备志。体之正直，持弓矢而审，固争且怨何有哉？然则先饮后射，古人以此观德行，而亦世教所关欤？

吴，故泰伯之国也，莫大于天下而让者三，其去揖升下饮之远矣。厥后二千年间，忠信之教虽微，而礼孙之士不乏。我朝文正范公始建乡校，古道复振，尝自谓曰："士当天下之忧而忧，后天下之乐而乐。"被其教者，宁复以胜己为怨乎？

先生憩棠阴于衮绣之乡，德爵无慊于范公，而政教有加于往昔。犹念风漓俗靡，浸不如古，思一变而还其初。谓学莫先于崇化，而道莫易于观乡。既咨郡博士四明林君潜，考经定式，备诸郡之弥文，复命幕属赵君孟宪、王君次丑联事合治，总庶务之靡密。前期舍采于先圣先师，越夕会乡之耋老暨大夫士齿于饮所。先以馔礼延致宪使宏斋包公恢，庚使云嵒洪公焘，而先生实主之。三行百拜，观听一新。且班教给费，命诸邑效行如郡庠。威仪盛美矣！林君曰："古人射礼，必继乡饮之后，盖有为也，可举一废一哉？"撤射亭而新之，俾衿佩游于斯，习于斯，无何决拾。既闲正鹄命中，君曰："可矣。"乃自请莅射。先生复为之集衣冠，合台府旗旄庋止，立司马射人以节其进退之仪。雍雍于于，升降以序。发彼有的，行同乎宾筵；舍矢既均，艺修乎行苇。先生喟然曰："礼无古今欤？何转移习俗之易也！射可以观德，信矣。"遂大书二字以匾斯亭，银钩双揭，光彩蜚动，盖与吴学相为不休也。

噫，先生之化宏矣！士当何如哉？是必味绎志之义，乐采蘩之节，孝弟好礼，笃学称道，无愧乎矍圃扬觯之言可也。它日试于天子之泽宫，而中者多与者盛，岂直进爵益地，为先生荣哉？当知士者，民之表也。礼者，化之枢也。昔，文翁招弟子立学宫，而蜀郡化于文。韩延寿命诸生执俎豆而颍川化于礼，矧吴会素号文物之邦，既辱贤师帅作成之，又得名儒讲行之，目系心谕，俗其不古乎？尝谓世固有言政不及化者，未有化行而政不修者也。先生下车以来，蠲赋敛以便民，录巨奸而戢吏，招兵而增备，核赋以宽征，政之大者无不修。此化之所以易行也。虽然风动教化，用之乡人，用之邦国，一也。先生岂私久于乡枌哉？挈斯世于三代之隆，特一乡饮射之推耳。先收先生作栋梁，指日事也。其次，乃及桷榱，广文二幕何逊焉？景齐，吴人也，且受知师门，偶缀底班，弗获听政役。幸前庑诸生有请，辄诵所闻以诏来者云。

2. 明 . 王彝《乡饮酒碑铭》: 碑已佚，存碑拓。《乡饮酒碑铭》二十四行，行52字不等。洪武六年癸丑前史官蜀人王彝撰，嘉靖二十二年癸卯知府事南充王廷立石，前翰林院待诏将仕佐郎郡人文徵明书并篆额。

王彝（? —1374 年），四川人，本姓陈氏，后徙嘉定（苏州府所辖，今属上海）。少孤贫，读书于天台山。明初以布衣召修《元史》，旋入翰林，以母老乞归，赐金币遣还。洪武七年（1374 年），因魏观事，与高启同诛于南京。有诗文集《三近斋稿》《妩雌子集》，辑成《王常宗集》四卷，补遗一卷，续补遗一卷，流传后世。

碑文如下：

皇明既一四海，乃大兴礼乐，以新今俗还古道，为千万世计，惟乡饮酒繇近代以还蔑之有讲。

洪武五年，始诏郡国以孟春、孟冬举行斯礼而读律焉。其时江夏魏公实守苏州，奉诏惟谨，既一再行之，然尚恐未能宣上德意，是以明年复考参仪礼以授经历李亨、教授贡颖之，使与郡士周南老、王行、许用诚共商校之，且使张端及诸生相与习焉。爰舍采先圣先师，以孟冬之月吉日癸未行于郡学，其大宾为前进士魏俊民，介为先圣五十四孙思赒，僎为推官王芳三，宾为范廷徵，众宾为绍允礼、钱琼等十有一人，次僎为知吴县事曾黼、知长洲县事张其，而乐正以张由，司正以滕权贤，而得其人如此。特位三老人，曰昆山周寿谊，年百有十岁；曰吴县杨茂，九十有三岁；曰林文友，九十有二岁，皆形充神完，行坐有礼，老人而得其人又如此。然后皆列坐八十以上者十有三人，七十以上者六十有二人，六十以上者四十有七人，五十立而听政役者百人，凡在位者之子弟侍立者二十有八人。主宾僎介之赞相，爵尊豆笾俎洗之执事者皆具，又别为教授位，而吴县教谕徐鼎，昆山教谕陈圭次之，训导十五人又次之，长洲教谕周敏则以侍其父南老，常熟教谕傅著侍其父玉，皆降而北面立，合乡学及六县弟子员之立者百有六十人，文武寮佐之在位观礼者若干人，农工商贾远近之观者又以千计。

公年且七十而朱颜焕如，独出人表，升降揖拜，竟日无倦。而其子槃侍立，进趋中度。于是化明乐和，众以大悦。既而乃读律，众复肃以听，皆曰："今天子神圣，援吾人水火中，而斯礼也吾身亲见之，幸哉！"越五日，周老人还昆山，公躬出娄门之郊，再拜以饯。都之士女观者又慨焉以为幸见，且曰："公于人之父兄也如父兄然，如吾于吾父兄宜如何？"君子以是知公之政。孝弟者，盖易易然者。且老人生宋景定中，历元百年而遭逢圣代，意者天生斯老以待今仁，寿固已在百年先矣，微公谁能表之？彝也，居公之野矣，病废得扶曳以观焉，盖旷世之遭也。故为铭其堂下碑曰：

子维皇王，正此方夏。爰释戎衣，有事郊社。祀享会朝，礼作乐造。神人既和，及乡饮酒。维乡饮酒，万方攸同。俾孝与弟，载臻时雍。显显魏公，牧我苏人。公有旨酒，乐我嘉宾。嘉宾戾止，以馈以介。公在泮宫，宾至则拜。出俎东壁，羞自东房。玄酒于尊，房户是当。有勺有勺，实彼爵矣。再拜稽首，献且酢矣。吹笙鼓琴，而瑟而箫。而间以歌，厥音犹犹。有黄其发，鲐背儿齿。百有十岁，眉寿曷已？公拜而馈，实犹父兄。何以将之，筐有玄黄。宾既乐只，言旋言归。醉饱自公，祝公期颐。我子我孙，公之子孙。公我父兄，我孝我弟。公曰咈哉，天子明圣。天子万年，畜尔子姓。猗嗟苏人，今复尔古。我作歌诗，以告来世。

张晓旭，中国孔庙保护协会顾问，专家组成员，苏州市儒学研究会会长，前苏州碑刻博物馆副馆长，苏州文庙管理所副所长，研究馆员，兼职教授。

宛平王氏科举家族初探

李晓顿

摘要

宛平王氏家族是清代北方著名的科举家族,从万历二十年王爱起,到道光十二年王斑崑止,明清两代出进士10名,举人14名,贡监生数十名,传承八代而不绝。宛平王氏本以商贾为业,后逐渐踏上科举之路,成为科举世家,究其原因主要包括稳定的经济基础和良好的人文环境。尤其是从人文环境方面看,宛平王氏通过家传的引导和母教的影响,逐渐树立了"读书兴家"的族训,激励着后世子孙。

关键词

科举;宛平;家风

顺天府宛平王氏是清代著名的仕宦家族,家族中入仕为官者众多,其中最为出名的是王崇简和王熙父子,二人在顺治时曾同任"学士"职,被顺治帝谕曰"父子同官,古今所少"。据《宛平王氏族谱》所载信息分析,王氏族人的入仕途径可分为四种:科考、恩荫、捐纳和武职,其中科考是最为重要的一种。王氏家族中从事举业者众多,逐渐成为科举家族的代表。但目前学界对宛平王氏的研究都集中于王崇简、王熙二人,仅在个人诗文研究时作为文化背景对家族进行简要介绍,如《王崇简诗歌研究》《王熙诗文研究》《王崇简青箱堂诗集研究》等,尚未对王氏家族开展专题性的研究,留下研究空白,故本文以《宛平王氏族谱》①(后称《族谱》)为基础,考察宛平王氏的文举科考情况,以探究其科举家族形成的原因。

一、宛平王氏科举概况

宛平王氏始祖为王龙,于明代迁到顺天,入籍宛平,以商贾为生,之后族人世

居宛平。宛平王氏自三代起有人通过科举入仕，至九代止，族人中共出进士 10 名，举人 14 名，如表 1[①]。

表 1　宛平王氏科举中式情况

世系	姓名	中式情况
三代	王爱	明万历十六年戊子科举人[②]，万历二十年壬辰科三甲进士
四代	王崇简	明天启七年丁卯科举人，崇祯十六年癸未科三甲进士
五代	王熙	清顺治三年丙戌恩科举人，四年丁亥恩科三甲进士
六代	王克宏	清康熙五十年辛卯科举人，康熙六十年辛丑科三甲进士
	王克承	清康熙五十三年甲午科举人
	王克立	清雍正四年丙午科举人
七代	王景曾	清康熙三十八年己卯科举人，康熙三十九年庚辰科三甲进士
	王介祜	清康熙三十八年己卯科举人
	王璲	清康熙五十九年庚子科举人
	王瑄	清康熙五十九年庚子科举人
	王念曾	清雍正元年癸卯科举人
	王愃（原名王翼曾）	清乾隆十七年壬申恩科举人[③]
	王象曾	清乾隆十七年壬申恩科举人[④]
	王道曾	清乾隆二十七年壬午科举人
	王范曾	清乾隆三十五年庚寅恩科举人
	王遡曾	清乾隆三十年乙酉科举人[⑤]，三十六年辛卯恩科三甲进士
	王裒曾	清乾隆四十四年己亥恩科举人[⑥]
	王奉曾	清乾隆四十二年丁酉科[⑦]举人，乾隆四十九年甲辰科二甲进士
八代	王环	清乾隆五十一年丙午科举人[⑧]
	王元洪	清嘉庆六年辛酉科钦赐举人[⑨]，嘉庆二十二年丁丑科进士
	王颐	清嘉庆六年辛酉科副榜，嘉庆十三年戊辰恩科举人，嘉庆二十四年己卯恩科进士
九代	王世棠	清嘉庆六年辛酉科举人[⑩]，嘉庆十四年己巳恩科三甲进士
	王世榜	清嘉庆十五年庚午科举人
十代	王珽崑	清道光十二年壬辰科举人[⑪]

---

① 此表以《宛平王氏族谱》为基础，结合《光绪顺天府志》《北京市志稿》等文献共同考证而得。《光绪顺天府志》，《中国地方志集成·北京府县志辑 1》，上海：上海书店出版社，2002 年影印版。（民国）吴廷燮《北京市志稿》，北京：北京燕山出版社，1998 年影印版。
② 《顺天府志》未载，据王崇简作《寄王烟客——缑山先生与先人戊子同籍》一诗，确为明万历十六年戊子科举人。
③ 《顺天府志》未载，《北京市志稿》载其名。
④ 同上。
⑤ 《顺天府志》载其为"乾隆三十五年庚寅恩科举人"，与族谱所载不同，尚无其他史料可证其为何年举人，暂以族谱为准。
⑥ 《顺天府志》未载，据"乾隆四十四年（1779）己亥恩科各省乡试齿录顺天榜"所证确为乾隆四十四年举人。
⑦ 《族谱》载"王奉曾于乾隆四十二年丁酉科选拔贡，后同年中举"，《顺天府志》载其为"乾隆四十八年举人"，考"乾隆四十八年（1783）癸卯科乡试齿录顺天"无王奉曾名，故记其为乾隆四十二年丁酉科举人。
⑧ 《顺天府志》未载其名，考《北京市志稿》，确为乾隆五十一年丙午科举人。
⑨ 《顺天府志》载其为嘉庆二十一年丙子科举人，又考《钦定科场条例》卷 53《年老举人给衔》载，"嘉庆六年吏部遵旨将原任大学士王熙曾孙王元洪……节次带领引见。奉旨：……王元洪俱著赏给举人，准其一体会试"，确定其为嘉庆六年钦赐举人。
⑩ 《顺天府志》载其为嘉庆十三年戊辰恩科举人，但查"嘉庆戊辰恩科顺天乡试录"无此人，又考《北京市志稿》，其为嘉庆六年一百七十名举人。
⑪ 据《顺天府志》补，530 页。

在王氏族人中，有一部分人也获得"国子监生"的身份。据《清史稿·选举五》，"凡满、汉入仕，有科甲、贡生、监生、荫生、议叙、杂流、捐纳、官学生、俊秀。定制由科甲及恩、拔、副、岁、优贡生、荫生出身者为正途，余为异途。"文中所提及的"恩、拔、副、岁、优、荫"皆属国子监生，与进士、举人一样同属正途出身，故本文将获得国子监生身份的族人一同进行考察。

国子监，是古代的中央官学。按清朝定例，国子监生分为"四监六贡"，即恩监、优监、荫监、例监、岁贡、恩贡、拔贡、副贡、优贡、例贡。《族谱》中所载族人国子监生出身包括荫监、岁贡、拔贡、副贡几类。岁贡生是"由直省府州县学廪生年深者，挨次升贡起送"。在王氏族人中，岁贡生人数最多，共有22人。拔贡生是"由直省学臣选拔，与督抚汇考，覆核升贡"[1]，拔贡十二年考选一次，是国子监生源中学问较好的一批学生，王氏族人有拔贡3人。副贡生是"由直省乡试副榜，准作贡生"，有1人。荫监生是"由荫生咨送"，共有5人。另有41人以"太学生"身份记载于《族谱》中，太学为国子监别称，故太学生也应属国子监生，故一同考察。王氏族人为国子监生的情况详见表2。

表2 宛平王氏族人为国子监生情况

世系	姓名	身份	备注
五代	王永祚	太学生	
	王櫄	荫监生	顺治十三年，因父王崇简为从三品官，获荫监生身份，入监读书。[2]
	王然	荫监生	顺治十四年，因兄王熙为四品官，获荫监生身份，入监读书。
	王燕	荫监生	顺治十八年，因康熙帝登基，获得官学生身份，入监读书。[3]
	王照	荫监生	康熙七年，因兄王熙为二品官，获得荫监生身份，入监读书。[4]
六代	王克善	荫监生	顺治十七年，因父王熙新任礼部尚书，获荫监生身份，入监读书。
	王克勤	荫监生	顺治十八年，因康熙帝登基，获得荫监生身份，入监读书。
	王克扬	岁贡生	
	王克端	岁贡生	
	王克刚	岁贡生	
	王克任	岁贡生	
	王克远	岁贡生	
	王克宽	岁贡生	
	王克慎	岁贡生	
	王克修	岁贡生	

① （清）文庆等：《钦定国子监志》卷11《学志三·员额》，北京：北京古籍出版社，2000年点校本，166页。
② （清）王崇简：《王文贞公年谱》，《北京图书馆藏珍本年谱丛刊》67册，北京：北京图书馆出版社，1999年影印版，411页。
③ （清）王崇简：《王文贞公年谱》，《北京图书馆藏珍本年谱丛刊》67册，419页。
④ （清）王崇简：《王文贞公年谱》，《北京图书馆藏珍本年谱丛刊》67册，422页。

世系	姓名	身份	备注
六代	王如珽	岁贡生	
	王如珪	岁贡生	
	王如珩	岁贡生	
	王如玖	副贡生	
	王克兴	岁贡生	
	王克固	太学生	
	王克忠	太学生	
	王克信	太学生	
	王克亮	太学生	
	王克济	太学生	
七代	王缵曾	岁贡生	
	王企曾	岁贡生	
	王式曾	岁贡生	
	王绎曾	岁贡生	
	王梦桂	岁贡生	
	王勤文	岁贡生	
	王梦桃	岁贡生	
	王希曾	岁贡生	
	王守曾	岁贡生	
	王介福	太学生	
	王则曾	太学生	
	王文曾	太学生	
	王宪曾	太学生	
	王基	太学生	
	王坤	太学生	
	王一曾	太学生	
	王心曾	太学生	
	王长曾	太学生	
	王成曾	太学生	
	王嘉曾	太学生	
	王得曾	太学生	
	王遹曾	太学生	
	王殿曾	太学生	
	王晋曾	太学生	
	王顺曾	太学生	
	王友曾	太学生	

世系	姓名	身份	备注
八代	王元灝	拔贡生	乾隆四十二年丁酉科，由山东曲阜县考取。
	王颀	岁贡生	
	王元潮	太学生	
	王元渼	太学生	
	王元濬	太学生	
	王元汀	太学生	
	王元鸿	太学生	
	王元澍	太学生	
	王元凤	太学生	
	王元恺	太学生	
	王元弼	太学生	
	王元勋	太学生	
	王清	太学生	
	王作楫	太学生	
	王元佐	太学生	
	王元伸	太学生	
	王燮	太学生	
	王元佑	太学生	
九代	王家植	拔贡生	嘉庆六年辛酉科拔贡。
	王世瑞	太学生	
	王良谷	太学生	

二、宛平王氏科举家族的成因

王氏家族在科举上取得如此成就并非偶然。正如张杰在《清代科举家族》中所述，一个科举家族的形成，与家族的经济基础和所处的人文环境息息相关。

王氏家族为商贾出身，家境殷实。据《族谱》所载，始祖王龙迁至宛平后便入赘商贾之家，以"货毡为业"。王龙经营以诚信为本，时称"毡王家"，再加之为人勤俭节约、乐善好施，因此家族财富得以积累。二世祖王镗为人和善，继承了父亲勤俭、乐善的品质，但其19岁时早亡，留下二子。长子王爵初时"黾勉先业，强力审时，家益饶"①，后从军职，隶锦衣卫籍，官至正六品百户。王爵承担起养育幼弟的责任，为弟弟王爱提供了读书的条件。后王爱也以科举，官至陕西布政使司右

①（清）王崇简：《青箱堂文集》卷12《家谱内传》，《清代诗文集汇编》第17册，上海：上海古籍出版社，2010年，181页。

参政兼按察司金事，故王崇简曾评"布政公（即王爱）之不问理生，力学以有成，公之力也。"王氏家族由商贾起家，为科举家族的形成奠定了经济基础，三世起有族人从事举业，以科举步入仕途。

相较于经济而言，王氏家族的人文环境更为值得关注，尤其是对家族子弟的培养。

（一）家传的引导

重视读书一直是王氏家族的传统。王爱临终前嘱托继子王崇简继续读书，"尔今七岁矣，能读书，作秀才，俾人指曰某之子，吾瞑目泉壤矣。"[①]明清交替之际，王崇简携家眷南逃至南京，仍不忘教子读书，《王熙年谱》中载"文贞公（即王崇简）恐余废业，日取先正大家及经史性理诸书朝夕讲究，如在家塾，时寓中既无应酬，耳提面命颇知领略，后来得力皆由于此。"[②]王氏家族看中孩童的启蒙。王爱幼时读书常至深夜。王崇简四岁开始读书，当时便随同父亲身边学习礼仪，"父出堂，令门役抱立于侧，习见属员进退仪节"。王熙五岁开蒙，六岁由王崇简亲自教导，"文贞公为讲说书旨大意，余亦时解问疑请益焉"。虽倡导读书，希望儿孙可以明德知礼，但并不主张族人以举业为重。王崇简为其子王燕作诗《燕儿生日》，其中便写到，"读书变气质，存心希望贤。跬步莫非理，巨木皆是天。"[③]王崇简也曾写到，"但能真孝友，何必尽科名。"[④]这个观点也得到王熙的认可，他也教导族人，"寄语后时人，功名难急遽。"[⑤]在这种观点的引导下，王熙一脉自他之后50余年才有人再中举人，王熙虽不强求但听闻此事仍非常喜悦，"康熙三十八年九月初四日，直隶乡试揭榜，景曾孙中二十一名。吾家自余乡会中式后五十三年，无登乡会榜者，闻报不胜欢忭，皆祖父德泽所致也。"[⑥]王氏族人虽不以举业为重，但据表1所示，从三世至十世，族人代代皆有进士、举人出现，可见通过多年引导，"读书兴家，勤奋尚学"已然成为王氏家族的家风，为科举家族的形成奠定了精神基础。王崇简之孙王克昌就曾述评先祖"皆世以读书显"。[⑦]

①《清》王崇简：《青箱堂文集》卷12《家谱内传》，《清代诗文集汇编》第17册，195页。
②（清）王熙：《王文靖公年谱》，《北京图书馆藏珍本年谱丛刊》78册，北京：北京图书馆出版社，1999年影印版，652页。
③（清）王崇简：《青箱堂诗集》卷28《燕儿生日》，《清代诗文集汇编》第16册，上海：上海古籍出版社，2010年，597页。
④（清）王崇简：《青箱堂诗集》卷27《岁暮杂诗》，《清代诗文集汇编》第16册，586页。
⑤（清）王熙：《王文靖公集》卷5《咏史四首》，清抄本，国家图书馆藏，索书号A03028。
⑥（清）王熙：《王文靖公年谱》，《北京图书馆藏珍本年谱丛刊》79册，北京：北京图书馆出版社，1999年影印版，79页。
⑦（清）王克昌：《宝翰堂藏书考·序》，国家图书馆藏。

（二）母族的帮助

1. 联姻的选择

张杰在《清代科举家族》中说："科举家族的婚姻行为中除了从政治上考虑之外，更受重视的是双方的文化背景。"[1] 王氏家族在选择联姻对象时也是以此为标准，关注家族是否为读书之家。这一观念自王爱时便已有，王爱在临终前曾嘱托妻子"择妇须于读书家"。而王氏族人也确实以此为训，通过《族谱》梳理，王氏家族联姻的对象多为科宦世家、圣贤后裔和八旗汉军。

王氏家族中有多人与其他科举世家皆为姻亲。如王崇简之六子王默娶妻江苏武进庄应会之女。武进庄氏是著名的科举家族，"自万历八年间第八世始至光绪年间第二十世止，出进士 35 名，举人 79 名"[2]。就王默之妻一脉而看，其祖父庄起元是明万历三十八年庚戌科进士，官至刑部右侍郎；父庄应会是天启元年江南乡试解元，崇祯元年戊辰科传胪；兄庄同生是清顺治四年丁亥科进士，官至翰林院检讨；另一兄长庄朝生是清顺治六年己丑科进士，官至河南学政。王熙曾为庄氏族谱作序，评其家族为"大江以南，山川秀美，人文荟萃，毗陵庄氏家世尤盛。一门之中登甲科者已十有三人，一领乡荐即次第成进士，从未有终于一榜者。诚异事也。"王氏族人与科宦世家结亲的情况较多，如王崇简之孙王克慎取妻京江张氏之女，另一孙王如珩娶妻江苏昆山徐氏之女。张氏与徐氏都是著名的科举世家，名门望族。

王氏家族也会选择与汉军旗世家结亲，据《族谱》所载，妻族为汉军旗的有 16 人。如王熙之孙王缵曾娶镶红旗汉军于永裕之女。于氏出自辽东益州于氏，其曾祖于得水聪慧过人、骁勇善战，明清交替之际归顺清朝，授"三等阿达哈哈番，袭荫四次"，曾任三等轻车都尉。其祖父于成龙以荫生身份授乐亭知县，颇有政绩，官至直隶巡抚、兵部尚书。王熙的另一位孙子王式曾则娶正黄旗汉军年遐龄之女。年氏一族出自辽东广宁，曾祖父时期被迫入镶白旗汉军为奴，后因祖父年仲隆中顺治十二年乙未科进士，家族得以摆脱奴籍，步入仕途。父年遐龄笔帖式出身，官至湖广巡抚、都察院右副都御史。其兄年羹尧是康熙三十九年庚辰科进士，官至陕甘总督。其妹为雍正帝敦肃皇贵妃年氏，因此家族抬旗镶黄旗。年氏也是康雍时期非常有影响力的政治家族。

除上述外，王氏族人也会选择与圣贤后裔结亲。如王熙之孙王则曾娶山东曲阜

---

①张杰：《清代科举家族》，北京：社会科学文献出版社，2003 年，128 页。
②丁蓉：《科举、教育与家族：明清常州庄氏家族研究——以毗陵庄氏族谱文献为中心》，华东师范大学博士论文，2012 年，119 页。

孔氏之女，为衍生公孔传铎公的次女。王崇简曾孙王原曾娶山东曲阜颜氏之女，为复圣后裔。

2. 母族的教养

母族的教养在王氏科举家族的形成中不容忽视，在族人的年谱、诗歌中，多有涉及母亲对他们的教导。

王崇简，他的启蒙由继母张氏教导。"四岁母口授千家诗成诵。……六岁习字于母侧"[①]。父亲死后，张氏依然很注重王崇简的学业，从外聘请谢先生教《孝经》、何生员教四书，并嘱托"不令塾师加笞责，以养廉耻"。在王崇简科考路上，张氏也多有提点，"十三岁欲偕仲兄应童子试，夫人以学未成止之，泣请，阻于府试"，让王崇简切勿急功近利，而应该安心学业。

王熙的启蒙也是由其母梁氏所教。梁氏出自顺天府宛平县，家学渊源，其父梁应泽是明万历十九年举人，万历二十三年乙未科进士，官至湖广都察院右副都御史。梁氏性格端庄贤惠，通晓诗书。王熙5岁开蒙，梁氏教其《孝经》格言，每日教授数句，以便王熙背诵。6岁时，梁氏用一年时间教导王熙《学》《庸》《二论》。之后王熙拜师读书，但梁氏依然非常关注他的学业。10岁时，王熙在梁氏身边侍疾，梁氏"虑荒学业，命就内舍读书"。王熙12岁时，梁氏病危，临终前仍嘱托他，"汝既读书能文，无烦我多语，止要学做好人，早图成立，扬名显亲，不可怠惰顽劣，令人厌恶，为我之玷也。"这番嘱托令王熙一生铭记，46岁时，他仍云："犹忆永诀时，哽咽执手语。儿其勉立身，慎勿耽逸豫。"[②]

在对王熙的教导中，母舅的作用也不可忽视。王熙的舅舅梁以楠、梁以樟、梁以桂，三人闻名于世，据《清史稿》载，时称"三梁"，三人都曾对王熙的课业有所提点。梁以樟，明崇祯十二年己卯科顺天乡试解元，崇祯十三年庚辰科进士，文武皆有，曾任河南太康知县。梁以桂，清顺治六年己丑科进士，官至饶州府知府。11岁时，梁以楠、梁以樟二人看过王熙的课艺后大加赞赏，并提点其课艺兼学《尚书》，"《易》及《诗经》既已讲习，何不兼读《尚书》? 及此童年可尽读五经。"于是，王崇简开始让王熙学习《书经》，梁以楠经常为他讲解。14岁时，王熙跟随梁以桂学习，"命余看《王方麓日记》及《大全》诸书，始能通贯经旨，遂兼读《尚书》《通远集制义》及《左》《国》《史》《汉》诸古文，日数千言。"在梁以桂的指导下，王熙的学业得到提升，并于次年通过童子试，成为生员。

于王氏家族而言，母族的作用非常重要，为科举家族的形成提供了诸多的帮

---

①（清）王崇简：《王文贞公年谱》，《北京图书馆藏珍本年谱丛刊》67册，422页。
②（清）王熙：《王文靖公集》卷6《母夫人忌日感赋》。

助。首先王氏在联姻对象上一般会选择门当户对的仕宦家族，尤为关注妻族是否为"读书之家"。一方面，这样家庭出身的女子一般通晓诗书、知义明理，对于后代的教育起到很好的把关作用。另一方面，这种家族中颇多有才能之士，对后代的培养可以起到很好的助力。

三、结语

纵观宛平王氏的家族发展，先以商贾出身，后以读书立身，这与族人代代坚守"读书兴家"的家风有密不可分的关系。王氏族人从三世起开始教导子弟"读书入仕"，逐渐培养"读书兴家"的家风。一是为族人树立榜样，王爱、王崇简、王熙的祖孙三代入仕，让后人感受家族荣光。尤其是王崇简与王熙同朝为官，顺治十四年还曾一同任翰林院学士，被顺治帝评为："父子同官，古今所少，以尔诚恪，特加此恩。"先辈的经历激励着王氏族人，让他们看到"读书入仕"的未来，也牢记了"读书兴家"的族训。二是重视童蒙教育。王氏族人非常重视孩子的启蒙，四五岁起便开始习字学文，在这期间母族发挥了很重要的作用，王崇简、王熙的开蒙都是由母亲指导的。三是重视业师的选择。根据学习程度为子弟选择不同的老师，以王崇简为例，曾跟随学习的老师有"谢先生授《孝经》《诗经》"，"通州生员何先生读四书"，"山阴监生裘先生学为文"，"受业于诸暨贡生俞起龙先生"，"问业于司业张侗初先生"，"从漳州贡生黄斗南先生读书"，"从胡先生受书"等。经过世代经营，宛平王氏也成为北方著名的科宦世家，其影响力绵延百年而不绝。

李晓颐，孔庙和国子监博物馆研究部，副研究馆员

宛平王氏科举家族初探

专题研究

汉代"书院"教育初探

孔 喆

摘要

秦始皇焚书坑儒导致东周时期发展起来的书院式私学教育遭到极大的打击。汉武帝采纳董仲舒的建议后，民间办学的热情被激发出来。汉代私学大多已经具备书院的功能，与后世书院相比，所缺的就是一个"书院"名称而已。就其保存典籍、传承经典、影响教育等历史作用看，汉代私学是后世书院所无法比拟的。

关键词

汉代；私学教育；书院；典籍；教育

秦朝统一六国，焚书坑儒，禁止私学，春秋战国期间发展起来的书院式私学教育和民间学术活动遭到沉重打击，但强权高压并不能摧毁书院式教育和私学。叔孙通仕秦为博士，仍有弟子百余人，高帝五年（前202年）制定礼仪，到鲁国召请儒生三十余人。同年，刘邦追击项羽至孔子故里鲁国时，"鲁中诸儒尚讲诵，习礼乐，弦歌之音不绝"，并在南宫召见儒生申公师徒，可见在鲁国一带儒家的书院式教育仍在延续。

汉武帝罢黜百家，独尊儒术后，朝廷重视经学，选录经术之士为官，更加激发了民间教育的热情，书院式的私学教育很快发展起来。《中国教育通史》说："汉代私学教育，无论是从规模、范围，还是从质量、效果上，都要超过官方教育，实际上担负着教育的主要任务"[1]，这一观点是正确的。

虽然惠帝四年（前191年）才废除秦朝的"挟书律"，但儒家学者们对儒家经典的传授已经活跃起来，书院教育又进入一个兴盛期。当然这个时期不同于战国的多学派特点，而是以经典的师法和家法相传承。"汉兴，言《易》自淄川田生，言

---

① 李国钧、王炳照：《中国教育制度通史》（第一卷），山东教育出版社2000年版，第413页。

《书》自济南伏生，言《诗》于鲁则申培公，于齐则辕固生，燕则韩太傅，言《礼》则鲁高堂生，言《春秋》于齐则胡毋生，于赵则董仲舒"①。《易》由孔子传给商瞿，商瞿授鲁国桥庇，桥庇授江东馯臂，馯臂授燕周丑，周丑授东武孙虞，孙虞授齐田何。汉兴，田何徙居杜陵，授东武王同、雒阳周王孙、梁丁宽、齐服生，王同授淄川杨何，传承者还有齐即墨成、广川孟但、鲁周霸、莒衡胡、临淄主父偃、沛施雠和瞿牧、高相、砀田王孙、兰陵孟喜及白光、琅琊梁丘贺、河东姚平等，此外，河北还有韩婴在传授，《易》的私学传授已经分布至今陕西、山西、河南、山东、河北、江苏、安徽诸省。《书》的教育由济南伏生发端，"山东大师无不涉《尚书》以教"，师生转相传授，著名学者有鲁周霸、儿宽、孔安国、孔霸、宁阳夏侯胜与夏侯建、洛阳贾嘉、千乘欧阳生家族、济南林尊、济阴曹曾、平陵平当、梁陈翁生、琅琊殷崇、楚国龚胜、九江朱普、上党鲍宣、齐周堪、长安许商、东郡赵玄、赵郡赵玄等，《书》的私学传授已经分布在今山东、河南、河北、江苏、江西、山西、陕西诸省。《诗》汉初本来就有鲁、齐、韩三家，《鲁诗》传人有代赵绾、兰陵王臧、鲁孔安国、邹韦贤韦玄成父子、砀鲁赐、陈留许晏等；《齐诗》有郯后仓、琅琊萧望之及伏湛、东海匡衡、颍川满昌等；《韩诗》出燕，传人有淮南贲生、河内赵子、泰山栗丰等；《毛诗》原出赵人毛公，传人有虢人徐敖、九江陈侠等，私学遍及今山东、河北、北京、河南、安徽、陕西等省。《礼》经出鲁高堂生，《礼》容传自鲁徐生，传人有瑕丘萧奋、东海孟卿及后仓、沛闻人通汉及庆普、梁戴德及戴圣等，流传在山东、河南、江苏等省。《公羊春秋》由齐人胡毋生、广川董仲舒传授，传人有兰陵褚大、东平嬴公、东海孟卿、下邳严彭祖、薛颜安乐、淮阳冷丰、颍川堂溪惠等，流传今山东、河北、河南、江苏等省。《谷梁春秋》由瑕丘江公传授，传人有鲁人荣广、清河胡常、沛人蔡千秋、梁人周庆、楚申章昌、汝南尹更始、上蔡翟方进（前53—前7）等，流传今山东、河北、河南等省。《左氏春秋》分别由阳武张苍（？—前152）、洛阳贾谊（前220—前168）、平阳张敞传授，传人有赵贯公及子长卿、清河张禹（？—前5）、汝南尹更始、黎阳贾护、苍梧陈钦等，流传今河南、山西、广西等省区。东汉时，传播更广，《易》传人有绵竹任安，《齐诗》有蜀郡任末、梓潼景鸾，《韩诗》有犍为杜抚、阆中杨仁、山阴赵晔、会稽澹台敬伯、临泾李恂，《仪礼》有资中董钧，《公羊》有南昌程曾，儒家经典开始向四川、浙江、江西、甘肃等省流传。

汉代私学更像书院，私学都进行教书、读书、讲书、修书、著书等活动，而且

160

①《汉书》卷88《儒林传》。

很多私学还建造了专门从事经学的房舍。

各学派学者大都收徒设教，《汉书·儒林传》说"自武帝立五经博士，开弟子员，设科射策，劝以官禄。迄于元始，百有余年，传业者浸盛，支叶蕃滋，一经说至百余万言，大师众至千余人，盖禄利之路然也"。但《汉书》介绍各学派侧重弟子官位，很少介绍弟子数量，所以西汉各派弟子数量并不多。其实，西汉学者收徒设教，弟子并不是仅为高官者数人。孔子十四代孙孔光（前65—5）"经学尤明，年未二十举为议郎，光禄勋匡衡举光方正为谏议大夫，坐议有不合，左迁虹长，自免归，教授"。孔光二十岁左右即辞官教授，成帝初为博士，不久升为尚书，"自为尚书，止不教授。后为卿时，会门下大生讲问疑难，举大义云。其弟子多成就，为博士、大夫者见师居大位，几得其助力，光终无所荐举，至或怨之，其公如此"。孔光大约四十岁因官至尚书不再收徒，但弟子仍在，再升为卿后还召集门下大生讲问疑难。弟子多有成就，有为博士、大夫者，弟子绝非三两人。史载西汉弟子最多者为传授《鲁诗》的申公，"弟子自远方至受业者千余人"。西汉后期，伏湛"少传父业，教授数百人"。王莽时，林吉等为许商上冢，"大夫、博士、郎吏为许氏学者，各从门人，会车数百两，儒者荣之"，许商弟子炔钦、吴章"皆为博士，徒众尤盛"。

从两汉之际，弟子数量开始增多。《梁邱易》学者京兆杨政"教授数百人"，颍川张兴（？—38）"弟子自远至者著录且万人"，《孟氏易》学者南阳洼丹（前29—41）"徒众数百人"。《欧阳尚书》传人欧阳歙任汝南太守"教授常数百人"，弟子济阴曹曾"门徒三千人"，乐安牟长"诸生讲学者常有千余人，著录前后万人"，其子牟纡"隐居教授，门生千人"。长安宋登"教授数千人"。鲁国孔僖（？—88）之子长彦、季彦因守父墓，寄居陕西临晋不归，"长彦好章句学，季彦守其家业，门徒数百人"，陈留杨伦"讲授于大泽中，弟子至千余人"。《齐诗》学者琅琊伏恭任常山太守，"敦修学校，教授不辍，由是北州多为伏氏学"。《鲁诗》学者任城魏应"教授山泽中，徒众常数百人"，永平初为博士，"应经明行修，弟子自远方至，著录数千人"。《韩诗》学者淮阳薛汉"教授常数百人"，弟子犍为杜抚"弟子千余人"。临泾李恂"少习《韩诗》，教授诸生常数百人"，"迁武威太守，后坐事免。步归乡里，潜居山泽，结草为庐，独与诸生织席自给"，晚年仍然设教。梁国夏恭"习《韩诗》《孟氏易》，讲授门徒常千余人"，"善为文，著赋、颂、诗、励学凡二十篇"，卒后"诸儒共谥宣明君"，汝南廖扶"习《韩诗》《欧阳尚书》，教授常数百人"。《公羊》学者陈留楼望（前10—70）教授不倦，"诸生著录九千余人"，去世时"门生会葬者数千人"；金乡丁恭教授常数百人，建武初为博士，"诸生自远方至者著录数千人"，扶风李育"常避地教授，门徒数百"。《严氏春秋》学者安丘甄宇三世传业，与孙甄承都是"教授常数百人"，南昌程曾"还家讲授会稽，顾奉等数百人常居门下"。东缗丁恭"习《公羊》《严氏春秋》。恭学业精明，教授常数百人"，"迁少府，诸生自远方至者著录数千人，当世称为大儒"，弟子樊儵"删定《公羊严氏春秋章句》，世号樊侯学，教授门徒前后三千余人"，弟子楼望"教授不倦，世称儒宗，诸生著录九千余人，年八十，永元十三年卒于官，门生会葬者数千人，儒家以为荣光"。《颜氏春秋》学者河阳张玄"诸儒皆伏其多通，著录千余人"，《左氏春秋》学者陈国颍容"初平中，避乱荆州，聚徒千余人"。礼容学者陈留刘昆（? —57）少习容礼，"王莽世教授弟子恒五百余人，每春秋飨射，常备列典仪，以素木瓠叶为俎豆，桑弧蒿矢以射菟首，每有行礼，县宰辄率吏属而观之"①。薛人曹褒（? —71）传《庆氏礼》，"褒博物识古，为儒者宗"，"作通义十二篇，演经杂论百二十篇，又传《礼记》四十九篇，教授诸生千余人，庆氏学遂行于世"。大学者郑玄（127—200）"客耕东莱，学徒相随，已数百千人"，去世时，"自郡守以下尝受业者缞绖赴会千余人"。不仅儒家私学大招弟子，其他学派也是如此。顺帝时，广汉新都人杨厚辞官，"归家修黄老，教授门生，上名录者三千余人"②。东汉末钟皓世善律法，"避隐密山，以诗、律教授，门徒千余人"。当然不如儒家私学兴盛，南顿蔡玄弟子更多，"门徒常千人，其著录者万六千人"，清代全盛时期的任何一所书院都没有这么多学生，即使拿到今天也是一个颇具规模的大学。东汉时私学学生一般都很多，当时保举博士的条件之一就是有门徒五十人以上。

汉代私学的学习方式与太学相似，以自学为主，弟子如有不明白的地方向老师请益，老师予以解答，就像郑玄《郑志》所载的那样。私学也有集体上课，西汉成帝时胡常经常举行大都授，翟方进"候伺常大都授时，遣门下诸生至常所，问大义疑难，因记其说，如是者久之"，颜师古注说："都授，谓总集诸生大讲授也"③。这种大课还是开放式的，非本门弟子也可听讲，并可以请教疑难。弟子较少，随时可以向老师请益，但弟子过多，老师就很难一一指教，而是采用"次相授业"的方式，即由入学时间较长、水平较高的弟子对新入门弟子进行教育。西汉董仲舒就采用了这种方式，"下帷讲诵，弟子传以久次相授业，或莫见其面"④。东汉马融也采用这种方式，"常坐高堂，施绛纱帐，前授生徒，后列女乐。弟子依次相传，鲜

---

①《后汉书》卷 109 上《刘昆传》。
②《后汉书》卷 60 上《杨厚传》。
③《汉书》卷 84《翟方进传》。
④《汉书》卷 56《董仲舒传》。

有入其室者"①，郑玄"因涿郡卢植事扶风马融，融门徒四百余人，升堂进者五十余生。融素骄贵，玄在门下三年不得见，乃使高业弟子传受于玄。玄日夜寻诵未尝怠倦，会融集诸生考论图纬，闻玄善算，乃召见于楼上，玄因从质诸疑义，问毕辞归，融喟然谓门人曰：郑生今去，吾道东矣！"②新进弟子很难见到老师，如果不是马融需要善算的弟子，投入门下三年的郑玄仍然没有机会能够被召见于楼上。弟子多，采用"次相授业"不失为一个好办法，可以有效地将本派学说传递到每位弟子，但连老师的面都见不到也太过了吧！

弟子中学业优异者可以担任都讲。丁鸿"年十三，从桓荣受'欧阳尚书'，三年而明章句，善论难，为都讲"，郭丹"既至京师，常为都讲，诸儒咸敬重之"。杨震门下也设有都讲，"后有冠雀衔三鳣鱼飞集讲堂前，都讲取鱼进曰：蛇鳣者，卿大夫服之象也；数三者，法三台也；先生自此升矣"。弟子众多，都讲并非一人，桓荣去世后，皇帝给予优待，"除兄子二人补四百石，都讲生八人补二百石"，门下有八名都讲。都讲既多，还要设元都讲，侯霸"笃志好学，师事九江太守房元，治'穀梁春秋'，为元都讲"。

弟子众多，待遇不一样，名称也有差别。从孔子十九代孙孔宙墓碑碑阴所刻题名看，自上而下依次有门生42人，门童1人，故吏8人，故民1人，弟子10人，弟子在最后。《后汉书》中多作门生，唯《贾逵传》中将弟子门生连称，建初"八年，乃诏诸儒各选高才生，受左氏、谷梁《春秋》《古文尚书》《毛诗》，由是四经遂行于世。皆拜逵所选弟子及门生为千乘王国郎，朝夕受业黄门署，学者皆欣欣羡慕焉"③。宋代欧阳修说："汉世公卿多自教授，聚徒常数百人。其亲授业者为弟子，转相传授者为门生"④，此说恐非。《衡方碑》《鲁峻碑》《刘宽后碑》《杨著碑阴》均只有门生而无弟子，《逢盛碑阴》有家门生也无弟子，如按欧阳修所说，没有弟子哪来的门生？洪适说："汉儒开门受徒，著录有盈万人者。其亲授业则曰弟子，以久次相传授则曰门生，未冠则曰门童，总而称之亦曰门生"⑤，未冠曰门童是无疑的，但亲受业曰弟子、以久次相传曰门生则未必。东汉流行著录生，所谓著录生即履行拜师手续而不及门受业的学生，这部分人应该就是"弟子"，张兴"弟子自远至者著录且万人"。赵康隐居武当山以经传教授，朱穆"时年五十，乃奉书称弟子。及康没，丧之如师"⑥，如果是亲受业的弟子，老师去世就应该"丧之如师"，此处单

①《后汉书》卷60上《马融传》。
②《后汉书》卷65《郑玄传》。
③《后汉书》卷66《贾逵传》。
④欧阳修《文忠集》卷135。
⑤《隶释》卷7《泰山都尉孔宙碑》。
⑥《后汉书》卷73《朱晖传》附孙朱穆传。

独点明"丧之如师",说明就不是亲受业的弟子。前后《汉书》中,弟子有指博士弟子,即太学学生,也有一般意义上亲自授业的弟子,《孔宙碑》的"弟子"和朱穆"奉书称弟子"应该是著录弟子,即没有直接受业的弟子,所以在《孔宙碑》中列位在最后,门生应该才是直接受业的弟子。

著录弟子应该是东汉时出现的,由于造纸术的发明,抄写书籍的原料易得且价格降低,书籍易得,有的人在家也可自学经典,而且东汉家法观念已经淡薄,《后汉书·儒林传》就不像《汉书·儒林传》那样局限某经某家,所以就出现了著录弟子,而且逐渐增加。著录弟子一般都来自远处,任城(今山东济宁)魏应"弟子自远方至,著录数千人",金乡(今属山东)丁恭"诸生自远方至者著录数千人",鄢陵(今属河南)张兴"弟子自远至者著录且万人"。著录弟子要个人申请,经老师批准,不必随老师学习,也不一定致力于师业,应该说这是一种很好的教育方式。许多人由于经济困难、父母年高、子女幼小、兼顾生计等各方面的原因,无法长期追随在老师周围学习,而通过著录办法可以得到老师的指教,提高自己的学术水平。当然,世界上任何事情都是有一利必有一弊,著录弟子可以扩大个人和本学派的影响,甚至可以借此培养个人的势力,著录为某位著名学者门下可以提高自己的身价和影响,所以许多著录弟子大都投奔学术望高、权势显赫而且喜好延揽门徒的学者名下,这就造成著录弟子往往多于及门弟子,如丁恭"教授常数百人","著录数千人",牟长"诸生讲学者常有千人,著录前后万人",而蔡玄"门徒常千人,其著录者万六千人",著录弟子是及门弟子的几倍甚至十几倍。

汉代书院式教育不仅仅是承担了教育的职责,更重要的是承担了经典的保存和学术思想的发展与传承的任务。

秦朝焚书坑儒,对传统思想文化造成了很大破坏,从《汉书·儒林传》看,《书》《诗》《礼》《春秋》都只能上溯到汉初,唯《易》经被视为筮卜之书,没有遭禁,传承不绝。

《汉书·儒林传》记载了其传承统续:"自鲁商瞿子木受《易》孔子,以授鲁桥庇子庸,子庸授江东馯臂子弓,子弓授燕周丑子家,子家授东武孙虞子乘,子乘授齐田何子装。及秦禁学,《易》为筮卜之书,独不禁,故传受者不绝也。汉兴,田何以齐田徙杜陵,号杜田生,授东武王同子中、雒阳周王孙、丁宽、齐服生,皆著《易传》数篇,同授淄川杨何字叔元,元光中征为太中大夫,齐即墨城,至城阳相,广川孟但为太子门大夫,鲁周霸、莒衡胡、临淄主父偃,皆以《易》至大官"。

《易》在秦朝没有受到限制,一直公开传承,所以到西汉发展最快。田何传王同、周王孙、丁宽、服生等人。王同弟子杨何于武帝元光年间(前134—前129)

就立为博士。丁宽本来是随项生受《易》于田何的，丁宽"读《易》精敏，材过项生，遂事何。学成，何谢宽，宽东归。何谓门人曰：《易》以东矣"，得到田何高度称赞。丁宽又到洛阳随周王孙学习古义，作《易说》三万多言。传田王孙，田王孙复传施雠、孟喜、梁丘贺，《易》因此成施、孟、梁丘三家，宣帝末三家并立为博士，各有章句两篇。施雠传张禹、鲁伯；张禹传彭宣、戴崇；施雠一派又出现张、彭之学。孟喜传白光、翟牧，又分为翟、孟、白三家。梁丘贺又随京房受《易》，五鹿充宗学梁氏《易》，传士孙张、彭祖、衡咸，梁丘《易》又有士孙、邓、衡之学。此外《易》还有京房的京氏之学，高相的高氏学。武帝时，太学七博士，《易》为杨何，甘露三年（前51年）石渠阁会议后增加梁邱博士，太学十一博士中《易》占两家，东汉光武帝时太学设十四博士，《易》博士就有施氏、孟氏、梁邱氏和京氏四家。

《尚书》在秦代受到的摧残最为严重，到汉文帝求治《尚书》学者时仅找到九十多岁的济南伏生。伏生在焚书坑儒时将《尚书》藏于墙壁内，到西汉时仅找到29篇，教于齐鲁之间。由于伏生年老不能出行，皇帝特派晁错前往学习。伏生传欧阳生和张生，欧阳生传倪宽，倪宽又受业孔安国，传欧阳生之子，家世相传，至武帝时曾孙欧阳高为博士，形成《尚书》欧阳学，至东汉初欧阳歙已经"八世博士"。张生授夏侯都尉，夏侯都尉授族子夏侯始昌，世称夏侯学。夏侯始昌传族子夏侯胜，夏侯胜传堂兄之子夏侯建，夏侯建又师事欧阳高，打破师法家法传统，努力吸取各家学术内容，"左右采获，又从五经诸儒问与《尚书》相出入者，牵引以次章句，具文饰说"，但遭到夏侯胜非议，批评欧阳"建所谓章句小儒，破碎大道"，欧阳建反击夏侯胜"疏略，难以应敌"，分道扬镳，自称一派，世称大、小夏侯学。大夏侯传许商、孔霸，又有孔、许之学。武帝时太学设置欧阳《尚书》博士，为七博士之一，石渠阁会议增加大、小夏侯博士，太学十一博士占三。此外，武帝时孔子故宅发现了焚书坑儒时孔鲋所藏《尚书》《论语》《孝经》等儒家经典，由于是用蝌蚪文书写的，不同于当时隶书抄写的今文经，被称为《古文尚书》。孔安国整理后献给朝廷请求列入学官，因巫蛊事件未遂，但安国后裔一直家传十代，至东汉末因家族失传而终止，西汉末也曾一度列入国学，设置博士。

《诗》虽然在秦代也是焚禁的重点，但《诗》便于口诵记忆，仍然完好地保存下来，"以其讽诵，不独在竹帛故也"，所以西汉初就有鲁、齐、韩三家传承，除此三家立于官学外，民间还有《毛诗》流传。

《鲁诗》由齐人浮丘伯传鲁人申公和刘邦异母弟刘交及其子刘郢，申公曾任楚王刘郢太子戊之傅，因刘戊不好学而"归鲁，退居家教，终身不出门，复谢宾客。

汉代「书院」教育初探

独王命召之，乃往。弟子自远方至受业者千余人，申公独以《诗经》为训，故以教，亡传疑者则阙弗传"。鲁诗影响很大，申公弟子为博士者十余人，如孔安国、周霸、夏宽、鲁赐、缪生、徐偃、阙门庆忌等。最能传承《鲁诗》的是江公，"暇丘江公尽能传之，徒众最胜，及鲁许生、免中徐公，皆守学教授"①，江公也官至博士，传韦贤，韦贤传子韦玄成，开《鲁诗》韦氏学。韦氏父子均以明经官至丞相，因此邹鲁谚语说"遗子黄金满籯，不如一经"。徐公、许生传王式，王式传张长安、唐长宾、褚少孙，三人均为博士，《鲁诗》又有张氏、唐氏、褚氏之学。张生之侄游乡授元帝《鲁诗》，门人许晏也为博士，张氏又有许氏学。《鲁诗》学者多潜心治学，到东汉初仍有"世传《鲁诗》，以信行知名"的高诩（？—37）、"闭门诵习、不交僚党、京师称之"的魏应和"闭户讲诵，绝人间事，兄弟皆为祝儒所称"的鲁恭、鲁丕兄弟等。

《齐诗》主要传人为辕固，景帝时以治《诗》为博士，因贬低黄老之术为"此家人言"而得罪窦太后，若不是皇帝假以援手就死于野猪圈中。弟子众多，"诸齐以《诗》显贵，皆固弟子也"，以夏侯始昌学业最明。始昌《五经》并通，主要传授《齐诗》和《尚书》。弟子后苍通《诗》《礼》，官博士，授翼奉、萧望之和匡衡。匡衡善说《诗》，时人赞说"无说《诗》，匡鼎来。匡说《诗》，解人颐"，迁博士，延续了《齐诗》参与政治的传统，"朝廷有政议，傅经以对"，后官至丞相。授《诗》师丹、伏理与满昌，师丹官至大司空，伏理授成帝《诗》，家世传《诗》，因此《齐诗》有匡氏、师氏和伏氏之学。东汉时，伏氏学尤盛。伏理子伏湛光武帝时任大司徒，湛弟伏黯明《齐诗》，改定章句作《解说》九篇。伏黯嗣子伏恭（前6—84）太常试经第一，拜博士，官至太仆。觉伏黯著述太长，删减浮辞，将伏黯章句减定为二十万言。《齐诗》中，翼奉"淳学不仕，好律历阴阳之占"，以《诗》附会阴阳五行灾异之说，自言"窃学《齐诗》，闻五际之要。《十月之交》篇，知日食地震之效昭然可明，犹巢居知风，穴处知雨"，提出"五际六情十二律"理论。

《韩诗》由燕人韩婴始传，文帝时为博士，"婴推诗人之意而作内外传数万言，其语颇与齐鲁间殊，然归一也"。对现存《韩诗外传》，《四库全书总目提要》说其"引《诗》以证事，非引事以证《诗》"②，的为确评，该书侧重于政事道德的研究，而非阐发《诗》的含义，引《诗》只是作为观点的论据。韩婴传贲生、赵子，赵子授蔡谊，蔡谊传食子公与王吉。食子公为博士，王吉授长孙顺，顺也为博士，《韩诗》因此有王、食、长孙之学。到东汉时《韩诗》大兴，薛汉"世习《韩诗》，父

---

①《汉书·儒林传》。
②《四库全书总目提要》卷16。

子以章句著名"，"尤善说灾异谶纬，教授常数百人"，建武初年为博士，曾受诏改定图谶，"当世言《诗》者，推韩为长"。弟子杜抚编定《韩诗章句》，作《诗题约义通》，弟子千余人。

《毛诗》传人为毛公，景帝年间为河间献王刘德博士，授贯长卿，贯授解延年，解授徐敖，徐敖王莽时任讲学大夫。《毛诗》一直在民间流传，哀帝时刘德建议立学官未遂，王莽时与其他古文经一并立学官，但随着王莽的败亡而废。此时谢曼卿为《毛诗》作训，传卫宏，为《毛诗》作序，"卫宏从曼卿受学，因作《毛诗序》，善得《风》《雅》之旨。"东汉时郑众、贾逵俱传《毛诗》，马融作《毛诗传》，郑玄作《毛诗笺》，到东汉末《毛诗》一跃成为《诗》学之首。

武帝时太学设鲁、齐、韩三家博士，《毛诗》属于古文经，西汉平帝时曾立为博士，但到东汉光武帝时被废止了。东汉以后《毛诗》大兴，三家今文《诗》反而失传了，"《齐诗》亡于魏，《鲁诗》亡于西晋，《韩诗》亡于宋"①。

礼书有三部，分别为《仪礼》《礼记》和《周礼》。

《仪礼》首先由鲁国高堂生传授，汉时称作《士礼》《礼经》，到晋代始称《仪礼》，主要传授文字。汉文帝时，鲁国徐生传授礼容，"鲁徐生善为颂，孝文时，徐生以颂为礼官大夫，传子至孙延、襄。襄其资性善为颂，不能通经，延颇能，未善也"，徐延及弟子公户满意、桓生单次都曾官礼官大夫，主要传授礼仪仪式，礼的实际操作，对《礼》经并不通晓。但传授《礼》经一派，却是由礼容派进行的。徐氏弟子萧奋传孟卿和闾丘卿，孟卿传后仓，"仓说礼数万言，号曰《后氏曲台记》。授沛闻人通汉子方、梁戴德延君、戴圣次君、沛庆普孝公。孝公为东平太傅；德号大戴，为信都太傅；圣号小戴，以博士论石渠，至九江太守。由是礼有大戴、小戴、庆氏之学"。"普授鲁夏侯敬，又传族子咸，为豫章太守。大戴授琅琊徐良斿卿，为博士、州牧郡守，家世传业。小戴授梁人桥仁季卿、杨荣子孙，仁为大鸿胪，家世传业，荣琅邪太守。由是大戴有徐氏、小戴有桥、杨氏之学"②。徐良为大戴博士，桥仁、杨荣为小戴博士。后仓《礼》为初期的七博士之一，大戴、小戴约在宣帝时立博士，均为后期的十四博士，庆氏礼据《后汉书》说也设立了博士，"苍授梁人戴德及德兄子圣、沛人庆普，于是德为大戴礼，圣为小戴礼，普为庆氏礼，三家皆立博士"③，但十四博士并无庆氏《礼》。从《曹褒传》看，庆氏学大行于世端赖曹褒父子。曹褒之父曹充习庆氏礼，建武中为博士，"从巡狩岱宗，定封

①《隋书·经籍志》。
②《汉书》卷88《儒林传》。
③《后汉书》卷109下《儒林·卫宏传》。

禅礼，还受诏议立七郊、三雍、大射、养老礼仪"。曹褒（？—102）幼承父教，立志修订礼乐。章和元年（87年）受诏修订叔孙通《汉仪》，"褒既受命，乃次序礼事，依准旧典，杂以五经谶记之文撰次，天子至于庶人冠婚吉凶终始制度，以为百五十篇"，和帝即位后，曹褒又作章句，和帝遂以《新礼》两篇冠之。曹褒著述颇丰，"作《通义》十二篇，《演经杂论》百二十篇，又传《礼记》四十九篇。教授诸生千余人，庆氏学遂行于世"。明帝时，有董钧传习庆氏礼为博士，教授弟子百余人。

《仪礼》在东汉前期主要传习礼仪规范，对经学研究不多，影响也不大，"中兴以后，亦有大小戴博士，虽相传不绝，然未有显于儒林者"。至东汉后期，马融（79—168）、郑玄（127—200）、卢植（？—192）等为《仪礼》作注，特别是郑玄作注后，《仪礼》更加受到重视。汉代列入五经，唐代列入九经，宋以来为十三经之一。

《礼记》是孔子弟子及后学关于《礼》的原理与实施细则的论述，是在传礼过程中加以解释说明和补充的汇集。这部分内容很多，《汉书·艺文志》记载有131篇，《隋书·经籍志》说是河间献王刘向从民间搜集的，在考校经籍时，刘向又发现《明堂阴阳记》《孔子三朝记》《王史氏记》《乐记》等数十篇，规模达到214篇。由于数量太多且精粗不一，到东汉时出现了相传戴德选辑的85篇的《大戴礼记》和戴圣选辑的49篇的《小戴礼记》。《大戴礼记》流传不广，到唐代已遗失大半，仅存39篇，而《小戴礼记》经逯曹褒、马融、卢植、郑玄（127—200年）作注，特别是郑玄作注后地位日益上升，唐代尊为经，列为九经之一，宋代以后位居三礼之首。

《周礼》又名《周官》《周官经》，相传为周公制礼作乐所作，但不可信，应该是战国时人所作。汉武帝时始面世，经刘歆（前50—23年）奏请列为经，"刘歆奏请《周官》六篇列之为经，为《周礼》"，王莽时设置博士。王莽参照《周礼》进行篡位改制，败坏了《周礼》的名声，经郑众（？—83）、贾逵（174—228）、马融、郑玄等人作注后地位有所上升，但整个汉代研习者不多。郑玄将《周礼》推为《三礼》之首，后均列入《九经》《十三经》，为儒家基本经典之一。

《春秋》本是鲁国的史书，鲁昭公二年（前540年），晋国韩宣子访鲁，"观书于太史氏，见《易》《象》与《鲁春秋》，曰：'周礼尽在鲁矣'"。孔子曾经进行过整理，"世衰道微，邪说暴行有作，臣弑其君者有之，子弑其父者有之，孔子惧，作《春秋》"①。《春秋》本经辞略义隐，学习非常困难，学者开始为其作传。《汉书·艺文志》记载有《春秋》邹氏传、夹氏传各 11 卷，但影响不大，真正有影响的是《公羊传》《谷梁传》和《左传》三种。

《公羊传》在景帝时始由公羊寿与胡毋生著于竹帛。胡毋生为齐人，景帝时为博士，年老归乡教授，"齐之言《春秋》者宗事之，公孙弘亦颇受焉"。董仲舒也治《公羊春秋》，与治《谷梁春秋》的江公在武帝前辩论，"仲舒通五经，能持论，善属文；江公讷于口。上使与仲舒议，不如仲舒，而丞相公孙弘本为公羊学，比辑其议，卒用董生，于是上因尊公羊家，诏太子受公羊春秋，由是公羊大兴"，公羊学于是成为《春秋》学的正宗，太学设立博士，为最初的七博士之一。董仲舒"以《春秋》灾异之变，推阴阳所以错行"，著有《灾异之记》，以辽东高庙灾下狱险些被杀。弟子有褚大、嬴公、段仲温、吕步舒等人，唯有嬴公守学，不失师法。嬴公传孟卿、眭孟、贡禹，贡禹又随眭孟受学。孟卿传疏广，贡禹、疏广热衷以经学议论政事。眭孟也热衷灾异说，推出天子宜求索贤人禅位、以承顺天命的结论，导致被杀。眭孟弟子百余人，唯严彭祖和颜安乐经学修明，"质问疑谊各持所见"，眭孟称赞"《春秋》之意在二子矣"。眭孟被杀后，二人均专门教授，分传公羊学严、颜之学。严彭祖宣帝时为博士，传学王中，王中授公孙文、东门云。颜安乐授冷丰、任公，颜氏学又有冷、任之学。疏广传莞路，贡禹授堂溪惠，堂溪惠授冥都，莞路、冥都又师从颜安乐，颜氏之学又有莞、冥之学。东汉时，严、颜之学均列为学官，为《春秋》两博士，位列十四博士中，弟子众多，学术著作增加。严氏《春秋》著名学者有丁恭，学义精明，后为博士，教授常数百人，弟子著录数千人，时称大儒。弟子樊儵删定《公羊严氏春秋章句》，世号"樊侯学"，门徒前后 3000 余人。弟子楼望教授不倦，弟子多达 9000 余人。樊儵弟子张霸再删《严氏春秋章句》为 20 万言，更名"张氏学"。颜氏《春秋》著名学者杨终著《春秋外传》12篇，改定章句 15 万言。何休（129—182）作《春秋公羊解诂》11 卷，为《春秋公羊传》制定"义例"，阐述了"三科九旨"说及"五始、七等、六辅、二类"之义，成为当时公羊学的宗主。

关于《谷梁传》作者说法不一，王充《论衡》认为名谷梁实，桓谭《新论》、应劭《风俗通》认为名谷梁赤，阮孝绪《七录》认为名谷梁俶，字元始，颜师古认为名谷梁喜。西汉初江公学于申公，武帝时和董仲舒并立于朝，不善言辞，与董仲舒辩难落败，《公羊学》在丞相公孙弘支持下成为官学，谷梁学衰微，只有荣

①《孟子·滕文公》。

广、皓星公二人受学。荣广"高才敏捷,与《公羊》大师眭孟等论,数困之,故好学者颇复受《谷梁》",为《谷梁》学争得一点天地。蔡千秋、周庆和丁姓子孙均随荣广受学,千秋又师事皓星公,为学最笃。宣帝即位后听说卫太子好《谷梁春秋》,以问丞相韦贤、长信少府夏侯胜及侍中史高,三人均为鲁国人,"言谷梁子本鲁学,公羊氏乃齐学也,宜兴谷梁"。宣帝于是召见蔡千秋,与《公羊》学者辩说,宣帝善《谷梁》学,元康中选郎 10 人随蔡千秋学习,千秋死后,"征江公孙为博士,刘向以故谏议大夫通达待诏,受《谷梁》,欲令助之。江博士复死,乃征周庆、丁姓待诏保官,使卒授十人"。至甘露元年(前 53 年)已十余年,皆已明习《谷梁》学。宣帝"乃召五经名儒、太子太傅萧望之等大议殿中,平《公羊》《谷梁》同异,各以经处是非"。在宣帝的支持下,《谷梁》学大胜,周庆、丁姓均为博士,丁姓弟子申章昌也为博士。尹更始随蔡千秋学《公羊》,从《左传》取材以成章句,传子尹咸及翟方进、房凤。翟方进官至丞相,但他虽受《谷梁》但心好《左传》,房凤也支持刘歆《左传》立博士的建议。《春秋》三传中,《公羊》《谷梁》属今文经,重视义理,《左传》属古文经,重视记事,正如朱熹所说"'左氏'是史学,'公''古'是经学。史学者记得事,于道理上便差;经学者于义理上有功,然记事多误"①。《谷梁传》虽也解经,但言义不及《公羊》之大,而记事不如《左传》之长,学界地位远不如《公羊》和《左传》,虽然蔡千秋等取材《左传》以弘《谷梁》,但仍然比不上《公羊》,所以学者治《谷梁》者少。三国以后,《春秋》基本为《左传》独占,《公羊》和《谷梁》都衰微了。

《左传》传为左丘明所作,《史记·十二诸侯年表序》说:"鲁君子左丘明惧弟子人人异端,各安其意,失其真,故因孔子史记具论其语,成《左氏春秋》。"唐宋以来疑者不少,但无令人信服的证据。西汉初,张苍(?—前 152)、贾谊(前 200—前 168)、张敞、刘公子皆修《春秋左氏传》,贾谊并作《左氏传训诂》,以授贯公,贯公传子长卿,长卿传张禹(?—前 5),张禹传尹更始,更始传子尹咸及翟方进、胡常,胡常授贾护,贾护授陈钦,陈钦授王莽,刘歆从尹咸和翟方进也习《左传》。但《左传》并未被视作经书,直到刘歆(前 50—23)受诏整理内秘府藏书,发现古文《左传》并大力宣扬,《左传》才被引起重视,"初,《左氏传》多古字古言,学者传训诂而已。及歆治《左氏》,引传文以解经,转向发明,由是章句义理备焉"。到东汉时,《左传》学开始兴盛。郑兴原学《公羊春秋》,曾随博士金子严受《左氏春秋》,"晚善《左氏传》,遂积精深思,通达其旨,同学者皆师之。

---

①《朱子语类》卷 83。

天凤中，将门人从刘歆讲正大义。歆美兴才，使撰条例、章句训诂及校三统历"，刘歆令其撰写条例、章句和训诂。经郑兴、陈元努力，平帝时《左传》还一度立于学官，设立博士。两汉之交，孔子后代也传习《左传》，十六代孙孔奋随刘歆习《左传》，弟孔奇著《左氏义诂》，二十代孙孔融也习《左传》。到东汉末，服虔作《春秋左氏传解谊》，成为《左传》的权威著作。颍容也著《春秋左氏条例》五万余言，《春秋释例》十卷。建安中，因河东人乐详条列数十条关于《左传》的疑问请教，谢该逐一解答，名为《谢氏释》，也流行于世。东晋元帝时，服虔《春秋左氏传解谊》曾立博士。唐代孔颖达奉诏撰写《五经正义》，于《春秋》三传中特重《左传》，正式列入经典。

《论语》记录了孔子及其弟子言行，是最真实反映孔子思想的著作。对于其成书，《汉书·艺文志》说："《论语》者，孔子应答弟子、时人及弟子相与言而接闻于夫子之语也。当时弟子各有所记，夫子既卒，门人相与辑而论纂，故谓之《论语》"，关于《论语》的成书虽然还有其他说法，但此观点被广泛认同。秦始皇焚书坑儒后，《论语》有两家传授：一是《齐论》，"传《齐论》者昌邑中尉王吉、少府宋畸、御史大夫贡禹、尚书令五鹿充宗、胶东庸生，唯王阳名家"，仅有王吉为名家；一是《鲁论》，"传《鲁论语》者，常山都尉龚奋、长信少府夏侯胜、丞相韦贤、鲁扶卿、前将军萧望之、安昌侯张禹，皆名家，张氏最后而行于世"①。此外还有《古论》，出自孔子故居，孔安国曾经为之训解，但传播不广。张禹（？—前5）先后从王吉、庸生学习《齐论》，后习《鲁论》，曾任博士，初元（前48—前44）中为皇太子讲授《论语》，以《鲁论》为主，著成《论语章句》，因其封安昌侯，世称《张侯论》，"采获所安，最后出而尊贵。诸儒为之语曰：'欲为《论》，念张文'，由是学者多从张氏，余家浸微"。东汉末，郑玄以《张侯论》为本，参照《齐论》和《古论》，著成《论语注》，成为后世的通行本。

《孝经》相传孔子所作，《汉书·艺文志》说："《孝经》者，孔子为曾子陈孝道也。夫孝，天之经，地之义，民之行也。举大者言故曰《孝经》。"但并不可信，一般认为系孔门后学所作。汉代《孝经》也有古文与今文两个版本。古文出自孔子故宅，今文《孝经》"汉兴，长孙氏博士、江翁少府、后仓谏大夫、翼奉、安昌侯张禹传之，各自名家，经文皆同，唯孔氏壁中古文为异。"据桓谭《新论》说："《古孝经》千八百七十二字，今异者四百余字"。长孙氏有说二篇，江翁、后仓、翼奉、张禹各有一篇，其中以张禹的《孝经说》影响最大。《孝经》也是先在民间流传，

① 《汉书》卷30《艺文志下》。

后被国家采用为学校教科书和民间教化教材。平帝时地方设立官学，"乡曰序，聚曰庠，序、庠置《孝经》师一人"①，向民众宣讲《孝经》以进行教化。

《论语》《孝经》虽然都没有单独列经，也没有单设博士讲授，但却是最重要的儒家经典。在汉代，五经属于专经研习，学者只习一经或某一家之学即可，但《论语》和《孝经》是学者必须兼通的。

《诗》《书》《易》《礼》《春秋》《论语》《孝经》是儒家的基本经典，也是中国传统思想文化的基础，虽然历经秦火的磨难，但被学者们冒死保存下来，并通过私学传授，才逐渐引起国家的重视成为国家教科书，也是后世书院的基本教材。

书院性教育在教学和学习内容设置上相对于国学的博士专经更加自由。国学都是传授一经或一家之说，不能兼经、兼说，张玄就因为兼说遭到学生反对而被罢免。张玄"少习颜氏《春秋》，兼通数家法"，"会颜氏博士缺，玄试策第一，拜为博士。居数月，诸生上言：玄兼说严氏、宣氏，不宜专为颜氏博士。光武且令还署，未及迁而卒"②，诸经学均无宣氏，此二字当是衍文。早期私学也多是专授一经，但也有传授多经或多家的，西汉时传多经或受多经者较少，到东汉大多兼习多经或多家。西汉初，申公就传授《诗》和《谷梁春秋》与江公；孟喜善为《礼》和《春秋》，授《礼》后苍，授《春秋》疏广；东汉张恭祖向郑玄传授《周官》《礼记》《左氏春秋》《韩诗》《古文尚书》；夏恭"习《韩诗》《孟氏易》，讲授门徒常千余人"；廖扶"习《韩诗》《欧阳尚书》，讲授常数百人"；鲁丕"以《鲁诗》《尚书》教授，为当世名儒"；武荣"治鲁《诗经》韦君章句，阙帻，传讲《孝经》《论语》《汉书》《史记》《左氏》《国语》，广学甄微，靡不贯综"③，兼传经史。兼习诸经或诸家者比较多。王璜习传费直《易》，随徐敖学《毛诗》，又传《古文尚书》；后苍习《礼》于孟喜，习《尚书》于夏侯始昌，也通《诗》；韩婴传《诗》，"亦以《易》授人"；丁宽先从田何习《易》，后随周王孙守古义；孔安国学《诗》申公，后习《古文尚书》；胡常以明《谷梁春秋》为博士，但也随庸生学习过《古文尚书》；郑众"年十二从父受《左氏春秋》，精力于《三统历》，作《春秋难记条例》，兼通《易》《诗》"。到东汉末，出现了几位通才大儒。马融"才高博洽，为世通儒，教养诸生常有千数"，"著《三传异同说》，注《孝经》《论语》《诗》《易》《三礼》《尚书》《列女传》《老子》《淮南子》《离骚》，所著赋、颂、碑、诔、书记、表奏、七言、琴歌、对策、遗令，凡二十一篇"；贾逵"悉传父业，弱冠能诵《左氏传》及五经本

---

①《汉书》卷9《平帝纪》。
②《后汉书》卷109下《张玄传》。
③《武荣碑》。

文，以《大夏侯尚书》教授，虽为古学，兼通五家《谷梁》之说"，"尤明《左氏传》《国语》"，作《左氏传解诂》30篇，《国语解诂》21篇，"诏令撰欧阳、大小夏侯《尚书》古文同异，遂集为三卷，帝善之。复令撰齐、鲁、韩诗与毛氏异同，并作《周官解故》"，"逵所著经传义诂及论难百余万言，又作诗颂、诔书、连珠、酒令，凡九篇，学者宗之，后世称为通儒"①；郑玄"先始通京氏《易》《公羊春秋》《三统历》《九章算术》，又从东郡张恭祖受《周官》《礼记》《左氏春秋》《韩诗》《古文尚书》"，成为通才，"凡玄所注《周易》《尚书》《毛诗》《仪礼》《礼记》《论语》《孝经》《尚书大传》《中候》《乾象历》，又著《天文七政》《论鲁礼禘袷义》《六艺论》《毛诗谱》《驳许慎五经异义》《答临孝存周礼难》，凡百余万言"②。

汉代书院式教育的另一大特点是许多学者都建造了学舍。孔子首创私学也有学舍，汉建武五年（29年），光武帝刘秀过曲阜，"坐孔子讲堂，顾指子路室曰：'此太仆室也'"③，孔子私学有讲堂，弟子们也有各自的房间。当然，限于当时的经济水平，学舍规模不会很大，所以《论语》等书记载孔子的教学许多是在山上、水边、田野。到汉代，随着经济的发展，建造学舍已经比较常见。两汉之际，曲阿（今江苏丹阳）包咸（前6—65年）避乱"因住东海，立精舍讲授"，和帝时，陈留陈充"服阕，立精舍讲授"，顺帝时，河间刘淑"少学明五经，遂隐居，立精舍讲授，诸生常数百人"，桓帝时，瑕丘（今兖州）檀敷"举孝廉，连辟公府皆不就，立精舍教授，远方至者常数百人"，汉末，北海邴原曾避乱海岛，"既还，乃筑精舍，讲述诗书礼乐，聚徒常数百"④，都是自立学舍。学舍有的规模比较大，余姚董春"少好学，师事侍中、祭酒王君仲，受《古文尚书》。后诣京房授《易》，究极圣指，条列科义。后还归，立精舍，远方门徒从者常数百人。诸生每升讲堂，鸣鼓三通，横经捧手请问者百人，追随上堂难问者百余人"⑤，讲堂规模很大，可容纳上百人。马融学舍规模更大、更豪华，马融"善鼓琴，好吹笛，达生任性，不拘儒者之节，居宇器服多存侈饰。常坐高堂，施绛纱帐，前授生徒，后列女乐，弟子以次相传，鲜有入其室者"，而且还有高楼，郑玄在马融门下三年都没有见到马融，幸遇马融"集诸生考论图纬，闻玄善算，乃召见于楼上，玄因从质诸疑义"，在楼上见到马融。

---

①《后汉书》卷66《贾逵传》。
②《后汉书》卷65《郑玄传》。
③《后汉书》卷50《祭遵传附祭彤传》。
④《萧氏续后汉书》卷6《邴原传》。
⑤《后汉书补逸》卷9《董春传》。

汉代私学大多已经具备书院的功能，与后世书院相比，所缺的就是一个"书院"名称而已。就其保存典籍、传承经典、影响教育等历史作用看，汉代私学是后世书院所无法比拟的。

孔喆，孔庙和国子监博物馆研究部，研究馆员

清光绪二年丙子恩科
高赓恩殿试卷解析

光绪二年丙子恩科是光绪皇帝登基首科,取进士324人。其中二甲第100名高赓恩的殿试卷现藏于法兰西学院汉学研究所。中华书局出版的《法兰西学院汉学研究所藏清代殿试卷》收录该卷。本文拟对该卷从殿试策题、殿试对策及对策比较进行解析。

关键词

光绪二年;殿试;高赓恩

　　清光绪二年(1876年)光绪皇帝载湉年仅5岁,登基第二年,开丙子恩科。

　　礼部以会试中额请。得旨:满洲取中九名、蒙古取中三名、汉军取中六名、直隶取中二十五名、奉天取中四名、山东取中二十三名、山西取中十二名、河南取中十九名、陕西取中十五名、甘肃取中九名、江苏取中二十六名、安徽取中十八名、浙江取中二十五名、江西取中二十三名、湖北取中十五名、湖南取中十五名、四川取中十五名、福建取中二十名、台湾取中二名、广东取中十六名、广西取中十三名、云南取中十四名、贵州取中十二名。[①]

　　卷主高赓恩本科会试第三十七名,殿试二甲第一百名,朝考一等第六十五名,改庶吉士,第二年授翰林院编修。后出任四川学政、内阁侍读学士、太常寺少卿等职。著述颇丰,如《周易大象应大学说》一册、《土默特旗志》十卷、《思贻齐古近体诗》二十一卷、《古今箴铭集》四卷、《历代儒言要醒集》六卷等。民国六年(1917年)逝世,清逊帝溥仪赐谥文通,为清室赐谥最后一人。

---

①《清实录》卷五二,《德宗皇帝实录》(一),中华书局,第55243页。

一、殿试策题

《尚书》为传心要典。二帝三王以来，凡曰钦、曰恭、曰慎、曰克艰、曰孜孜、曰兢兢。君臣交儆之言，与《洪范》之言敬、《中庸》之言诚，能推阐其义欤？人君敬天以勤民事，人臣敬事以亮天功。诚、敬相通之旨，可发明其蕴欤？《丹扆》《大宝》之箴，《皇极经世》之论，典矣懋矣。真德秀《大学衍义》，何以略治平不言？明邱浚补之，为目凡十有二，能胪举而贯通之欤？昔人谓帝王之学异于儒生。所不同者若何？《易·象》：山下出泉，谓圣功基于养正，所以养正者安在？夫逊志时敏，尤资念典，果何由而审端致力欤？

自古求治之主，罔不躬行节俭，为天下先。然考其心迹，诚伪判焉。茅茨土阶、菲食恶衣之世，由来尚已。汉文帝衣绨履革，蒲席韦带，屏雕文之饰，惜中人之产。其视初元、建平之代罢齐三服官，易帷幛，去锦绣者，何如也？厥后令辟，亦知克己，焚翟裘，毁筒布，以萧何壮丽之对为非雅言。又其甚者，一冠三载，一衣屡浣，俭矣。然或盛衰殊迹，始终异辙，岂徒俭不足以示国欤？抑务名不求实欤？仰思《禹谟》克俭之训，永怀《商书》慎俭之言，将以黜华崇实，训迪臣民，果何由而使风气日臻朴茂欤？

《诗》云：无竞维人。《易》云：圣人养贤，以及万民。知人之道，非君天下者所首重欤？古所传观人之法，若《大戴礼·文王官人》篇，以至陆贽、司马光、苏轼之论，亦有可采者欤？皋陶曰：亦言其人有德，乃言曰，载采采。《舜典》曰：明试以功，敷奏以言。进贤用人如此其难也。乃古之君臣相得，或决于立谈之间。何耶？大智若愚，大诈若忠，或外忠而内奸，或始贤而终佞。烛照数计，其道何由？君子小人，各从其类。然诸葛亮之所用，李泌之所举，司马光之所取，或未必贤。抑又何说？孔子曰：取人以身。知言穷理，将何以浚其源欤？

自黄帝经土设井，而寓兵于农之法兴。三代因之，无所谓屯田也。汉文帝募民耕塞下，始有屯田之说。汉武帝通西域后，屯田渠犁。其后日益加多，如芍陂、南阳、合肥、成都、金城，不可枚举。其在西域者，能详考欤？古者播谷劝耕，爰有农官之设。农师、田畯之名，备见经传。西域屯田官名见于史者，能胪举欤？耕种必资灌溉。邓艾穿渠，最资利赖。西域之水可导以溉田者，能征于古以言之欤？唐代营、屯并称，或谓以兵民分，其说然欤？唐时诸道所开之屯，凡九百二十有二，今西域尚有遗迹欤？

凡此四端：养正以育德，崇俭以阜民，任贤以官人，营田以裕国，皆经世之良图，致治之要务也。多士力学有年，对扬伊始，其各陈谠论，毋泛毋隐。[1]

值得注意的是本科策题中就《尚书》的提问内容与嘉庆十九年（1814年）甲戌科是完全相同的。第一道策问只是稍作修改，可以说是整体挪用，原因可能是小皇帝登基不久，仓促开恩科，准备不够充分，也说明科举时代后期就经学的提问资源已基本用尽，很多已是流于形式，难有新意。

高赓恩殿试卷个人及三代信息

二、殿试册对策

二甲第一百名高赓恩对策中就第一问对曰："二典以钦始，三谟以钦终。畴咨亮工，咸以一钦，相勖直举，允恭温恭之意下示群工。以故《大禹谟》《皋陶》《益稷谟》或曰慎修，或曰慎宪，或曰慎乃在位。且禹曰孜孜，皋曰兢兢，中天盛治自君臣交儆中来也。嗣是《洪范》五事归本于'敬'；《中庸》一编枢纽以'诚'，帝王之学与儒生无异者此耳。迨唐宋以还献《大宝》箴者，固以'敬'格君心，作经世书者尤以'诚'著君道。至真德秀作《大学衍义》略治平不言，亦谓'格致诚正、修身齐家即治平之大本，以诚敬相维持乃彻上彻下之义也。明儒补之为目十有二约。正朝廷成功化之，旨其书綦详，揆厥所本，总之不离乎诚敬者。近是《易》之蒙为山下出泉，言乎物生必蒙蒙，必有养。故系以果行育德，盖非果力相将则行不进，即德不蓄养。以优游而出，以刚决亦惟，于诚敬二者致其力焉，故曰正也。此与《说命》之言时敏所谓念终始典于学者先后互相发明，古今学术岂外是欤。"

第二问对曰："惟尧不以土阶为陋，至于茅茨不剪，有虞因之。禹以菲食恶衣闻三代圣王鲜有不崇俭戒奢者，故《夏书》曰：'克俭于家'，《商书》曰：'慎乃俭德'盖其发于心，著于迹，有诚无伪，故能上行下效，骎骎乎斫雕为朴也。三代而

①《清实录》卷五二，《德宗皇帝实录（一）》，中华书局，第55260–55262页。

后，惟汉文帝得其诚而将以敬衣绨履革，蒲席苇带，且屏雕文刻镂之饰，惜中人十家之产。不得泥乎其迹以求谅于天下也。至初元建平之代罢齐三服官，易帷幛，去锦绣，则逊乎此矣。至后世之君克己焚翟，毁筒布，以萧何壮丽之言为失对，仍逊乎此矣，即如一冠三载，一衣屡澣，非不俭也，而治化不行终莫比于西汉之风，岂其俭之不足以示国欤。盖人君必先清心寡欲，内主乎诚，外行以敬。宫廷之间，翕然向化，由是汰冗员，裁滥费，先其大者，后其节目。道德以节民情，齐礼以坊民欲。其有克从者必奖其廉，谨其有不率者必格其敦庞。有司奉而行之，悬书读法，毋徒视为虚文，沿为故事，斯正一国以正天下，举而措之矣。"

第三问对曰："《诗》云：'无竞维人，《易》云：'养贤以及万民'，特言贤人之宜得而未究观人之法。皋陶曰亦言'其人有德'，继曰'载采采'。盖即其事而观之，《舜典》所云'明试以功，敷奏以言'即询事考言之义也。《大戴礼·文王官人篇》殆申其说耶。宋臣陆贽之言计阙，司马光之定十科，苏轼之论取士皆有可采者。然司马光之取人至以坚僻误国，是与诸葛亮之所用，李泌之所举皆不能悉当。而国家几受其弊者何哉？盖大智若愚，大诈若忠，观乎外之忠，遂忘乎内之奸矣。且有始贤而终佞，晚节莫保，其初衷宠禄，遂恣其轶志者烛照数计诚戛戛乎其难哉。古之君臣相遇或契合于立谈之间，有如诸葛亮、李泌辈斯亦奇矣。要之人君修

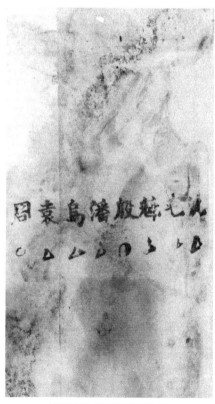

高赓恩殿试卷局部　　　　　　　高赓恩殿试卷读卷官评判标识

身以道，即以取人则如鉴，斯空如衡斯平。虽小人亦相习为欺蒙，君子且自甘于遗俟，但人主以诚与敬持之，君子自胜夫小人，小人亦化为君子。任贤则劳，致治则逸已。"

第四问对曰："惟古者无兵之籍而以农之耕野寓兵机。后世有兵之权或以兵之开田习农事。汉文帝募民耕塞下而屯田。于是乎始武帝通西域后屯田渠犁日益加多，如芍坡、南阳、合肥、成都、金城，不可枚举。仍以其官治之爰考勤农之职。古有农官，有农师，有田畯等名，至武帝之世又设屯田职。而西域为多，以其地大且腴，其水之可资以溉田者，不仅邓艾西征穿渠导源足资利赖也，唐代府兵最为近古。有事则调发，无事则归田，营屯之称由来旧已。其诸道所开之屯凡九百二十有二，西域遗迹可考也。夫养兵之费浩繁而后代之兵尤不得驱而之农。太平既久，兵即安置易于滋变，酌而通之莫如屯田一法为可恃也。"

三、对策解析

策题开篇即以《尚书》发问，引"诚"与"敬"寓"君敬天，臣敬事，君臣相待以诚"的理想关系。同时考察经典中的一些具体知识。高赓恩在对策中紧紧中天盛治自君臣交儆中来也。把握住了"诚""敬"两义，点名"中天盛治自君臣交儆中来也。"在回答帝王之学与儒生之学有何不同时？答"帝王之学与儒生无异者此耳"。借鉴本科状元曹鸿勋的对策"昔宋程颢言：帝王之学与儒生异。意谓心性事功，其源流不无殊致。然实事求是，其理一也"。[1]后者出处、观点、缘由更为明澈。在回答"逊志时敏"即如何保持谦虚求教，不断学习时对策"此与《说命》之言时敏所谓念终始典于学者先后互相发明。"此句用典于《古文尚书·说命下》中"惟敩学半，念终始典于学"和"惟学逊志，务时敏，厥修乃来"两句。将原文截取糅合在一起，在语义表达上清晰感不佳。

在第二道策问中，皇帝就古代帝王的勤俭之道发问：很多帝王都有节俭戒奢之行，但治理的结果大不相同，兴衰各异，是帝王的节俭不足以训示国人，还是只是注重了节俭的名声而没有谋求节俭的实效呢？如何引导臣民"黜华崇实"，使风气纯朴？高赓恩还是抓住"诚敬"俩字，对策"盖人君必先清心寡欲，内主乎诚，外行以敬。"即人君先行表率，节欲以示天下，减免不必要的开支，裁撤冗官。进而"道德以节民情，齐礼以坊民欲"，廉者赏，奢者罚，立法严行，不为虚文，使民风

①杨寄林：《中华状元卷·大清状元卷（下）》，山西教育出版社，第493页。

日益纯朴，最终"正一国以正天下"。高赓恩在策对中明确表达了君主以俭示天下的必要性，建议通过立法、严格制度的执行力，做到赏罚分明，遂成久制来实现社会风气的转变和民风的醇化。再看本科状元曹鸿勋的观点，两者确有相通之处。曹在策对中指出"或衅成所乎，或赏罚无章，或仁而少断。若以盛衰殊迹，始终异辙为其心迹，诚伪之分则又非俭之弊矣。"[1] 即勤俭之道是非常必要的，但必须以制度的严格执行来贯彻，不能因为人们一时的反对，奖惩无章可循、主政者突发的仁心等因素造成赏罚不明，措施难行。国家盛衰非"俭"之弊，而在"人"之诚伪。

第三道策问是选人用人的问题。典籍上传下来的选人之法、陆贽、司马光、苏轼的论断有可采之处吗？选人不易，内外不一、始终不一。即便古代名臣，所荐之人也未必贤能。如何选人，从源头说清吧。高赓恩在对策中把选人用人的重点放在了君主身上，"要之人君修身以道，即以取人则如鉴。"君主自身修为符合道义，选人犹如镜鉴，不出差池。同时希望无论君子还是小人"但人主以诚与敬持之，君子自胜夫小人，小人亦化为君子。"再次引出"诚敬"之义。再看本科状元曹鸿勋的对策："《大戴礼·官人篇》记文王以七属观人，言观信、观知、观勇者甚详。唐臣陆贽有言：录长取短，则天下无不用之人；责短舍长，则天下无不弃之士。宋臣司马光有言：求之毁誉，则爱憎竞进而善恶混淆；考之功状，则巧诈横生而真伪相冒。苏轼则云：知人之法，在于责实。盖得人难，知人犹不易也。"[2] 曹鸿勋对策问中所提到的《大戴礼·官人篇》、陆贽、司马光、苏轼的选人观点一一阐述，得出"得人难，知人不易"的结论。对为何"古之君臣相得，决于立谈之间"的提问，曹鸿勋举例"如蜀先主之于诸葛亮、唐太宗之于房、杜，宋太祖之于赵普，决于立谈，用之终身，卒以致治。"同时强调这种形式只是特例，"然未可遂执为常格也。"对于古代名臣选人的失误之原委，曹鸿勋指出"至凤具人伦之鉴，而一时区别或疏，若诸葛亮之于李严、马谡，李泌之于窦参，司马光之于蔡京，智者千虑亦所不免也。"[3] 曹鸿勋的策对在内容翔实、客观分析、语言表述、观点明确上确要比本科高赓恩的卷子顺畅许多，熟悉掌握的史料也更为丰富。

第四道策问考察屯田的历史知识。这道策问考察的主要是对历史知识的掌握。一问汉代在西域的屯田状况？二问史书上记载的西域屯田官的名字有谁？三问西域有哪些水源可以引导灌溉农田？四问唐代有营田、屯田之称，按兵、民区分之说正确吗？五问唐朝所开之屯田有922处，今西域还有当年屯田的遗迹吗？如果没有了

---

①杨寄林：《中华状元卷·大清状元卷（下）》，山西教育出版社，第493页。
②杨寄林：《中华状元卷·大清状元卷（下）》，山西教育出版社，第494页。
③同上。

解屯田的历史，尤其是西域屯田的历史，应答这五问难以下笔。从本科高赓恩的策对来看，他对屯田的历史知识并不熟悉，更多的是引用策问原文，对策也比较泛泛。而本科状元曹鸿勋在对答上翔实准确，如"尝观旧史，自汉文帝用晁错议，募民耕塞下，始有屯田之说。汉武帝通西域后，屯田渠犁，始有屯田之名。其后轮台、车师、乌孙、伊循、伊吾、柳中，皆西域屯田之处。宜禾都尉、屯田校尉、田禾将军，唐之营田大使，皆西域屯田之官。至西域之水可导以溉田者，《汉书·地理志》：龙勒县氐置水入泽灌民田，敦煌郡冥安县藉端水入冥泽溉民田。"①在总结历代屯田制度后提出"法随时变，故制亦难定"的观点。

通过对高赓恩殿试卷的解析，对光绪初年殿试策题、对策、评判标准有直接、客观的认知。

邹鑫，孔庙和国子监博物馆研究部，副研究馆员

---

①杨寄林：《中华状元卷·大清状元卷（下）》，山西教育出版社，第494页。

科举考试弥封制度历史探寻

吴　晛

摘要

科场舞弊是科举考试无法规避的问题。对于考试防弊，从古至今有着种种尝试，积累了丰富经验的同时也形成了别具特色的科场防弊文化历史。中国古代科举考试制度在不断演化的过程中也出现过种种私相授受，钻制度空子的作弊手段。为防止作弊，官方制定了各种防弊政策，以维护科举考试的相对客观性。弥封制度就是应对科场舞弊而出现的防弊手段之一，且时至今日仍有继承。本文梳理弥封制度的产生、发展、演变，从而探讨其对于科场防弊的意义，并对封建社会下科场舞弊屡禁不绝的原因做适当思考。

关键词

誊录；糊名；科举；防弊

科举考试是中国历史上的一项创举。科举带动的不仅仅是一项考学评价制度以及选人用人手段，这延续长达 1300 年的科举制度影响甚至改变着人们的思维方式。时至今日，科举制度虽已终结一百余年，但一些做法与实践经验仍沿袭至今。随着科举制度的逐步完善，为应对科场舞弊而诞生的弥封糊名制度仍在现代考试中沿用。

所谓弥封制度，早期又被称作糊名或封弥，即收卷后对试卷上关于考生的姓名、籍贯等个人信息糊住，以防止阅卷过程中发生内外勾结而作弊的一种手段。作为专门应对科场舞弊而制定的考试政策，弥封是最早被应用，以应对科场舞弊的制度。弥封制度的存续历史较漫长，虽中途几经废立，但终得以保留并延续至科举制度终结。甚至在现代考试中仍可一窥弥封制度的"遗风"。这一具有强烈"生命力"的防弊手段因何延续几百年，值得深入去探究。

一、唐、五代时期——弥封制度的萌芽

弥封早期称作糊名。作为一种防弊手段，糊名最早见于唐代。对比新旧唐书

的记载，唐代糊名实行时间较短。《旧唐书》记载："初则天时，敕吏部糊名考选人判"①，而《新唐书》中则有"初，试选人皆糊名，令学士考判，武后以为非委任之方，罢之"②的记载。由此不难看出，唐代实行糊名的时段基本上只有唐初的一段时间，之后则未能实行。而真正让弥封成为考试制度，并最终确立下来，已经是宋代了。

值得一提的是，在李唐王朝与赵宋王朝衔接的五代时期仍有政权曾短期推行过糊名考校制度。据《宋史》记载，时任后周礼部侍郎的赵上交就曾修改科场条例，特别提出"会将试贡士，上交申明条制，颇为精密，始复糊名考校。"③但很可惜的是，由于赵上交与王峻就举荐考生问题产生分歧，王峻以"选士失实"参奏，赵上交被贬，其改革措施也因此不了了之。

二、宋代——弥封制度正式创立

宋代，特别是北宋时期，是中国历史上又一个思想的巅峰时期。北宋时期不但名人辈出，科举考试取士数量更是远超前代。经历了隋的初步摸索，唐的逐步扩展完善，至宋代，科举考试制度已有了长足发展。

在宋代，弥封也叫封弥或糊名。宋代糊名弥封制度的适用范围贯穿科举考试的各个层级。宋代科举考试流程从州郡发解试，到礼部省试，最后是殿试三个阶段。开封府以及国子监发解试也属于第一层级的考试。宋代科举考试糊名弥封制度的开始时间曾在学术界争论已久，史书记载亦是众说纷纭。但根据徐规、何忠礼在《北宋的科举改革与弥封制》一文中大量历史典籍的考据与分析，最终得出结论："宋代殿试糊名始于太宗淳化三年，省试糊名始于真宗大中祥符元年，州郡发解试糊名始于仁宗明道二年。最后，到仁宗景佑四年（1037）六月，从左司谏韩琦之请，才'诏开封府、国子监及别头试，自今封弥、誊录如礼部'。这就是北宋推行弥封制的四个阶段。"④宋代糊名弥封制度是自殿试阶段启用逐步向省试及解试普及推广的。也正是在宋代，弥封制度成为科举考试阅卷阶段的一项正式工作流程。

在宋代省试的阅卷过程中，都堂会垂帘，以分阅卷场所之内外。这也是宋代阅卷制度的制度要求。根据《宋会要辑稿》载："南省引试，都堂垂帘，两边钉幕，

科举考试弥封制度历史探寻

---

①（后晋）刘昫《旧唐书》卷一百九十中·列传第一百四十。
②（北宋）欧阳修《新唐书》卷四十五·志第三十五·选举志下。
③（元）脱脱《宋史》卷二百六十二·列传第二十一。
④徐规、何忠礼.北宋的科举改革与弥封制［J］.杭州大学学报（哲学社会科学版），1981（01）：56-66。

小试官不得辄上都堂，诸色人非指使呈覆签押文字不得到都堂上，如违严断。"①垂帘后，阅卷场所就自然而然被分为帘内与帘外。根据《中国科举制度通史》解读："都堂垂帘之内的省试官员为'帘内官'，是主要参与及监督省试命题、试卷考校、去取高下、奏名等业务性职事的官员，主要有权知贡举、权同知贡举、监试官、参详官、点检试卷官等；都堂垂帘之外的省试官员称为'帘外官'，也称'小试官'，是不直接参与省试试卷考校的事务性职事的官员，主要有封弥官、誊录官、对读官、巡铺官、监门官等。帘内官与帘外官不得互相交通，以防作弊"②。此处可以看出，封弥官作为读卷过程中负责外围性事物的官吏，是无法参与到试卷的批点的，而帘内官由于在流程上不能接触到试卷的弥封誊录等工作，当呈现在读卷官面前的试卷已然是完成了弥封与誊录工作后的，从而保证了阅卷的公正公平。而值得注意的是，此时史书记载的弥封还叫封弥。

宋代殿试封弥官一般为2人，"以国子博士、侍御史、直史馆等充任"③。虽然这三者官位不高，但仍旧为要职。国子博士是国子监重要的教职人员，而直史馆更是作为优秀干部的后备力量而存在。这也充分保证了殿试作为最高科举层级的严肃性、公平性。然而有宋一代，封弥官员的选择则出现过波动，特别是南宋时期，封弥、誊录人员甚至有些仅为"吏"级。《宋会要辑稿》卷二十二载，淳熙八年（1181），有臣子进言："封弥、誊录、巡捕官，多是差刑部及厘务官，既不谙事体，又官卑人微，不敢谁何，弊幸多在封弥所，至有涂抹试卷，漏泄字号，折换印缝，能文者反被其害。景佑五年，翰林学士丁度知举，其封弥官则三司副使姚仲孙、殿中侍御史方偕也；庆历二年，翰林学士聂冠卿知举，其封弥官则龙图阁直学士孙祖德、直集贤院田况也；庆历六年，翰林孙抃知举，其封弥官则侍御史仲简、三司判官周陵也。封弥所差官，多清望之官，故奸弊亦消于未然。近时差官既轻，吏辈益无忌惮，其弊有不可胜言。"由是观之，北宋时期封弥官人选多为"清望之官"，属于"口碑型"官员，自然对于制度的执行有自己个人的要求。然而南宋时期，封弥官人选却仅仅只做到了只要有人从事即可。这段记载中明确指出这种不考虑个人素养而任用的低级官吏对于弥封、誊录的负面影响。不谙事体、官卑人微就为弥封及誊录带来了极大的隐患，以至于出现文中所谓涂抹试卷，漏泄字号，折换印缝等暗箱操作的不法行为，最终酿成科场舞弊。相似的记载，同卷还有："封弥官不得其人，则吏因缘为奸，取受情嘱，毁匿有名士人文卷。对读官全不晓文理，则程文之

---

① (清) 徐松《宋会要辑稿》选举三·科举条制。
② 张希清、毛佩琦、李世愉主编《中国科举制度通史·宋代卷》，2017年，第218页。
③ 张希清、毛佩琦、李世愉主编《中国科举制度通史·宋代卷》，2017年，第272页。

详赡者，或为誊录人节略首尾，以至见黜。正缘州郡所差官不过丞簿监当，素不经历，又无事权，不能检束吏奸，遂使士人优长之文暗遭毁弃。"可见，封弥、誊录若所用非人，势必会对科举考试造成恶劣的影响，更是为科场舞弊找到了新的突破口。

在封弥阶段，最典型的作弊手段即拆换试卷。《宋会要辑稿》中记载大理少卿费培所说：

> "比者董视封弥，窃见五幕所置于中门外廊之上，列于誊录所，请官受卷，往往皆远外到选之人。至于幕吏，则漕司天府之所差，无非嘱托充役，志在奸利，无所顾藉。以远外到选之官，御无藉之吏，既无事权，何能钤束？不过俛首听其自为。方士人纳卷之初，幸而尚蚤，犹可书历投柜。昏黑之后，奔迸填壅，势只向幕撺掷。吏辈须其小定，方行收拾代纳。柜眼至大，已入之卷，复可探取，柜固不足恃也。所谓监董之官，只候中门下锁，倏然扬去。帘内深远，无从考察。封弥所相去尚在百步之外，亦无谁何。吏辈肆奸，了无顾忌，欲拆换卷头，以甲为乙，誊写程文，以伪为真，受他人之嘱，毁坏有名试卷，亦可也。此而不革，为害不细。臣有说于此，无大更革，不必差官，乞于封弥所前旋创幕屋，仍旧差誊录官受卷。其省试封弥院门官，皆郎曹以上，稍可弹压吏辈。自余程试，本所亦有长官，遇晚出至幕所，同董其事。所纳试卷，不必投柜，只用布囊盛贮，遇满即封。俟试人出绝，请在院封弥官出至幕所，与受卷官计数交授，不入吏手，奸计莫施。夫内而逻察有官，外而对号有簿，幕所关防，复加严密，场屋之弊虽未尽去，亦十革其七八矣。乞下吏、礼部、国子监，日后行在贡院，不拘是何程试，并令一体施行。"从之。①

针对这些情况，南宋政府也制定了一些政策去改善。宋代统治者也在逐步完善相关的制度规则。费培所提出的办法，即在收卷与封弥之间增加一个程序，相当于添加第三方机构，用级别高于"吏"的官员充任执事官，尽可能隔绝暗通关节、内外勾连的问题。《宋会要辑稿》载："所差帘外官，如封弥、监门必得精明稍有力量之人，庶可检柅吏奸。内封弥官尤为紧切，仍须两员，同共机察。臣窃闻封弥官亦有周旋亲故之弊，或取他人文卷之佳者，改移入亲故卷内。若得两员，庶相牵制。"②"诸路转运司考试官，并须依公选差，毋得听受请托，容其有所避就。及诸

① (清) 徐松《宋会要辑稿》选举六。
② (清) 徐松《宋会要辑稿》选举一。

科举考试弥封制度历史探寻

州试院封弥官，专差幕职官一员，其对读官亦差粗识文理者为之。"① 宋代从制度层面改善封弥、誊录所出现的科场漏洞，主要通过两个途径，其一是双人封弥，相互监督，相互制约；其二是针对之前所用人员个人官位及素养较低的情况，选用有一定知识储备的人员替换。淳熙五年（1178 年）修改省试条例："诏敕令所将贡院帘外誊录、对读、封弥、监门等官避亲，修入省试条法。"② 对于封弥官员的选拔，也必须遵守回避制度，进一步严格了封弥官的选用规则。

宋代封弥制度得以全面完善并广泛施行于科举考试各个层级，更开创誊录制度用以更加全面有效地辅佐弥封，但有宋一代，封弥制度仍然经历了几废几立，其中不乏因为封弥而受到影响的权贵阶层的反对。但这一制度终究还是保存下来，原因在于封弥制度提升了科举考试的公平性。这一制度也延续至后代。

三、元代——弥封制度的进一步发展

作为入主中原的少数民族政权，元代开科取士时间较晚，但元代对于试卷弥封制度却有所继承。元代科举考试仍为三级，自下而上依次为乡试、会试、御试。而元代弥封制度在三级考试的每一级都有所展现。根据《元史》记载，元代御试弥封官为一人，并对于人员选用的数量及质量有明确要求："封弥官一员、誊录官一员，选廉干文资正官充之。"③

值得一提的是，《元史》中的记载已经明确了糊名制度的名称为"弥封"了。元代考试收卷同样有明晰的要求。《元史》记载："凡就试之日，日未出入场，黄昏纳卷。受卷官送弥封所，撰字号，封弥讫，送誊录所。"④ 考试时间长，考试结束后的工作依旧繁忙。先弥封再誊录已成定制。对于如何"撰字号，封弥讫"，《元史》也作出相应规定："诸试卷弥封用印讫，以三不成字为号标写，仍于涂注乙处用印。"⑤ 此处所谓"三不成字"，即从古书中取三个字，且各缺一笔，以此三个不完整的字组成一个号，用以替代考生姓名。按照《中国科举制度通史》考证，元代"三不成字"所选取的古籍对象为《千字文》。"撰字号"也是弥封工作的一部分，防止考生信息泄露的同时也可以在阅卷结束拆封时能够有所对应。按《中国科举制度通史》记载："将真卷卷首用纸糊住密封，加盖骑缝印章。并将以三不成字撰成

---

①（清）徐松《宋会要辑稿》选举二十二。
②（清）徐松《宋会要辑稿》选举五。
③（明）宋濂《元史》卷八十一·志第三十一·选举一。
④（明）宋濂《元史》卷八十一·志第三十一·选举一。
⑤（明）宋濂《元史》卷八十一·志第三十一·选举一。

的'号'写在真卷的糊纸上和草卷卷首上。同时，逐一将号填在事先造好的名单里。这样做是因为举子试卷'累场同用一号'，等第二、三场结束，弥封官在卷子上写号时，就得根据第一场填好的附有号的名单了"[1]。到此，弥封工作才算是正式完成，可以送入誊录所进行誊录了。

虽然"撰字号"并非元代首创，是继承宋制而来，但元代在其基础上有所发展。在完成誊录后，要进行对读工作，核对原卷与朱卷。核对无误后，朱卷送贡院进行阅卷，原卷返还弥封所存档，以待阅卷完成从拆卷时与原卷核对。试卷经帘内官批阅完毕后将会进行拆号的工作。在拆卷过程中，元代有着较为严格的规定，据《元史》记载，在考校完成后"收掌试卷官于号簿内标写分数，知贡举官、同试官、监察御史、弥封官，公同取上元卷对号开拆，知贡举于试卷家状上亲书省试第几名"[2]。可见，虽然弥封官多数官阶并不一定十分显眼，但在拆卷的过程中却充当着重要的防弊职责。

虽然元代的弥封制度已经进行了种种规定，但弥封阶段仍有内外勾连的可能性。《中国科举制度通史》中就明确记载正是由于以"三不成字"撰号，才产生了一个严重的漏洞，即故意泄露字号，以趁机与考生姓名相对应。故此，元代在科场规定中也制定了惩罚机制："诸辄于弥封所取问举人试卷封号姓名及漏泄者，治罪"[3]。考场积弊是无法根除的，但元代对于弥封制度的进一步发展依然有效提升了阅卷过程的透明度与公信力。

四、明代——弥封制度走向成熟

进入明代，科举制度已发展600余年，各项制度逐步走向完备。对于防止科场舞弊，明代也有着严格的规定。明代明确规定在乡试、会试以及殿试（廷试）读卷工作中均进行誊录。

明代科举考试誊录制度起步时间较早。根据《明太祖实录》记载，洪武十七年三月"弥封官一人，誊录官一人"[4]。在《大明会典》中亦有相同记载。明代的誊录官仍属帘外官之一，帘外官的工作流程与前代无明显差异。根据《大明会典》的记载："举人作文毕，送受卷官收受，类送弥封官撰字号封记，送誊录所，誊录

---

①张希清、毛佩琦、李世愉主编《中国科举制度通史·辽金元卷》，2017年，第512页。
②（明）宋濂《元史》卷八十一·志第三十一·选举一。
③（明）宋濂《元史》卷八十一·志第三十一·选举一。
④《明太祖实录》太祖高皇帝实录卷之一百六十。

毕，送对读官，对读毕，送内帘看。"① 由此也可知，这一阅卷前期流程已十分成熟稳定。与元代主要的不同之处在于，明代的"撰号"有所调整："弥封所、先将试卷密封举人姓名、用印关防。仍置簿编次三合成字号、照样於试卷上附书、毋致漏洩"。与元代的"三不成字"不同，明代改为了"三合成字"，但其原理仍旧相同。

明代弥封官体系呈现出两个明显的特点。虽然规定的弥封官数量为一人，但有明一代乡试弥封官的数量均有所增长且远超定制。根据牛明铎考据，明代乡试弥封官数量在不同地区有所不同，福建乡试弥封官最多曾达到 8 人，浙江乡试甚至一度突破 10 人。这一现象据牛明铎所考在会试阶段同样有所体现。景泰五年会试弥封官数量甚至达到了 5 人。廷试阶段由于自考试结束到放榜时间紧、任务重，弥封工作同样需要增加援手，按牛明铎考据，隆庆二年弥封官有 15 人。而《中国科举制度通史》中记载，嘉靖二十三年殿试弥封官数量甚至突破 15 人，达到 17 人之多。② 官员数量的增加直接体现了明代科举参与人数的显著提升。明代殿试的答卷及阅卷时间非常紧凑，帘内帘外官员的工作量可谓是远超前代。且有明一代，殿试阅卷、放榜时间基本固定。因此在这样的前提下，只有增派援手，才能尽可能完成任务。

明代对于弥封官等帘外官的选用不但数量呈逐步上升态势，选人用人的质量也有所提升。按《明实录英宗实录》记载"帘外执事官临期于吏部听选官内选文学出身者充之"③ 可知，明代统治者对于帘外官的选择衡量标准主要即通文理。但很快，这一标准在实际施行过程中，选用的官员层级却在不断提高。根据《中国科举制度通史》统计，洪武时期弥封官 1 人，由秘书监监丞充任，而到了成化、嘉靖年间，殿试弥封官的选用已经提升并扩展到翰林院、鸿胪寺、太常寺甚至是礼部、户部等官员。④ 选官的范围逐渐扩大，且部分所选官员的品级有一定提升，这也成为明代科举考试誊录制度与前代的变化之一。

明代弥封官数量及质量的双提升，不仅反映出希望通过科考入仕的举子数量的提升，更是明代从选官角度进一步建立完善弥封制度对于科场舞弊的防范作用。弥封官人数增多，内外勾连的可能性就越低，所谓的"嘱托"也就有所缓解；而选官质量的提升对于割卷、脱误等科场舞弊现象也有一定的抑制。但科场舞弊是无法根除的，割卷、脱误等发生在弥封阶段的作弊情况仍有发生。因此，明朝政府也出台相应的规定，对这一现象加以约束。《大明会典》记载，弘治四年规定"令各处乡

---

① (明)李东阳《大明会典》卷之七十七·乡试。
② 牛明铎．明代科举弥封与誊录制度考论 [J]．甘肃社会科学，2017（01）：113-118。
③《明实录英宗实录》明英宗睿皇帝实录卷之二百三十七。
④ 张希清、毛佩琦、李世愉主编《中国科举制度通史·明代卷》，2017 年，第 460 页。

试、帘内事不许帘外干预"①;《明神宗显皇帝实录》记载:"每受一卷随即弥封不许一人私阅不得一刻延缓"②。牛明铎在《明代科举弥封与誊录制度考论》一文中援引《大明会典》中的记载:"受卷、弥封官不许检看文字及与掌卷管往来"③。这些朝廷层面的制约,虽然也不能根除明代科场在弥封阶段的舞弊现象,但至少让科场阅卷有了一把制度层面的底线作为制约。

五、清代——延续前制,并成为科举制度"遗存"

清代作为中国历史上最后一个封建王朝,可谓是科举制度"集大成者",也是科举制度走向呆板、腐化的"终结者"。清代科举考试制度大体上沿用明代之制,弥封制度亦不例外。清代弥封制度实施于乡试、会试、殿试三个层级。

由于清代科举与明代有异曲同工之处,殿试阶段皆不设誊录,因此只有乡试及会试分为受卷、弥封、誊录及对读四所。乡试各所一般为四人,但有清一代人数也是在不断浮动的。仅乾隆朝不同年代,不同地域乡试四所官员人数就一直有浮动,多以减员为主。对于帘内四所官员的数量浮动,其原因按《中国科举制度通史》所述为:"四所官员额之减增,与各省乡试同考官额之变化大体同步,均取决于应试人数的增减"④。帘外官员的选用根据《钦定科场条例》记载:"印卷、收掌、受卷、弥封、誊录、对读等官,以府佐贰、首领,并州县正、佐内正途出身各官选用"⑤。同时《钦定科场条例》还规定:"外帘四所官,俱要精明强干,弥封官关系尤重,当量才任用"⑥。会试帘外官数量同样有变化,最初为二十二人,雍正朝改为十六人,四所每所四人。且会试四所官员的选择从最初的国子监、顺天府学等,逐步发展至内阁中书、六部员外郎等官员。且特别强调对所选官员:"凡科甲出身人员,先进开列,如不敷用,即令各衙门将恩拔副贡出身人员拣选咨送,毋俾任意规避"⑦。虽然清代乡试、会试帘外四所官员的品级不一定很高,但对于人选却是慎重的,特别强调要"正途出身",特别是强调了要是科甲出身或者国子监肄业生作为主体。满足这一条件还需"量才任用"。此外,清代与明代殿试一样,均不设誊录,虽出发点不同,但结果相同。因此对于弥封工作的要求就愈发严格。从选官角度,殿试对于弥封官的选用比起乡试与会试严格了许多,《大清会典则例》记载:

科举考试弥封制度历史探寻

①(明)李东阳《大明会典》卷之七十七·科举。
②《明实录神宗实录》明神宗显皇帝实录卷之二百四十三。
③牛明铎.明代科举弥封与誊录制度考论[J].甘肃社会科学,2017(01):113-118。
④张希清、毛佩琦、李世愉主编《中国科举制度通史·清代卷》,2017年,第110页。
⑤光绪《钦定科场条例》卷十三·乡会试执事官员·直省乡试执事官员。
⑥光绪《钦定科场条例》卷三十七·帘外所官。
⑦光绪《大清会典则例·卷三百三十六》礼部·贡举。

"受卷、弥封、收掌各官用内院侍读学士以下，礼部司官，六科给事中，院内典籍，撰文、办事中书等官"①。"内院侍读学士"，应所指为翰林院侍读学士，在清代职官体系中为从五品，官阶不低。所谓"内院"，延续自清代立国时内三院的称呼，内三院包括内国史院、内秘书院、内弘文院，均由大学士掌领，顺治年间开始下设学士，并以翰林院官员任内三院官职。六科给事中，监察、谏言官员，具有相当程度的影响力，清代雍正时期已提升至正五品。如此可见，清代殿试执事官的人选是严格的。这种高阶的执事官体系本身就具有一定的防弊效果。同时，为了降低内外勾连的可能性，帘外执事官的人数在清代殿试阶段也进行过缩减。按《中国科举制度通史》考据，清代殿试弥封官从 12 人缩减至 6 人②，人员核减达到半数。

科举题材类博物馆会有些会展出一枚刻着"弥封官关防"字样的长方形印章。在将考生相关个人信息封住后，清代帝内官会特别加盖这枚"弥封官关防"印信。在清代，官印的形状是根据官位是否固定来选择的，常设正规官官印为方形；而临时派遣的官员，其官印是长方形，也就是"关防"。时至今日，"弥封官关防"印信仍有传世至今，为一些博物馆等收藏机构所收藏，也成为了见证弥封这一制度的历史印迹。而随同"弥封官关防"一并进入历史的，正是延续 1300 年的科举制度。随着 1905 年科举制度的正式废除，弥封制度以及弥封官也就成为了科举制度历史中的一页，留在历史之中。

六、百年弥封——"生命力"最强的防弊手段

从糊名到弥封，这一制度在科举制度史上延数百年。综观弥封制度的发展史，不难发现，弥封制度的出现，很大程度上是科举公平性向权贵阶层挑战的结果。它一定程度上抑制了权贵对于科举考试的操控。科举考试的历史，就是一部作弊与防弊的斗争史。纵然每个朝代都在对弥封等步骤进行制度层面的制约，但终究并不能遏制。究其原因，高度集成的"人治"社会结构，以及悬殊的录取比是古代社会在科举考试层面无法断绝科场舞弊的重要原因。且一些制度的提出、完善或修改，均是一种"亡羊补牢"的姿态。因此，唯一根除的办法就是打破科举考试的制度，重新建立新的选人用人制度。这也正对应了清末科举走向历史的进程。

随着朝代更迭，利益消长，誊录制度也经历了短暂的废止。但历史潮流不容逆行，弥封制度作为科场考试过程中有力的防弊手段之一，仍然延续至后代，并得到

---

① 光绪《大清会典则例·卷三百三十六》礼部·贡举。
② 张希清、毛佩琦、李世愉主编《中国科举制度通史·清代卷》，2017 年，第 245 页。

了进一步的完善与发展。不可否认，弥封制度对科场舞弊起到了较强的防弊效果。虽然科举制度已在 100 多年前成为历史，但时至今日，现代考试中仍然会采用屏蔽卷头阅卷的制度，这也成为了弥封制度的一种继承。不得不说，弥封制度也成为了现代考试中得以继承的科举"活化石"。

吴晛，孔庙和国子监博物馆研究部，馆员

北京地区辽金墓葬壁画用色浅考

周 怡

摘要

近些年在北京城市建设中，陆续有数座辽金时期壁画墓重见天日，保存相对完好者有大兴区青云店辽墓壁画、延庆县张山营金墓壁画、石景山八角金墓壁画等。北京地区辽金时期墓葬壁画，受当时经济、文化、宗教等方面的影响，其用色真实、丰富，墓中所绘壁画色彩各异，体现了多元融合的特色。既有契丹族、女真族传统色彩观的传承，又有中原题材壁画的丰富性、装饰性、象征性，形成了简朴真实、吉祥、寓意、等级象征、五行色彩观等色彩观念体系。

关键词

北京地区；辽金时期；墓葬；壁画；色彩观

近些年来，在北京城市建设中，陆续有数座辽金时期壁画墓重见天日，保存相对完好者有大兴区青云店辽墓壁画、延庆县张山营金墓壁画、石景山八角金墓壁画等。墓葬壁画是中国古代壁画艺术的重要组成部分，辽金史是北京地区古代史的重要篇章，北京地区辽金时期墓葬壁画，用生动的笔触描绘了民族融合下多元的社会生活，在折射辽金时期社会物质生活的同时，又是对当时社会信仰、哲学观念等诸多因素混合而成的精神世界的反映。另一方面，墓葬壁画所反映的内容与现实生活又有所不同，作为丧葬礼仪的重要组成部分，壁画体现了生者对往生者的情愫与对另一个世界的猜想。

学界对于北京地区辽金墓葬壁画的研究，研究角度多为壁画工艺与保护、内容题材与图像解读、文化背景与艺术审美，而从色彩角度切入者鲜有，而色彩作为壁画绘制中极具表象性的一环，即是艺术色彩的运用与展示，同时不同色彩的运用也体现出其"表意"功能性。本文以浅谈北京地区辽金墓葬壁画色彩运用与其所反映的文化内涵为题，在对大兴区青云店辽墓壁画、延庆区张山营金墓壁画、石景山八角金墓壁画简述的基础上，对壁画色彩运用进行分析，对不同色彩的"表意"功能及其文化内涵进行阐述，望为今后研究提供参考。

一、北京地区辽金墓葬壁画概况

北京作为辽代陪都辽南京与金代首都金中都的所在地，保留了不少辽金两代的遗迹与遗物，其中墓葬发现较多，其中不少留有壁画，保存较好者有大兴区青云店辽代壁画墓、延庆区张山营金代壁画墓、石景山八角金代壁画墓等。

（一）大兴区青云店辽墓壁画

大兴区青云店辽代壁画墓于 2002 年 4 月在北京市大兴区青云店镇东南的西杭子村王致和腐乳厂西墙外被发现。经清理，此墓由两座形制相同的青砖砌圆形穹隆顶单室墓组成，根据发掘的先后顺序，将靠南者定为 M1，靠北者定为 M2；其内部分结构相近，均由墓道、墓门及门墙、甬道、墓室四部分组成，墓室部分绘有壁画。

墓室南壁（图一），高 1.3 米，宽 0.74 米。墓门在墓室南壁正中，其上绘有花草图案一组。墓门东侧绘有侍女一位，面部丰盈，高髻簪花，身着圆领窄袖青衣，腰间系白丝带，怀抱通体彩绘长颈凤首壶一尊。墓门西侧亦绘有侍女一位，面部丰盈，高髻簪花，身着圆领窄袖红衣，腰间束白丝带；在其左侧有灯檠一座，侍女左手持白色小碟，右手作点灯状。

图一 大兴区青云店辽墓墓室南壁壁画

墓室西壁（图二），宽 2.09 米。其中部距地面 0.9 米处有砖砌、墨线勾边破子窗棂一扇，窗下偏南绘侍女两位，均面部丰盈，高髻簪花，腰间束白色丝带；其中身着红色圆领窄袖者，做抄手状；而身着白色圆领窄袖者，双手持跳杆一根，似乎要将窗挑起。此外，西壁还有壁画因画面破损较为严重，依稀可辨为晒布料场景。

　　墓室北壁（图三），宽 2.16 米。其上绘有红色门两扇，其中间以及下部绘有黑色门钉一排；门高 1.08 米、宽 0.53 米，门底部距墓室地面 0.1 米。门可从正面向后推开，内绘侍者一位。其身着圆领窄袖白衣，腰间束白丝带；右手举一托盘，内盛食物。门西侧绘有箱子一件，镶红边，其正面横绘黑色锁一件。箱子上绘直口鼓腹器皿一件，内盛满圆形方孔钱与银锭。其形制仿编制篓筐，腹部装饰垂环纹，颈部绘折线纹。箱子后绘有侍女一位，面部丰盈，高髻簪花，身着圆领窄袖浅色衣，坐于椅子上，右臂肘部支于箱顶，右手托腮，做深思状。门东侧绘有侍女两位，二者均面部丰盈，高髻簪花，靠近门者身着圆领窄袖红衣，腰束丝带，右手持白色巾状物；另一位身着圆领窄袖黄衣，束腰带，双手托黑色盏托与白色盏。

墓室东壁（图四），宽 2.12 米。东壁左侧绘一妇人，其面部丰盈，高髻簪花，上身着右衽宽袖浅色衣，下着红裙，双手合于胸前，持白色巾状物。妇人左手牵一男童，髻发，鬓角留两簇短发，身着圆领窄袖上衣，穿鞋。东部壁画中间偏上有破子棂窗，与西壁破子棂窗相对，且大小相当。窗棂下有砖砌桌椅一套，凸出墙面 0.04 米。桌子高 0.6 米，面宽 0.5 米，椅子面高 0.4 米，宽 0.45 米，背略弯，通高 0.62 米。桌子自南向北绘花纹水注、白色盏、黑色盏托、盛有数枚石榴的黑色圈足碗。椅子一侧立有身着右衽宽袖红色长袍侍女，面部丰盈，高髻簪花。

图四 大兴区青云店辽墓墓室东壁壁画

M2 位于 M1 北 13.2 米处，由于墓顶坍塌，墓壁残损严重，大部分壁画已泯灭不清，然尚依稀可辨。墓室南壁，中间以甬道为划分，可分为东、西两幅画面。甬道东南角绘有男童一名，做写字状；甬道西侧绘有拿手杖女子一名。墓室东壁，绘桌子一张，南北各绘椅子一把。桌子上有酒壶、酒碗、酒盅。椅子后各绘侍者一名。桌子上方有长方形破子窗棂。墓室北壁，其间有一门，两侧壁画湮灭不清，依稀分辨绘有人物。墓室西壁，壁画湮灭不清。

（二）延庆区张山营金墓壁画

延庆区张山营金代壁画墓于 2005 年 4 月在北京市延庆县张山营镇晏家堡村北被发现。该墓为青砖砌成的圆形单室墓，由墓道、墓门、甬道、墓室几部分组成，甬道、墓室部分绘有壁画。

甬道东侧壁画（图五），长 1.7 米、宽 1.52 米，绘有男侍者 4 名，皆面圆身大，鼻直口方。南起第一位男侍者，腰部残损。身着青衣红裙，侧目向北，手持仪仗。

北京地区辽金墓葬壁画用色浅考

第二位男侍者身着红衣，腰束黑色丝带，侧身注视第一位男侍者，左手做拈花状，右手残损不详。第三位男侍者右手及腹部以下部分残损，身着青衣，左手做托物状。第四位男侍者受损严重，依稀可辨身着褐色衣服。

图五 延庆区张山营金代壁画墓东侧甬道壁画

甬道西侧亦绘男侍者4名，内容与其相对的甬道东侧壁画基本对称（图六）。南起第一位男侍者，大部分残损，身着青衣，侧身向南，左手持仗，右手握于胸前。第二位男侍者，身着褐衣，腰束黑色丝带，双手置于胸前，左手作拈花状，右手食指向上。其侧身向南往北回望。第三位男侍者，身着红衣，腰束黑腰带，足蹬黑靴，双手握于胸前，侧身向南。第四位男侍者，面部及腰部残损不全，手势不详。身着青衣红裙，白色长裤，足蹬布鞋，侧身向南。

图六 延庆区张山营金代壁画墓西侧甬道壁画

墓室东南侧壁画（图七），长 1.4 米、宽 1.08 米，绘有 4 人，腰部及其以上部分泯灭不可辨。南起第一人，残存的一只手握有鼓槌，其身前立一红色大鼓。第二人身着青衣、黑靴。第三人身着红衣，腰束黑色腰带，足蹬黑靴。第四人着青衣，束黑色腰带，双手将某物抱于怀中。根据腰部以下保留部分推断，墓室东南侧壁画其所绘内容为乐队一组。

图七 延庆区张山营金代壁画墓东南侧甬道壁画

墓室西南侧壁画（图八），绘侍女 4 位，面容姣好，丰盈红润，高髻。南起第一位，上身着交领青色上衣，下身穿红底白点裙。第二位侍女，高髻簪花，身着交领红衣，双手托盘，盘中物模糊不可辨，侧首向南，目视第一位侍女。第三位侍女，高髻长鬟，上身白衣广袖，下着红裙，双手托盘，盘中有一圆形执壶，侧身向北。第四位侍女，头部残损，身着红衣青色长裙，双手托盘，盘中物模糊不可辨，侧身向北。

图八 延庆区张山营金代壁画墓西南侧甬道壁画

（三）石景山区八角金墓壁画

石景山区八角金代墓葬与 2002 年 3 月在北京市城建公司五环路八角立交桥施工中被发现。该墓为圆形单室砖砌壁画墓，由墓道、影风墙、墓门、墓室四部分组成，墓顶、墓室绘有壁画。

墓顶由于在施工中被挖掘机损毁，只残存墓顶西半部下缘部分。此处绘有缠枝蕃莲三朵，枝叶部分用墨单线勾勒，花朵由橙红色线绘成。

墓室左右两拱与上下两枋间有六个长方形空格，其间绘有十二生肖（图九），由于东北角被挖掘机破坏，现存 10 个：墓室正北居中为鼠、牛；东南角为龙、蛇；正南为马、羊；西南角为猴、鸡；西北角为狗、猪。由此可推断，东北角处绘虎、兔。生肖形象瘦可见骨，由墨线勾勒轮廓，内部涂黄色、棕黑色颜料。

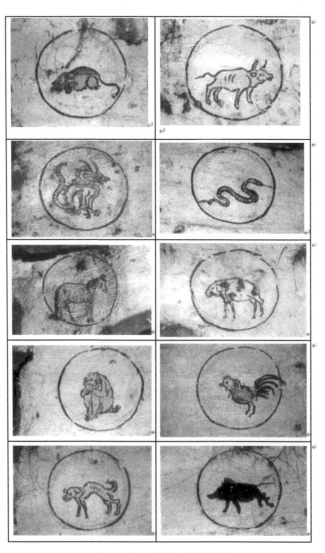

图九 石景山区八角金代壁画墓生肖图

墓室被六根砖砌的立柱分为6个部分，除正南面外，均绘有壁画，内容均描述墓主人生活场景。根据十二生肖顺序推断，正北面为第一幅，顺时针依次排列为：侍寝图、备茶图、备宴图、散乐图、侍洗图。

第一幅为侍寝图（图十），位于墓室正北居中部分。画面描绘了侍女服饰夫妇二人寝室起居的场景。画面偏上前景部分绘有已由两侧拉开的绣花幔帐，幔帐后绘卧榻，卧榻三面设有云头纹雕花护栏板，正面五扇，两侧三扇。榻的四角各有一枋木望柱。卧榻里居中部分横置一睡枕，其两端用绦巾扎成花结。榻后为四扇软屏风一组，深色木框为架，四条屏上各绘盛放牡丹。卧榻东侧绘有一侍女，榻旁恭立，高髻，身着浅色广袖深衣，双手当胸，斜持团扇。

图十 石景山区八角金代墓壁画—侍寝图

第二幅为备茶图（图十一），位于室内东南角。画面中间绘有土黄色方桌，桌中央放置一盝顶食盒，此外桌面还放置茶托、茶盏等其他茶具。以方桌为界，可将画面中六人分为左右两组。左侧一组四人，最左边为侍吏，上唇有两撇小胡子，头束黑帛头巾，身着浅黄色圆领长袍，双手笼袖，面西恭立。其右侧为仆人，上唇亦有两撇小胡子，头戴灰色头帕，身着灰袍服，向右弯腰躬身而立，微向前倾，左手持壶，右手拿盏，做倒水冲茶状。方桌右侧，紧靠方桌为一契丹小奴，梳髡发，身着浅色圆领长袍，与桌左侧倒茶仆人相向弯腰躬身而立，双手持盏，似等待仆人倒茶。契丹小奴身后另一仆佣，其双手托一碧纱笼圆形茶托盘于其左肩，茶托盘内有茶碗五个。画面右边与左边侍吏相对应的位置，亦有一侍吏，装束与左边侍吏相似；其上唇、下颌都有髯须，双手向下握以长竹管，似乎向茶炉中吹气。在他下方，蹲着一髡奴，由于壁画下部泯灭不清，其动作不好分辨，其右臂抬起，似在照看茶炉。

北京地区辽金墓葬壁画用色浅考

图十一 石景山区八角金代墓壁画—备茶图

第三幅为备宴图（图十二），位于墓室东南角。画中有七人，可分为两组。第一组为画面左侧为 4 位面容姣好的女仆。最左边第一位侍女以素帕罩头，身着对襟素袍，双手捧一大汤盘，面向左。紧挨其身后靠后排为第二位侍女，以花格帕罩头，上身着对襟红罗短衫，下身着素裙，左手向上拿一羹匙。与该侍女并排站立前排为第三位侍女，以素帕罩头，身着长袍，向左侧身，右肩扛着一个袋子。第二位侍女身后，即后排第二位侍女，以素帕罩头，身着对襟素袍，右臂弯曲，右手托一小瓷罐。画面右边三人为一组，左侧为一中年女仆，高髻长袍，身向左侧前行，头向左后转，右手握手巾，左手回指桌后两位男仆。两位男仆，立于放有五盘菜肴的方形木质食桌之后，二者皆头戴黑色束幅头巾，前排男仆，身着素色圆领长袍；后排者则身着红色。两位男仆皆弯腰弓身，双手各捧一菜盘，似恭敬听从中年女仆差遣。

图十二 石景山区八角金代墓壁画—备宴图

第四幅为散乐图（图十三），位于墓室内壁西南角。图中绘有乐工六人，可分为两组。第一组两人，皆头戴幞头并束帛巾，身着武官短装战袍。前排者击腰鼓，后排者击打鼓。第二组四人，皆头戴幞头，身着浅色文官圆领长袍。前排四人从左至右依次为吹觱篥、弹琵琶、击拍板、击腰鼓，后排二人从左至右分别为吹横笛、击鼓。

图十三 石景山区八角金代墓壁画—散乐图

　　第五幅为侍洗图（图十四），位于墓室内壁西北角。图中央有一高脚方木桌，上有盘、碗、水注等器皿。桌后有四名头戴黑色束幅巾的男侍者，根据其动作可分为两组。居左二人为一组，左侧者上唇留有两撇小胡子，上身着红衫，向右弯腰躬身，双手托两端持一鸡腿瓶，向同组右侧侍者双手所端盆中倒水。右侧侍者，身着素色长袍，腰间束绦，向左躬身弯腰，两手端盆接左侧侍者瓶中倾倒的水。画面右侧两人是一组，左侧侍者身着圆领黄色长袍，腰部束带，双手持巾抱于胸前，头向左看，似注视着左侧两侍者倒水。右侧侍者身着圆领黄色长袍，腰部束带，双手合抱于胸前，面向右看。

图十四 石景山区八角金代墓壁画—侍洗图

北京地区辽金墓葬壁画用色浅考

由此可见，北京地区辽金时期墓葬壁画内容以人物为主，以墓主人生前日常生活为创作题材。在绘画技法上，既有近似于写实的手法，也有简单率真的墨线勾勒。在色彩运用方面，用色以白、红、黑居多，人物服饰色彩设计巧妙，通过分析人物在画面中的位置、姿势仪态、服饰色彩差异可窥人物关系。

二、北京地区辽金时期墓葬壁画色彩分析

自然界的色彩千变万化，不可胜数，但在先人的视觉体验里却是慢慢形成某种认识和观念的，我们现在所能感觉到的色彩，已经是数千年来各种文化、认识、观念下的产物了。作为一种视觉语言，色彩通过客观性暗示，感染观者，使人进行联想，从而达到对人产生生理、心理影响的作用。色彩作为壁画重要的表象部分，存在着某种表达"观念"为目的设计，从而对社会心理、文化意蕴进行表达。

辽金壁画墓葬受宋代墓葬影响很深，在继承隋唐五代墓葬壁画的基础上发展而来，体现了较强的规范性、森严的等级制度、鲜明的时代与地域性，继承从西汉以来逐渐形成的色彩体系，秉承"五行终始说"，而后又融入佛教色彩观。值得注意的是，墓葬壁画作为逝者身后居所营造的一部分，与生者的世界有所区别，这表达了生者对于往生世界的遐想与对逝者的祝愿。

（一）墓室壁面地仗制作

墓室壁面地仗为墓室壁画色彩的物质载体，壁面地仗的制作情况，直接影响壁画色彩的表现效果。

北京地区辽金墓葬形制与工艺很大程度上沿用宋朝，根据北宋李诫《营造法式卷十三画壁》载：造画壁之制：先以粗泥搭络毕，候稍干，再用泥横被竹篾一重，以泥盖平，又候稍干，钉麻华，以泥分披令匀，又用泥盖平；以上用粗泥五重，厚一分五厘。若拱眼壁，只用粗细泥各一重，上施沙泥，收压三遍。方用中泥细衬，泥上施沙泥，候水脉定，收压十遍，令泥面光泽。凡和沙泥，每白沙二斤，用胶土一斤，麻捣洗择净者七两。记载的制作工艺，壁画地仗的材料一般是由粉土、沙以及少量的植物纤维（如麦草、麻等）按照一定的比例加水调和而成，制作地仗的粉土中含沙量一般较大。壁画地仗的制作程序，是先在墓室的壁面上涂抹一层厚度为1~2厘米的草拌泥作为地仗层，待稍干后用事先准备好的白灰水均匀涂抹在其上，即白灰层，白灰层的厚度视地仗层的厚度而定。如果地仗层厚度在1—2厘米且厚薄

均匀，白灰层仅需均匀涂抹一次，厚度约为 0.02 厘米。待白灰层表面干燥之后即可绘制壁画。而敦煌莫高窟中的壁面制作工艺较为复杂，石洞凿好后，先用约半寸厚的土泥涂于窟壁，且土泥中需加麻筋或麦草，以增强黏牢度。待其干透，再用加胶水或米汤搅和的稀泥装涂在表面，干透最后再加涂一层胶粉浆（浆中可依画面需要加色作底），干后即可作画[①]。

（二）壁画所用颜料分析

最初的颜料是使用单色的矿物质和植物质颜色，经过不断地创造、改进，逐渐发展。进而使用矿物质的间色（如白坚合朱成为肉色，石青合白坚成为天青色）和矿植物合用的间色（如蓝靛合朱成为紫色，槐花合石绿成为嫩绿色等）这样的矿、植物颜色合用，加上古代化学制的铅粉、黄丹，外来输入的藤黄紫铆等，在辽金时期颜色已经非常丰富了。近些年随着很多现代分析技术大量应用于文物颜料的分析检测之中，对壁画颜料进行分析，样品采集用量越来越少，甚至达到微损伤甚至无损的级别，这对于壁画颜料分析工作的展开大有助益。[②]

通过对以上三座墓壁画颜料层选择代表性位置进行颜料试样采集，并对试样进行 XRD 与拉曼光谱进行物相分析。北京地区辽金时期墓葬壁画，以红、白、黑为主，搭配少量的黄色与绿色。其中壁画中白色颜料来自石膏、方解石，红色颜料来自土红，黑色颜料来自炭黑。白色颜料来自石膏，即天然二水石膏（$CaSO_4 \cdot 2H_2O$），又称为生石膏，在无杂质的情况下通常为白色；而方解石（$CaCO_3$）是分布最广的矿物之一，无杂质时呈白色或无色。红色颜料所用土红为天然赭石，即赤铁矿（Fe_2O_3），是广泛分布于岩石当中的副矿物。黑色颜料所用炭黑是一种无定形炭，来自人们焚烧动植物留下的黑灰，经调制而成。黄色颜料为雄黄、雌黄，来自氧化铁及氢氧化铁为主要成分的原矿石。绿色来自孔雀石、氯铜矿、绿松石为主要成分的矿石。由此可见，北京辽金时期墓葬壁画所用颜料，主要以天然矿物颜料为主，以植物颜料、人工合成颜料为辅，混合颜料用得非常少。将矿物捣碎、研磨、淘洗、晒干后注胶即可用。

北京地区辽金墓葬壁画用色浅考

①楚启恩：《中国壁画史》，北京工艺美术出版社，2000 年，第 261 页。
②于非闇：《中国画色彩的研究》，人民美术出版社，1961 年，第 1—5 页。

（三）墓葬壁画设色所体现的色彩观

中国传统文化中，存在着属于中国文化的色彩运用体系，其在不同的历史进程中有着独特的演化。可以说，中国传统的色彩观是一个受华夏文化为主体，在其强烈作用下，包容并蓄在不同的历史时期有着不同的体现，而在其构建的过程中体现了鲜明的思想意味与等级划分的系统。墓葬壁画作为生者为逝者构建的身后空间，其来源自活人的世界，墓葬壁画的设色，也折射出这一系统。

1. 墓葬壁画设色体现"五德终始"观念

北京辽金墓葬壁画中，人物衣着大量使用了白色，这或许是"五德终始"观念的体现。

中国古代王朝对于王朝象征有着"五德终始"的思维模式。"五德"是指五行木、火、土、金、水所代表的五种德性；"终始"是指"五德"周而复始的循环运转。战国时期阴阳家邹衍以这个学说来为历史变迁、王朝兴衰作解释。而"五色"是与五行相对应的，火、土、金、水和木，分别对应赤、黄、白、黑、青。一德对一色，金德对白，木德对青，水德对黑，火德对红，土德对黄。五行相生相克，金克木，木克土，土克水，水克火，火克金，终而复始，五德亦是[1]。所以，新的王朝都会给崭新的政权赋予一种克胜所灭朝代的新德，故而整个国家的颜色也会随之改变，这也是中国历史上特有的"颜色革命"。我们可以从朝代更迭中看到"五德终始"的色彩观念作为影响了中国历史数千年的文化思维模式之一，深刻影响了中国历史的进程和方向。中国历代的统治者都对自己王朝的"色尚"非常重视，并将其看成是王朝正统性表现的象征之一。《大金德运图说》一书中有"辽主水德，水属黑"的记载。而金国的尚色存在有一个变化的过程，金国建国之初以金德尚白，完颜阿骨打建国时对于国家色彩有过非常明确的规定，《在金史·本纪第二太祖》章中，对阿骨打建国即位并议定国家尚色时，有"辽以宾铁为号，取其坚也。宾铁虽坚，终亦变坏，唯金不变不坏。金之色白，完颜部色尚白"的记载。但到了金章宗泰和二年（1202年）发生了转折，将国家德运从"金"更改为"土"，随之将尚色由白色改为黄色。然金章宗更定金国德运为土德的做法不过维持了十二年，金宣宗贞祐二年（1214年），将尚色回归早期的白色了。

2. 墓葬壁画设色所体现辽金时代特色

我国墓葬壁画的色彩观，早在两汉时期便自成体系，这种体系将色彩、哲学、

204

孔庙国子监论丛

2021

① 顾颉刚：《五德终始说下的政治和历史》，《古史辨自序》，河北教育出版社，2000年，第430—645页。

宗教观念联系在一起。北京地区辽金时期墓葬壁画，在继承中原传统孔孟思想雅正的色彩观以及老庄思想黑白淡薄的道家色彩观之上，融汇佛家五色之说，并融入北方少数民族色彩喜好。

《行事钞资持记下》中记载"言上色者无妨正间：青、黄、赤、白、黑，五色正色也，绯、红、紫、绿、黄无妨间色也"。五色代表了佛教的五智与五法，其中因恶引起的果为"黑"，而善引起的果为之"白"。辽金两代统治阶层信奉佛教，在中国佛教史留下浓墨重彩的一笔。北京作为辽金两代的陪都，是当时佛教传播、交流的中心区域，受佛教繁荣的影响，象征善意的白色受到推崇，这亦体现在墓葬壁画颜色的选用中。

此外，据文献记载，北方民族对白色的喜好由来已久。《辽史·国服》中有"天子之服为白绫袍之制度"的记载，可见白色之于辽国而言，已是最高等级的色彩。北方民族尚白，和信奉萨满教有关，在萨满教里，白色是善的象征。虽《国服》中亦有所谓"贵者披貂裘，以紫黑色为贵，青次之"的说法，但与家神之白、天子之白相比，色彩等级上还是有高下之分。此外，从本民族传统的色彩喜好出发来确定国家色彩象征，这其实也是中国历史上少数民族入主中原后大多采用的做法，比如当年北魏最初的尚黑，以及此后金国建国时的完颜部尚白，都是立足于本民族的原有传统。

3. 壁画设色所体现礼制观念

墓葬是安顿与祭奠往生者的场所，在述说着生者对逝去生命的关怀和期许的同时，最终回归到对生与死的认知上。在不同时代、不同地区、不同信仰的差别中，又是社会历史变迁的写照，随着社会发展与王朝更迭，不同阶段的特征及所蕴含的文化转型。辽金时期墓葬壁画继承了北宋世俗欢乐的表达内容，一幅幅生活画卷就是现实生活；色彩的选用上在继承宋代墓葬壁画宁和雅逸基调与北方少数民族颇有生活气息意味的同时，也体现了礼阶级性与礼仪制度。

墓葬礼仪制度中等级制度是核心。壁画色彩的选用亦是封建等级制度的体现。《考工记·画缋》中提出方位与色彩之间的对应关系，并对色彩之间的搭配进行了初步说明，是构成中国传统绘画赋彩学说的奠基之作。初唐时期，孔颖达对郑注皇疏之义进行阐述，在五行相生相克的基础上，将青色、赤色、白色、黑色、黄色定为正色，将绿色、骝黄、紫色、红白、碧涩、青白作为间色，强调正色的绝对优势地位，赋予正色尊贵、权威的象征意义，而间色被排斥。古人对正色与间色的认知，基于对色相理解的不断加深，青、白、黑、赤、黄作为表现客观事物外在的五种基本色相，是较为纯净的颜色，将五色加以混色，则可得到丰富的间色，故而将正色尊为万物本真之色，《周礼·考工记》中"六入为玄"，与《礼记正义·玉藻》中"玄是天色，故为正，缥是地色，赤黄之杂，故为间色"亦是同理，这揭示了正色与间色的区分是封建礼制建设的需要。

在北京辽金时期墓葬壁画中，正色与间色的主次尊卑地位有着较为明显的体现，如石景山区八角金墓壁画备茶图中，地位高的侍者使用了淡黄色正色，地位较低的使用了淡蓝色间色，体现了侍者中的上下级关系。此外，色彩的丰富性亦能体现人物的地位关系，如延庆区张山营金代墓葬壁画中的女子的形象，核心人物多以红、白搭配，上红下白或是内白外红。而作为侍女，虽然各有所服，但较地位更高的妇女相比，显色较为单一，上下、内外无太大颜色反差。

三、小结

我国先民对色彩进行探索的历史相当久远，但相较于西方色彩体系，呈现出认知零散感性、人文气息浓厚、观念性强的特点。辽金作为中国封建社会一个割据的时期，少数民族政权入主中原，辽金两代对汉地施行"胡汉分治"的治国政策，但对于汉文化是接纳并学习的，这使得当时的北中国汉文化得到了传播与发扬，并融汇到少数民族权力阶层的日常生活中去，使这一时期呈现出多种文化并存融合，文化格局重新建立的局面。

从北京地区辽金时期墓葬壁画的色彩中可以看出，辽金时期继承和发展了前代色彩的运用观念，延续了宋代墓葬壁画的风格，以墨线勾勒出轮廓，再以颜色渲染，以白、黑、红为主体色，搭配上符合现代色彩理论冷暖色的处理方法，展现出辽金时期人们对于另外一个世界的想象，亦为我们展现了辽金时期民族融合的画卷。

周怡，孔庙和国子监博物馆文物保管部，助理馆员

探析金中都的营建与女真族封建化发展

杜若铭

摘要

金中都的营建是我国古代北方少数民族——女真族封建化进程中的重要举措,是女真族封建化发展到一定时期的结果。营建金中都之前,女真族已经加快了封建化的步伐,在经济、政治、文化等方面进行了变革,为海陵王迁都创造了历史条件。在封建经济发展平稳的环境下,金中都的规划和营建充分体现了当时女真族政治封建化和文化封建化的发展结果,也促进了女真族封建化发展。营建金中都作为女真族封建化发展中的重要历史事件,体现了中国封建王朝民族大融合。

关键词

金中都;女真族;封建化

金中都在北京的建城史和建都史上都具有重要的地位,同时金中都的营建也是我国古代北方少数民族——女真族封建化进程中的重要举措。女真族作为我国东北地区最古老的民族之一,兴起于白山黑水之间。《金史·始祖》有云:"金之先,出靺鞨氏。靺鞨本号勿吉。勿吉,古肃慎地也。元魏时,勿吉有七部……隋称靺鞨,而七部并同。唐初,有黑水靺鞨、粟末靺鞨,其五部无闻。粟末靺鞨始附高丽……后为渤海,称王,传十余世。有文字、礼乐、官府、制度。……黑水靺鞨居肃慎地,东濒海,南接高丽,亦附于高丽。……开元中,来朝,置黑水府,以部长为都督、刺史,置长史监之。赐都督姓李氏,名献诚,领黑水经略使。……五代时,契丹尽取渤海地,而黑水靺鞨附属于契丹。其在南者籍契丹,号熟女直;其在北者不在契丹籍,号生女直。生女直地有混同江、长白山,混同江亦号黑龙江,所谓'白山、黑水'是也。①"《金史》寥寥数笔大概记录了女真族至五代的活动区域名称、部落分支的变化,以及和高丽、唐、契丹族的关系,可见女真族发展的大概脉络,与相邻的民族和国家联系密切,尤其是渤海地区,军政制度皆从唐制,使用汉字,文化

---

① (元)脱脱等撰:《金史》,中华书局,1975年,第1—2页。

发达，又称为"海东盛国"。女真族一直与封建王朝在政治经济文化等各方面保持着密切的交流，深受中原封建王朝的影响。

女真族封建化的发展经历了几代统治者，不是一蹴而就，金中都的营建是女真族封建化进程中的重要举措，也是女真族封建化发展到一定时期的结果。有学者认为完颜阿骨打于公元 1115 年建立金国是女真族进入奴隶制社会的标志①，从金熙宗开始，金国开始向封建制转变②，迁都燕京，营建金中都是国家封建制转变中的重大历史事件，是封建化的结果之一，同时促进了金国后续封建化的发展。

一、金朝初期女真族封建化发展

根据马克思的社会形态理论，封建社会是人类社会演进过程中必然经历的一种社会形态。社会形态的核心是与生产力发展状况相适应的生产关系的总和，这是决定社会面貌及其演变的最根本因素。封建社会形态的本质特征在生产力上是自给自足的自然经济，在生产关系上是大土地所有制和小生产的结合，国家和大土地所有者对农民实行剥削。中国封建社会以农立国，土地是最基本的生产资料和主要财富，土地所有制是封建制度的基础。③金国建立初期，疆域初具规模，金王朝还没有完成所有领土的封建化，当时呈现出了不同的经济形态，封建化的经济形态并未完全占主导地位，只是全国的经济形态已经有了趋向于封建化的形势。

金国建立后不久，先后灭掉辽和北宋，主要的民族构成有女真族、渤海人、契丹族、汉族等其他北方古代少数民族，封建化较为完全的是渤海人、契丹族和汉族等，只是金国建国不久，对于契丹族和原来北宋统治下的汉族的统治尚未牢固。而金国统治阶级长期居住的地区不是封建经济充分发展的地区。女真族起源地的"白山黑水"，自然生态资源多样，呈现出渔猎、畜牧、农耕交错的经济形态，农业是其中相对稳定的经济活动，因此至金朝建立前后，农业逐渐成为女真族主要的经济支撑。以金上京为例，金上京地区"地饶山林，田宜麻谷，土产人参、蜜蜡、北珠、生金、细布、松实、白附子④"，"土产无桑蚕，惟多织布，贵贱以布之粗细为别⑤"，虽物产丰富，但可提供农业发展的土地相较于中原地区少，而且交通不方便，不利于农业经济发展。由于金朝初期兼并了南方大量的适合农业发展的土地和

① 郭沫若：《中国史稿（第五册）》，人民出版社，1983 年，第 216、250 页。
② 张广志：《女真与奴隶制——"从少数民族史看初始阶级社会的非奴隶制性质"专题研究之九》，青海师范大学学报（哲学社会科学版），1985（01），第 108—119 页。
③ 历史理论研究所"中国封建社会的主要特点"，赵庆云：《试论中国封建社会的主要特点》，史学理论研究，2021（04），第 29—37 页。
④（宋）宇文懋昭撰：《大金国志校证》，中华书局，1986 年，第 551 页。
⑤（宋）宇文懋昭撰：《大金国志校证》，中华书局，1986 年，第 553 页。

俘获了大量的农业人口，封建经济形态迅速发展起来。

除了经济形态具有封建化的趋势，还有政治统治封建化的发展。封建社会的核心是中央集权制的政治体制，中央集权的基本特征为"事在四方，要在中央"[1]，将国家主要政治权力高度集中到皇帝手中，皇权统揽一切，是最高的、唯一的、绝对的。皇帝将全国划分为若干不同层级的行政区划进行治理，派出专业官僚至各地方行使政治权力。君权之下等级结构森严，明确尊卑等级，严肃伦理秩序，实现对国家的有效治理。

金太宗时期虽已经确立金朝官僚制度，《金史》记载："金初，法制简易，无轻重贵贱之别，刑、赎并行，此可施诸新国，非经世久远之规也。天会以来，渐从吏议，皇统颁制，兼用古律。厥后，正隆又有续降制书。[2]"所谓"渐从吏议"，也就是依赖官僚制度来维持政权，完善的官僚制度是维持封建国家运转的保证。统治者不断加强中央集权逐步建立了以唐、宋三省制度为主的官僚制度。金熙宗时，沿袭着勃极烈制，设三师，领三省事，仍保留女真贵族议事制的痕迹，皇帝以下三师权力极大。采取了定太庙、祭孔子庙，复封衍圣公，详定百官制，皇帝御冠服，颁历法，用宋乐，颁为皇统新律，以及百官用朝服等措施。到了海陵王时期，海陵王在太宗、熙宗基础上对中央官制的全面改革，在正隆元年（1156）正式颁布，称为"正隆官制"。罢黜中书省、门下省，只设置尚书省，主管朝廷政务，直属于皇帝，尚书令为最高长官，不设左、右丞相，参加政事。此外，废黜金太宗设置的都元帅府，仿汉制设枢密院，由朝廷任枢密使、副使主管军事。虽尚书省、枢密使分管政治、军事，但枢密院受尚书省节制。基本把政权、军权收归于皇权。

经此改革，尚书省成为皇帝直接控制的唯一政权机构，权力更为集中。该官制相对完善，后世无甚更改。海陵王于天德二年（1150）十二月，废行台尚书省，行台尚书省是金太宗、金熙宗时，先后在燕京、汴京设立，是管理关内汉人，具有辽时南、北面官番汉分治特点，这种制度不再适合多民族杂居生活。

女真族统治阶级政治封建化在海陵王时期也进入了新的阶段，海陵王篡位称帝就是女真族统治阶级内部支持封建化改革派的胜利。海陵王完颜亮是金朝的第四位皇帝，其父宗干是完颜阿骨打的庶长子，当时金朝统治阶级内部矛盾重重，完颜亮通过政治斗争弑君即位，"十二月丁巳，忽土、阿里出虎内直。是夜，兴国取符钥启门纳海陵、秉德、辩、乌带、徒单贞、李老僧等入至寝殿，遂弑熙宗。……乃

探析金中都的营建与女真族封建化发展

①王先慎:《韩非子集解》，中华书局，1998年，第44页。
②（元）脱脱等撰:《金史》，中华书局，1975年，第1013页。

奉海陵坐，皆拜，称万岁。①"总的来说，金朝前期统治阶级分为保守派和改革派，完颜亮是力主改革的，保守派的势力范围主要在金上京地区。自完颜阿骨打建立金国后至海陵王完颜亮迁都，一直起着首都作用的是金上京会宁府（现黑龙江阿城）。上京会宁府位于金朝东北地区一角，位置较为偏僻。金朝在建立之初为了抗击辽的统治，与北宋订立了"澶渊之盟"，此时以金上京为都城位置是适合的，然而辽灭亡后，金不断攻伐宋，领土不断南扩，金上京的位置已不能满足封建统治需求，其实在金熙宗时，工作地点已经迁至燕京，"凡省选之制，自熙宗皇统八年以上京僻远，始命诣燕京拟注，岁以为常。②"

女真族一直对中原封建文化保持着比较开放的态度，甚至有的学者认为金朝是一个典型的北方民族汉化王朝，女真人的汉化改变了其质朴的民族传统，销蚀了尚武精神，导致其最终走向衰落③。女真族在被称为肃慎人时就与中原王朝建立了联系，《国语·鲁语》中记载了一则孔子识箭的故事，周武王统一后，"肃慎氏贡楛矢、石砮④"。西周时期，周人描述周朝疆域时说："及武王克商……肃慎、燕、亳，吾北土也。"（《左传》昭公九年）战国至隋唐，肃慎（后称为靺鞨）在政治、经济、文化等方面与中原王朝一直保持较为紧密的联系，尤其是靺鞨人大祚荣建立的渤海国，大祚荣被唐封为"渤海郡王"，该地区一直受中原文化影响极深。海陵王完颜亮的母亲是渤海皇族大姓昊天之女，刘浦江在《渤海世家与女真皇室的联姻——兼论金代渤海人的政治地位》一文中有所考证。完颜亮自幼就接触并学习中原文化，《大金国志·海陵纪》载："好读书，学棋象戏，占茶，延接儒生，谈论有成人器。既长，同度端严，神情闲远，外若宽和，而城府深密，人莫测其际。⑤"海陵王父子皆从学于名儒张用直门下，《金史》载："张用直……少以学行称。辽王宗干闻之，延置门下，海陵与其兄充皆从之学。"⑥

女真族与汉族长期文化融合的过程中，成效较为显著是在宗庙礼仪方面，因为女真族并没有宗庙制度，几乎照搬封建王朝的宗庙礼仪。《金史·礼》中有关于宗庙制度发展的记载："金初无宗庙。天辅七年（1123）九月，太祖葬上京宫城之西南，建宁神殿于陵上，以时荐享。自是诸京皆立庙，惟在京师者则曰太庙。天会六年（1128），以宋二帝见太祖庙者，是也。或因辽之故庙，安置御容，亦谓之庙，天眷三年（1140），熙宗幸燕及受尊号，皆亲享恭谢，是也。皇统三年（1143），初

①（元）脱脱等撰：《金史》，中华书局，1975年，第93页。
②（元）脱脱等撰：《金史》，中华书局，1975年，第1197页。
③刘浦江：《女真的汉化道路与大金帝国的覆亡》，《国学研究》，2000年第7卷，第171—208页。
④（春秋）左丘明，张永祥译：《国语译注》，北京联合出版社，2015年，第112页。
⑤（宋）宇文懋昭撰：《大金国志校证》，中华书局，1986年，第185页。
⑥（元）脱脱等撰：《金史》，中华书局，1975年，第2314页。

立太庙，八年（1148），太庙成，则上京之庙也。贞元初，海陵迁燕，乃增广旧庙，奉迁祖宗神主于新都，三年（1155）十一月丁卯，奉安于太庙。正隆中，营建南京宫室，复立宗庙，南渡因之。[1]"可见金朝从金太宗开始对于宗庙的建造越来越重视。

金国建立后，封建经济逐渐发展，在相对稳定的环境下，中央集权不断加强，封建统治制度和文化意识形态发展更加迅速，女真族走上了迅速封建化的道路。海陵王迁都燕京，营建金中都是当时女真族发展史上的重要历史事件，也是海陵王全面改革的决定性胜利，为此后金朝历史发展奠定了基础。

二、金中都的营建和女真族封建化发展

中国古代城市建设思想与社会思想是紧密结合的，在中国古代城市发展过程中，有两种主流城市规划思想，很多古代都城都是在这两种思想下营建的，一种是追求"天人合一"与自然和谐共生的管子思想，《管子·乘马》曰："凡立国都，非于大山之下，必于广川之上。高勿近旱而水用足，下勿近水而沟防省。因天材，就地利，故城郭不必中规矩，道路不必中准绳。[2]"《度地》篇亦曰："故圣人之处国者，必于不倾之地，而择地形之肥饶者[3]"。提出了建城的自然条件。二是以封建礼制思想为核心，反映中央集权封建制度的规划思想营国制度与儒家思想相结合的城市规划思想，在《周礼·考工记》中有具体描述。中央集权封建等级制度在我国古代城市建设中长期占据主导地位，其形制在城市建设上的演变也是这种思想加强的体现。[4] 在主流思想的主导下，社会思想的变化也会影响到城市的规划，在每朝每代的城市形制中也有所体现。

金中都的选址也是更有利于女真族的封建化的发展。金中都的前身辽南京城，是高度封建化的城市，在辽朝是五京之一，是游牧经济和农耕经济的相容之地，同时"番汉文化"交融，《契丹国志》有载："南京本幽州地……自晋割弃，建为南京，又为燕京析津府，户口三十万。大内壮丽，城北有市，陆海百货，聚于其中；僧居佛寺，冠于北方。锦绣组绮，精绝天下。……水甘土厚，人多技艺，秀者学读书，次则习骑射、耐劳苦。石晋未割弃已前，其中番汉杂斗，胜负不相当；既筑城

---

①（元）脱脱等撰：《金史》，中华书局，1975年，第727页。
②黎翔凤撰：《管子校注》，中华书局，2004年，第83页。
③黎翔凤撰：《管子校注》，中华书局，2004年，第1050页。
④陈翔、王量量、王珺：《中国古代社会思想转型与城市建设演变的关系》，《城市建筑》，2021年1月第18卷，第115页。

后，远望数十里间，宛然如带，回环缭绕，形势雄杰，真用武之国也。[①]"海陵王完颜亮迁都之前，金朝已经有很长时间有意识地吸收中原文化，进行大规模的民族融合，这种民族融合不同于金上京履行首都职能时期，由于金上京地理位置"东濒海，南邻高丽，西接渤海、铁离，北近室韦[②]"，当时金朝与东北古代少数民族联系较为紧密。辽南京城是位于汉民族和游牧民族的融合地带，来自汉民族的中原文化相较于游牧文化是相对先进的，封建化程度较高，更吸引金朝统治者，并且海陵王完颜亮是具有消除民族对立进行文化融合的思想，"国家立法，贵贱一也，岂以亲贵而有异也"[③]。

（一）金中都的规划和营建

中原封建王朝都城的建设给海陵王提供了范例，海陵王营建的金中都是在辽南京的基础上扩建的，辽南京则是沿用唐幽州的旧制，模仿了宋汴梁城的布局规划，张棣的《金虏图经》称："亮（注：完颜亮）欲燕都，先遣画工写京师（作者注：开封）宫室制度，至于阔狭修短、曲画其数，授之左相张浩辈，按图以修之。"[④] 天德二年（1150），海陵王颁布求言诏，得到臣民认可，并"乃遣左右丞相张浩、张通古、左承蔡松年，调诸路夫匠，筑燕京宫室"[⑤]，也制定了皇城的基本布局，"皇城周九里三十步，其东为太庙，西为尚书省。宫之正中曰皇帝正位，后曰皇后正位。位之东曰内省，西曰十六省，妃嫔居之。又西曰同乐园，瑶池、蓬瀛、柳庄、杏村皆在焉。"[⑥] 天德三年（1151）四月正式颁发诏书《议迁燕京诏》迁都燕京，在《议迁燕京诏》中提到"因官庙而创官府之署，广陌以展西南之城，勿惮暂时之艰，以就得中之制[⑦]"，海陵王要求根据辽南京城内原有宫殿与庙宇的分布情况，规划布局金朝中央的官府署，金中都在辽南京的基础上向西面和南面拓展，强调皇宫的居中之制，有的文章认为这几句话算是营建金中都的基本方针了。

金中都分大城（外城）、皇城（内城）、宫城三重，平面布局呈回字形，大城周长约37里（18690米），略呈正方形，有城门13个。金中都的坊制是仿照北宋东京城开放的巷市，是旧式坊制和新式街巷的结合，大城的东北部为工商业区。城内中央为皇城，皇城之西为皇家园林的一部分，城内街坊均分布于皇城四周。皇城是

212

①（宋）叶隆礼：《契丹国志》，上海古籍出版社，1985年，第217页。
②（宋）徐梦莘：《三朝北盟会编》，上海古籍出版社，1987年，第16页。
③（元）脱脱等撰：《金史》，中华书局，1975年，第1598页。
④（宋）宇文懋昭撰：《大金国志校证》，中华书局，1986年，第594页。
⑤（宋）宇文懋昭撰：《大金国志校证》，中华书局，1986年，第187页。
⑥（宋）宇文懋昭撰：《大金国志校证》，中华书局，1986年，第187页。
⑦（清）张金吾编纂：《金文最上》，中华书局，1980年，第58页。

在辽南京城的宫殿区的基础上进行扩建和增建而成的，皇城内建有太庙、金朝的中央政府、地方衙署及为皇室服务的各种机关。近郊有行宫、园林，远郊有皇陵和行宫。宫城分中路、西路、东路三部分，中路即中轴线，宫城的主要殿、门都位于这条中轴线上。

金中都改变了金上京南北二城的城市布局方式，大城（外城）、皇城（内城）、宫城是回字形内外相套，这是学习了北宋东京城的布局。之所以没有延续金上京的布局方式是有两个原因：一是因为金上京南、北城的布局是沿用辽上京的布局，辽上京的南北二城是辽朝南北分治的政治制度下的产物，北城为皇帝所居的内城，南城为平民所居的外城，南城以汉族和回鹘族为主，将不同民族明显地区别居住已经不符合金朝民族融合的发展；此外，中原王朝的宫城的居中之制的思想已经深入金朝统治者，因为宫城居中更显金朝皇权的正统。

宫城居中的设置导致了金中都不同于金上京和辽南京的一个新的都城规划——中轴线。从金中都的平面图来看，宫城不是完全居中，是在城中部略微偏西，中轴线是由南至北，由大城城门、交通干道和内城宫殿组成，以大城北墙正中的通玄门和大城南墙正中的丰宜门为中轴线的两端，由北端通玄门开始，穿过弘法寺、天王寺之间的南北向交通干道经皇城北门拱辰门进入皇城，再经昭明门进入宫城，穿过大安殿，出宫城的应天门，再至皇城正南门宣阳门，再沿着居于城市正中的交通干道，到达外城的丰宜门。金中都的中轴线十分明确清晰，突出了帝王所居正中的规划。

此外，金中都城内布局是封闭的里坊制和开放的街巷制相结合。由于北宋时期城市商业经济的发展，封闭的里坊制已经不能满足城市发展的需求，进而被开放的街巷制取代。金中都是在辽南京城的基础上建造的，辽南京城的前身是唐幽州城，是封闭的里坊制，在金中都营建的过程中并没有拆除已有的居民区，仍然在城市的中心区域保留辽南京城里坊制，而在此基础上向东、南、西扩建的时候，采取的是开放式的街巷。直至明清时期，北京南城西部的街巷的坊与金中都的基本重合。

完颜亮于天德三年（1151）决定扩建辽南京（又名燕京）旧城，贞元元年（1153）三月乙卯诏告中外迁都于此更名为中都，至金宣宗贞祐三年（1215）蒙古军占领中都，金帝南逃，金中都作为首都，存在了62年（1153—1215），但这个城市的历史文化十分厚重，其作为北京都城史的开端，其实已经铺垫了非常久。其规划是唐幽州城、辽南京城、金上京的发展，是北宋东京城的拓展，是元明清都城的前身，是旧城扩建民族融合的范例。金中都融合与创新并存，下启元明清三代的都城建造，在中国古代都城发展史上有其独特的地位。金中都的历史文化内涵丰富而有深度，上至帝王将相下至黎民百姓都生活在这一个城市里，多民族的文化生活在此交融，具有延续性和开创性，农耕经济和渔牧经济在此交接，社会制度在此更替。

（二）金中都的营建和女真族封建化发展

海陵王营建金中都时期，女真族封建化的发展相对平稳，大规模的战争较少，兼并了大量的适合农业发展的土地和俘获了大量的农业人口，封建经济形态逐渐成形。在封建经济快速平稳发展的情况下，金中都的营建更加体现了当时女真族政治封建化和文化封建化的发展结果，也加快了女真族日后封建化进程。

金朝作为中国古代少数民族政权统治的是一个领土广阔的多民族国家，就更需要加强中央集权，尽快完成奴隶制向封建制的转化。海陵王迁都和金中都的布局规划是金朝社会制度转化的一个重要体现，只有尽快迁都才能离开并瓦解旧贵族盘根错节、树大根深的权力体系（拆金上京皇陵），加强皇权，皇帝拥有绝对的权力；金中都的地理位置可以加强对新并入领土的统治，也可以更好接受中原地区对女真族封建化的影响，可以说营建金中都从政治制度到生活环境等各方面为女真族统治阶级提供了封建化发展的环境。

规划金中都时充分体现了以儒家学说为核心的封建意识形态，儒家思想里有一套封建社会秩序，以"礼"制划分身份的等级，体现尊卑贵贱的秩序。这套社会秩序中，都城的建设也完全受礼制的制约，城市的格局需中轴对称、严整方正，宫殿庙宇以及百姓住宅都讲究对称、等级。这种城市格局始于西汉，由于"罢黜百家，独尊儒术"，这套思想非常契合封建制，因而贯彻我国古代城市建设的始终，都城建设更是如此。

金中都的"三套方城""宫城居中"及沿中轴线左右对称的布局方式，充分吻合了儒家提倡"居中不偏""不正不威"的思想。金中都基本遵循了《周礼·考工记》中"匠人营国，方九里，旁三门，国中九经九纬，经涂九轨，左祖右社，面朝后市"的格局，规划确立了以宫城为主体的中心区，在中轴线中心位置上设置宫城，充分体现了王权尊严的规划思想，强调了皇权至高无上的地位。皇帝用于祭祀的宗庙社稷等礼制建筑则布置在宫城前正南，与宫城成为一体，以突出帝王对礼（等级秩序）的重视。以宫城和宗庙建筑为城市核心，建筑越是离得近越是尊贵，离得远就是等级低。

此外，"居天子之正""合天下于一"即《春秋公羊传》的"大一统"观念，这个观念对海陵王迁都有一定的影响。"大一统"观念是奠定了封建社会中央集权思想观念的基础,是多民族统一国家强有力的黏合剂①。"大一统"观念的政治实体形成于秦汉,在春秋战国的各派学说中几乎都得到推崇(当时战乱频发)。孔子作《春秋》,书中寓含着一个最根本、最重要的思想主旨就是"大一统",孟子也强调"天下定于一"。女真族与汉族的文化融合的发展,也就是金朝接受封建"正统"思想的发展过程。到了海陵王时期,"居天子之正""合天下于一"的思想更加强烈,认为金朝统治者就是汉文化中的正统,而非"夷狄",他还曾与其臣张仲轲讨论《汉书》,张仲轲说:"本朝疆土虽大,而天下有四王,南有宋,东有高丽,西有夏,若能一之,乃为大耳。"海陵王说:"朕举兵灭宋,远不过二三年,然后讨平高丽、夏国。一统之后,论功迁秩,分赏将士……"②此外,海陵王还多次表达过统一、正统的思想,"自古帝王混一天下,然后可以为正统"③,"天下一家,然后可以为正统"④。海陵王迁都于燕京正是合乎"正统"的思想,认为"上京僻在一隅,转漕艰而民不便,唯燕京乃天地之中"⑤。

金朝从金太宗开始对于宗庙的建造越来越重视,海陵王迁都之后,宗庙制度进一步完善。太庙和原庙都建在中都城里的东南面,"迨亮徙燕,遂建巨阙于内城之南、千步廊之东曰太庙,标名曰衍庆之宫,以奉安太祖、太宗晟、德宗宗幹(亮父)。又其东曰元庙(原庙),以奉安玄祖克者、仁祖大圣皇帝杨割。至褒立,迁亮父德宗于外室,复奉安父懿宗宗庙于太庙,其昭穆各有序。⑥"并于海陵王天德四年(1152)将原庙和太庙合并于皇城的东南面,宗庙制度进一步完善。海陵王《议迁燕京诏》中,"因宫庙而创官府之署",就是根据辽燕京城内原有宫殿与庙宇的分布情况,进而再规划布局金朝中央的官府衙署。由于《周礼·考工记》有关于"左祖右社"的记载,太庙与社稷坛在皇家礼制中具有同样重要的地位,因此海陵王于金贞元元年(1153)十二月"定社稷制度"⑦,"继以海陵狼顾,志欲并吞江南,乃命官修汴故宫,缮宗庙社稷,悉载宋故礼器以还⑧"。金中都社稷坛建于金世宗大定七年(1167),"大定七年七月,又奏建坛于中都⑨"。

①历史理论研究所"中国封建社会的主要特点",赵庆云:《试论中国封建社会的主要特点》,史学理论研究,2021(04),第29-37页。
②(元)脱脱等撰:《金史》,中华书局,1975年,第2782页。
③(元)脱脱等撰:《金史》,中华书局,1975年,第1883页。
④(元)脱脱等撰:《金史》,中华书局,1975年,第2783页。
⑤(宋)宇文懋昭撰:《大金国志校证》,中华书局,1986年,第187页。
⑥(宋)宇文懋昭撰:《大金国志校证》,中华书局,1986年,第595页。
⑦北京文史研究馆编著:《金中都》,北京出版社,2018年,第102页。
⑧(元)脱脱等撰:《金史》,中华书局,1975年,第691页。
⑨(元)脱脱等撰:《金史》,中华书局,1975年,第803页。

三、小结

　　金朝建立后不久兼并了辽和北宋，结束了长期的大规模的征伐战争，国土疆域逐渐稳定，原有的奴隶制政权巩固，民族融合程度达到了新高度，女真族开始迅速地走上了封建化的道路，逐渐完成了由奴隶社会向封建社会的转变，金朝在这个时期也逐渐走向了国力鼎盛时期。海陵王迁都，营建金中都是国家封建制转变中的重大历史事件，是封建化的结果之一，也促进了金朝后续封建化的发展。金中都建立后，金王朝统治者同样采取了诸多方面的变革，这些变革都是为了消除奴隶制残余，加快封建化进程。

　　海陵王迁都于燕京首先是因为它具有优越的地理位置和自然条件，具有作为都城的天然的军事地理优势和农业经济发展条件。其次，金朝覆灭北宋吞并了黄河以北的大部分地区，这部分地区本来具有高度发达的封建主义的政治制度、经济形态和文化影响力①。向南拓展版图，统治者与旧贵族斗争，加强中央集权的政治需求。此外，该地区对金朝统治者的最大吸引是其更具有文化意识形态的意义，金中都的规划营建更加体现了这一点。

　　中国封建社会发展到后期，北方少数民族较为集中地、迅速地相继兴起与壮大，发展程度较好的民族建立了国家，甚至成为中原王朝的统治者，自辽开始，金、元、清都是这样的政权。这些少数民族既有北方游牧民族强悍的军事实力，又积极主动学习中原王朝的高度发达的封建文明，开创了中国封建社会发展史的新局面。女真族是在这些少数民族中后续发展时间较长的，满族作为女真族的后裔建立了我国封建社会最后一个王朝，促进中华民族大家庭的交流与融合。

杜若铭，北京辽金城垣博物馆宣教部，馆员

---

①尚钺主编：《中国历史纲要》，人民出版社，1954年，第214、215页。

对一件觉生寺原址出土青花瓷残器的探析
——暨应加强对馆藏文物标本的深入研究与展示说明

祁普实　杨齐国

摘要

笔者通过对一件多年前在觉生寺旧址采集并修复的青花瓷残器的全面探析,并联系其他觉生寺文物,发现在古代文明原址中湮没的零星文物遗存,经过我们深入的发掘和探究,可以揭示其中蕴含的大量历史信息,这些残器标本可以印证清雍正时期帝王对佛教的崇尚以及对北京地区敕建寺庙的重视,为我们了解清代北京地区的佛教寺庙中的宗教用瓷情况及其装饰手法的源流传承关系提供了第一手资料,同时也反映出历史上各民族、国家之间的文化交流及发展演变,对这些文物遗存进行系统深入的研究可以为提高馆藏文物的展示宣传教育工作打好坚实基础。

关键词

雍正官窑;青花瓷器;觉生常住;折腰碗;寺庙供器

馆藏文物作为博物馆展示、研究、宣传教育的主要对象,其品类千差万别,既有完美的整器,也有修复后的残器、残缺不全的标本,一般来讲,完整的器物所含有的信息量更为完整,展示的效果也更加理想,但作为很多中小型博物馆和遗址性博物馆,其藏品中大多数为残器和标本残片,这就要求在修复和研究方面多下功夫,以达到更好的展示说明效果,对馆藏文物标本进行深入的研究工作其意义重大。

一、觉生寺原址出土文物和标本概况

2007 年 6 月,在位于北京市海淀区北三环西路的清代觉生寺旧址,即现在的大钟寺古钟博物馆所在地,笔者在值班期间无意中在馆东一侧的九亭钟园(图一1)施工现场发现了一些大小不一的瓷器残片,绝大多数是青花瓷器品种,上有残存的纹饰、底款和铭文。

不久之后，笔者发现在大钟寺古钟博物馆的馆藏文物中，恰巧也有青花瓷残片，残片是一件完整的器底，有底款和纹饰，尺寸没有登记在册，现被放在大钟寺古钟博物馆的历史沿革展厅中陈列展示，据藏品档案记载，这块残片是 20 世纪 90 年代在馆内东跨院出土的，底款很特殊，除了有青花双蓝圈六字竖排三列楷书款的"大清雍正年制"外，在其双蓝圈内的四角位置还有竖排两列楷书"觉生常住"四个字，器心绘有青花折枝荔枝纹，这种底款是笔者之前没有见过的样式（图一 6），但在耿宝昌先生 1993 年所著《明清瓷器鉴定》[①]一书中已有著录，可惜书中没有论及器物的整体器型和刊载整器的图片。

笔者得知，除了瓷器残片外，觉生寺旧址还曾出土过一些属于觉生寺的重要文物，如清道光年款的"南无阿弥陀佛"铭文大铜钵、铜六鏊锅、敕建觉生寺碑碑座等，除碑座外，都是在馆东一侧九亭钟园所区域被发现的（图一 7），2013 年，大钟寺古钟博物馆东路修缮施工中又出土了八宝纹青花碗残片，经修复后在馆内陈列展出（图一 8），其碗底完全缺失，故而看不到具体年款，根据器型与此残器相同的特征，笔者以为二者年代有相近的可能。令人疑惑的是何以这些文物都是在此处被发现，而不是在寺庙中路主体建筑附近呢？笔者之后从觉生寺的古老图像中找到了原因，在一幅首都博物馆书画库所藏民国时期所绘浅绛风格的国画中，绘有觉生寺的俯视全景（图二 1），可以见到寺中主体建筑被东西北三面虎皮墙所围绕，东路虎皮墙外是柳林和野地，还有青房瓦舍一间，当时包括今九亭钟园在内的馆东跨院区域是画中东路虎皮墙外的野地，据说在民国甚至更早时期，这片空地被寺庙开辟为菜地使用，以为僧众生计之补助，在经历了清末的战乱和浩劫后，民国时期北京的大小寺庙多已破败凋敝，并且常有匪盗发生，寺中财物屡有丢失，故此，在德国女摄影爱好者海达·莫里逊女士于 20 世纪 30 至 40 年代拍摄的觉生寺老照片中，"南无阿弥陀佛"铭文大铜钵、铜六鏊锅原本还一同在院内中路安放（图二 2），后来却不见踪迹，被埋藏在此处直至 20 世纪 80 年代至 90 年代期间才再被发现，至于这些瓷器残片，可能是作为日常垃圾处理而被填埋在这块菜地里，这种垃圾坑在北京故宫博物院的宫墙附近也时有发现，还有一种可能是寺中僧人见其为前朝故物以为宝贵，遂与两件铜器一起埋藏。

表 1　觉生寺旧址历年出土采集文物

序号	采集出土时间	采集出土地点	文物名称	备注
1	不详	大雄宝殿月台前	敕建觉生寺碑碑座	大钟寺古钟博物馆藏

①耿宝昌：《明清瓷器鉴定》，紫禁城出版社 1993 年版，第 348 页。

2	20 世纪 80—90 年代	东跨院施工现场	雍正款青花瓷器底标本	大钟寺古钟博物馆藏
3	20 世纪 90 年代	东跨院	"南无阿弥陀佛"铜钵	大钟寺古钟博物馆藏
4	1992 年	东跨院	铜六鋬锅	大钟寺古钟博物馆藏
5	2013 年	东跨院修缮工地	青花折沿碗标本	大钟寺古钟博物馆藏

二、关于残器年代、窑口、款识和铭文的分析

在工作之余，笔者将这些残片进行分类整理，怀疑它们可能属于同一件器物，因为当时这批残片采集位置比较集中，其花纹、釉色、胎体质地都非常一致（图一2），后经一位同事将这一批残片修复了起来，结果发现，这批残片中大部分属于同一件青花器物，修复后的器物通高 7.5 厘米，口径 17 厘米，造型独特，似碗，器外壁上有文字，纹饰秀雅，有底款（图一 3-5），最初，在没有深入研究和了解此件残器的情况下，笔者围绕这件残器产生了一系列的疑问，比如此器的年代、款识、铭文内容、窑口、纹饰、器型、用途等等。

此后，笔者一经闲暇，即对这件残器进行研究，在查阅了大量资料和相关信息后有了初步的认识，首先，从残存的底款分析，此器底款应为"大清雍正年制"青花双蓝圈六字竖排三列楷书款，字体书写规整，笔画秀丽，带有明显的官窑瓷器款识特征，另外，此器胎质细密洁白，器底圈足修整圆润，带有康熙中晚期和雍正时期官窑"泥鳅背"底足的特征，而觉生寺恰是始建于清雍正十一年（1733），据此推断，此器应为清雍正时期官窑烧造。

凡属清雍正官窑瓷器的底款类型，从已知的资料来看，一般是青花双蓝圈六字竖排两列楷书款，另有青花双方框六字竖排两列楷书款、青花六字竖排三列篆书方款、青花六字竖排三列楷书款等（图二 3），据有关资料显示，明清时期景德镇官窑瓷器的款识书写是由专人负责完成的，所以每个朝代的年号字体书风通常是比较一致或者近似的，以这件残器的款识和北京故宫博物院所藏雍正官窑青花器款识对照来看，两者特征非常一致，这从一个侧面印证了此器应属景德镇清代官窑所出。

另外，此残器外壁上的铭文，目前可供参考的仅有三块残片，分别是一个完整的"住"字残片，修复后"住"字位于一个括号形的青花线框内，一个基本完整的"常"字残片，一个残缺不全，上半部从臼从爻从宀的半个字残片（图二 4），由于修复时比较仓促，除了最完整的一个"住"字能够和其他残片相连接，其他两个残片没有可与之拼合的位置，而且这两个不完整的铭文残片有可能并不属于这个器

物，这样一来，要推断其铭文内容就存在一定困难了。笔者百思后顿悟，联系前文所述 1986 年在馆内东跨院出土的完整器底和耿宝昌先生 1993 年所著录的器底，底款除"大清雍正年制"六字外，还有特殊的"觉生常住"四个字，再分析"觉生常住"四字的含义，"觉生"应为觉生寺的名，当为觉悟众生之意，"常住"一词较为生僻，经笔者查考，宋代高僧道诚所集《释氏要览》①中对此曾作专门注解，汇总后有三种解释，一指佛法长存，二指佛果常在，三指佛寺及其僧人庙产财物用具互不分离。笔者以为这两件器底款识之"常住"很可能含有祈愿觉生寺的物质实体和所尊佛法、所结佛果恒常永住的多重含义。况且，此残器又是在佛寺旧址所出，至此，外壁上的"常住"两个字的组合已经可以推测出来了，而那一个残缺不全的，上半部从臼从爻从宀的半个字残片很可能是"觉"字的一部分，再从修复后的纹饰与括号形线框的位置和大小分析，此残器外壁上的铭文应为四个字，至此基本可以确定铭文为"觉生常住"青花四字楷书，四个字的书写方向参照以北京故宫博物院所藏清嘉庆黄地粉彩开光"万寿无疆"蕃莲纹碗为样版的铭文排列方式，应是从右向左的顺时针方向，较符合我国古人的书写习惯，如果将碗覆扣过来底朝上观看，字的内容则呈逆时针方向排列（图二 5），以河北秦皇岛明代山海关木匾额为例（图二 6），古人写字时是以左行为顺势，右行为逆势，一般都是自上而下，自右向左书写，这可能与我国古代早期的简牍书写方式和后来的纸质文书卷展方式有关，本文在此不再赘述。

笔者在寻找相关资料过程中发现，这种在瓷器上带有铭文的实例，在我国除了少数属于三国两晋时期，早期多出现于唐宋、辽金时期，至元明清时期更为普遍，例如唐代长沙窑的诗文执壶，宋代磁州窑的诗文枕，辽金梅瓶、玉壶春瓶、鸡腿瓶、红绿彩碗，元代磁州窑带系瓶、碗、青白釉罐、枢府釉盘、青花玉壶春瓶、梅瓶、青花高足杯、高足碗，明清青花罐、青花瓶、青花碗、青花盘、盖碗、杯等等，体高的器物铭文一般都采取竖向排列，低矮的器物则多为横向，唐、五代时期的铭文外围没有线框，宋金时期开始出现线框（图二 7），到了元明清时期，瓷器上的铭文更加多样化，如元代的枢府釉瓷上的模印阳文、磁州窑白釉褐彩瓷上的八思巴文、明代的青花瓷、五彩瓷上的梵文、篆文，明正德朝瓷器上的阿拉伯文、清代珐琅瓷上的立凸感铭文、粉彩瓷上的金彩铭文等等，主要内容为年款、吉辞、诗文、供养款、经文、器物所属说明等，经仔细比较，笔者发现其中与此件残器铭文

---

①《释氏要览》：北宋释道诚集，全书分上下两卷，内容有姓氏、三宝、称谓、出家、剃发、戒法、道具……送终等二十七篇，包含了佛教制度、风俗等大量内容，是佛教初入弟子和一般僧尼的入门典籍，具有辞书性质，今传为明代刻本，宋本已失传。

装饰手法和位置最接近的是吉辞类，例如首都博物馆藏北京市崇文区元代斡脱赤墓出土的元早期"寿比南山、福如东海"连珠线状阳文青白釉玉壶春瓶、国家博物馆藏明嘉靖"福、寿"人物纹青花罐、北京故宫博物院藏清嘉庆黄地粉彩开光"万寿无疆"蕃莲纹碗等（图二8），都是典型的吉辞类铭文器，这些铭文被置于圆形或如意云头形线框中，而此件雍正青花残器铭文也是书写于椭圆括号形线框内的，这种装饰形式在我国一般称为"开光"①或"包袱"，是我国唐宋以后开始流行的一种装饰手法，它常将一些主要而精彩的图案或者纹饰放置其中，以达到突显主题和与旁边辅助纹饰相区别的效果，追根溯源，笔者认为这种装饰形式应是源于相隔遥远的古代希腊和罗马。

公元前后，随着古希腊马其顿和罗马帝国的疆域扩展到幼发拉底河上游，其文化艺术在西亚、中亚地区逐渐传播，并与当地各种文化融合，我们所称为"开光"的这种装饰形式多是以圆形线框作为主要纹饰与辅助纹饰间的分界线，线框内描绘塑造艺术主题形象，例如公元前三世纪古罗马神话故事浮雕陶粉盒和法国卢浮宫所藏的公元七至八世纪叙利亚西部霍姆斯城出土的金属花瓶（图三1），其主体人物造型即由一正圆形线框所包围，这种手法不但在日常生活用具上使用，在大型建筑装饰上也同样有所体现，例如在建于公元四世纪初的意大利罗马城君士坦丁凯旋门上的浮雕装饰（图三2），这种装饰手法在以后的中古佛教文化、萨珊文化、伊斯兰文化和印度斯坦文化中得到继承和发展，继而再经由海上和陆路逐渐传播到古代中国，例如美国大都会艺术博物馆所藏的中国北朝时期的石雕棺床和敦煌第425号窟隋代壁画上均采用了这种手法（图三3），两者的主体位置都有圆形"开光"，"开光"内装饰有动物造型，在我国宋元及以后各个时期的瓷器中，也常常采用此类形式，如河南省宜阳县洞子沟村出土的金代扒村窑梅瓶，器身中部略上位置的"开光"轮廓呈菱形，边框为花瓣状弧形边，内饰一对野鸭在水中嬉戏，又如湖北省武汉市博物馆收藏的一件元青花"四爱图"梅瓶，器身中部"开光"轮廓呈扁圆形，边框为花瓣状联弧形，"开光"内画人物故事场景（图三4），还有一件北京故宫博物院藏明正德青花折枝花纹圆形开光阿拉伯文碗与此件残器纹饰风格非常相似（图三5），可见，这件雍正官窑残器的装饰手法属于开光铭文配以辅助纹饰，铭文与纹饰相互映衬，疏密得当浑然一体，给人以秀雅的美感。

对一件觉生寺原址出土青花宽残器的探析——暨应加强对馆藏文物标本的深入研究与展示说明

---

①"开光"：指在器物需要装饰的部位画出边框，并在边框内画以山水、人物、动植物等内容，形式与"包袱"互为表里，最早源于我国唐宋时期木构建筑彩画。

三、对残器纹饰考证及其源流的探讨

此器的辅助纹饰，从修复后现状观察，以花卉纹为主，纹饰分布比较均匀，外壁上半部有陪衬开光铭文区的折枝花，分四组间隔于铭文区之间，从折枝花的形态看应属蕃莲纹①，采用双勾点染手法，以花朵为中心，两边配枝叶，布局左右基本对称，下半部为一周双层莲瓣纹，上下两部分纹饰间留有空白（图三6），器内壁的纹饰简洁，只在口沿画有两道细弦线，器心装饰有一束折枝花，其形态与器壁上的蕃莲纹类似，唯布局上是以花朵为中心，枝叶呈十字形对称围绕花朵（图三7），这种装饰折枝花卉在器物上面的手法，我国最早零星见于战国中期的楚国丝织品和南北朝时期的陶瓷器物上（图三8），后盛行于唐宋、辽金、元明清各朝，多在器物表面中心位置或环绕中心进行装饰，如北京故宫博物院所藏唐代折枝花纹海棠形铜镜、1996年河北邯郸军分区家属院墓葬出土的金代磁州窑白地黑彩折枝花纹瓷枕、1980年江西省高安县窖藏出土元代青花折枝菊花纹高足碗、北京故宫博物院所藏明永乐青花折枝花果纹梅瓶（图三9），笔者还发现，折枝花的装饰手法，最初是盛行于古希腊、古罗马文化器具上面的装饰纹样（图三10），在后世经由丝绸之路逐渐传播到东亚各国，据考古资料显示，在我国商周至秦汉时期，以中原为核心文化地区的器物上并未出此类纹饰，只在荆南蛮夷之地所见寥寥。

自公元七世纪伊斯兰教在西亚、中亚地区开始传播，因为宗教训诫的缘故，带有人物和动物的纹饰逐渐被宗教场所禁用，继而在宫廷和民间的日常用具上也慢慢减少并消失，伊斯兰教的创建者先知穆罕默德②在穆斯林信众中被认为是真主安拉派遣到人间的最后一位使者和先知，根据记载，在每次礼拜时，为了不被外界干扰，他反对身边有装饰人物和动物形象的物品，这里提到的很可能是家中的地毯、挂毯、靠枕之类。故而，虽然古兰经和宗教基本规则对各种装饰艺术并不持反对态度，但在上述因素的影响下，伊斯兰艺术中此后没有出现以往在受到古希腊文化、罗马文化、佛教文化等影响时期曾经有过的基于自然现实的写实人物、动物形象的艺术品，而抽象图案化的植物纹饰和理性的几何纹饰得以保留和发展，成为之后被普遍使用的装饰题材。这种情况直到阿拔斯王朝③晚期的十二世纪末、十三世纪初

---

① 蕃莲纹：流行于宋元明清时期，多以缠枝、折枝形式出现，花的造型正侧均有，花蕊有心形、圆形和石榴形几式，番莲，又称"西洋花""西洋菊"。
② 穆罕默德：伊斯兰教的创建者，公元六世纪生于阿拉伯半岛麦加城古莱氏部落哈希姆家族，被信徒尊为最重要的六大先知之一，称为"穆圣"。
③ 阿拔斯王朝：阿拉伯帝国的第二个世袭王朝，公元8世纪中叶建立，国王是伊斯兰教先知穆罕默德的叔父阿拔斯·伊本·阿卜杜勒·穆塔里卜的后裔，古代中国史籍中称之为"黑衣大食"，公元1258年被蒙古旭烈兀西征所灭。

才有所改观，在伊朗中部的卡尚和北部的莱伊地区出现了一种称为"米那依"^①的釉上彩绘工艺炻器，这种古老的工艺常在诸如盘、碗、壶之类的生活实用器具上装饰人物及动植物纹饰（图四1），风格生动活泼。至十三世纪中期和十四世纪蒙古西征及突厥化的蒙古汗国统治中亚、西亚地区后，又出现了绘有相对较为写实的人物、怪物、动植物、建筑、生活器具和自然景物的"细密画"^②，例如大不里士画家绘于十四世纪上半叶的《列王纪》^③、《登霄纪》^④插图等（图四2），而公元七世纪至十三世纪这一时间区域，恰是与我国唐宋、辽金各朝文化贸易交流活跃频繁的时期，故此，这种以折枝花纹和几何纹的装饰手法为主导的艺术风格，其对我国的影响是不言而喻的。

　　还有一点，此件残器外壁的折枝花卉纹及内心的蕃莲纹形态构成与明永乐时期的同类型纹饰非常近似，结合两件北京故宫博物院所藏永乐时期青花瓷器来看，此器应为雍正时期对永乐青花器的有意模仿（图四3），这在前文所提及的另外一件大钟寺古钟博物馆收藏陈列的雍正青花器底标本上反映尤为明显（图四4），它的器心所绘折枝荔枝纹和北京故宫博物院所藏明永乐青花折枝花果纹梅瓶上面的纹饰如出一辙，如仔细观察，还可以看到雍正时期采取点染的画法模仿永乐时期青花纹饰的晕散现象，学术界内众所周知，永乐时期瓷器纹饰与伊斯兰艺术关系密切，当时的御窑厂烧造了很多仿伊斯兰器型及纹饰的高等级青花器（图四5），郑和下西洋途中也多次经过伊斯兰教信仰的国家，这种风格的青花器一致延续到宣德时期，此外，永宣时期官窑青花瓷器绘制纹饰所用青料即是所谓的"苏离麻"青料，这种青料在我国自元代中期开始至明嘉靖万历时期，在宫廷官窑器及高品质瓷器上多有使用，其原产地据考证在今伊朗中部卡尚附近的格哈默沙山区钴矿带，现在矿脉已经枯竭，由于很多清真寺的圆顶和外墙多采用此种青料染绘烧制蓝色琉璃砖，因此，当地建筑工匠们习惯上以"苏离麻"，即伊斯兰教先知"苏莱曼^⑤"或称"所罗门"的名字来称呼这种庄重而美丽的色彩，这种青料在烧成后的瓷器上会出现像水墨画在纸张上发散的效果，称为晕散现象，此件雍正残器青花发色浓艳幽兰，虽不是进口的"苏离麻"青料，但也属于国产上乘的浙料所为，可以说，无论从纹饰的

---

①"米那依"：波斯人在阿拔斯王朝后期发展出的一种类似于陶瓷珐琅彩的釉上彩工艺，以玻璃质不透明的白釉做底色，再于釉上进行彩绘与描金，继承古埃及制胎工艺，使用一种白色膏土为胎土，是介于陶与瓷之间的炻器。

②细密画：一种精细刻画的小型绘画，最早见于古代埃及，后成为波斯艺术的重要门类，主要作为书籍的插图和封面，题材多为人物肖像、图案或风景、风俗故事，在14世纪至16世纪的伊斯兰文化国家盛行。

③《列王纪》：由波斯诗人菲尔多西所作于公元11世纪初，叙述了波斯历史上50个帝王公侯的生平事迹以及流传在民间的神话传说和历史故事，对阿拉伯文学、土耳其文学等文学产生了很大的影响。

④《登霄纪》：描述先知穆罕默德在一夜之间，在真主所派遣的天使吉卜利里的带领下，完成了从麦加到耶路撒冷两大圣城之间的夜行，他夜半登霄直上七层天际，遇见许多前辈列圣，并带领所有的先圣向真主礼拜，确立了他作为真主最后使者的崇高地位。

⑤苏莱曼：又称"所罗门"，公元前10世纪古代犹太国王，大卫王之子，他把耶路撒冷建为圣城，成为犹太教的礼拜中心，也被基督教、伊斯兰教奉为圣地，相传著有旧约圣经中的《箴言》《雅歌》《传道书》等。

题材还是绘制风格，都属于仿古。

四、对残器所属器型的探究及相关思考

此器的器型，初觉像碗，为慎重起见，笔者在翻阅大量著录后，找到了几种与之近似的典型器物，器型可以分为簋、豆、钵、碗、盆、盘、渣斗几大类，涵盖不同的地域、文化时期、材质、功用，笔者在筛选之后按照时代顺序依次排列对照，最终认定此器与我国湖南洪江高庙文化[①]遗址陶簋（图五1）、湖北武昌放鹰台遗址屈家岭文化[②]早期陶豆（图五2）、湖北京山油子岭屈家岭文化早期陶碗（图五3）、河南淅川龙山岗屈家岭文化中晚期陶碗（图五4）、湖北天门石家河古城朱家坟头遗址屈家岭文化晚期陶碗（图五5）、山西夏县东下冯遗址二里岗文化[③]商早期陶豆（图五6）、山东济南大辛庄遗址商晚期陶簋（图五7）、河南安阳殷墟孝民屯墓葬商晚期陶簋（图五8）、山东淄博高青县陈庄遗址西周早期陶簋（图五9）、北京房山琉璃河遗址西周中晚期陶簋（图五10）、河南禹县吴湾墓葬西周晚期铜簋（图五11）、美国大都会艺术博物馆藏公元一世纪至二世纪罗马帝国时期琉璃碗（图五12）、平山郁夫旧藏公元一世纪左右罗马帝国时期琉璃碗（图五13）、陕西扶风法门寺地宫唐代越窑青瓷葵口碗（图五14）、北京故宫博物院藏五代越窑青瓷折沿花口碗（图五15）、陕西铜川耀州窑窑址北宋青瓷折沿碗（图五16）、印花折沿盆（图五17）、河南平顶山博物馆藏宋代耀州窑系青瓷折沿碗（图五18）、河北定州静志寺北宋琉璃钵（图五19）、四川简阳东溪园元墓南宋青釉折沿盘（图五20）、安徽长丰宋墓宋代青白釉瓷渣斗（图五21）、山东青州粮食中转站路西元墓元代青花菊纹折沿花口碗（图五22）、江西景德镇明宣德青花折沿花口钵（图五23）、荷兰阿姆斯特丹博物馆藏明万历至崇祯时期外销青花折沿盆（图五24）等器器型比较相似，与辽宁省博物馆藏康熙郎红折腰碗（图五25）、甘肃省博物馆藏康熙青花人物故事纹折沿碗（图五26）、天津艺术博物馆藏雍正青花云菊纹折腰碗（图五27）等器器型最为相似，可以肯定其最直接的影响应该来自康熙时期，而与其他器型器物也似乎存在着某种联系。至此，此器器型应可定为"折腰碗"，也可称之为"折腹碗"。

---

① 高庙文化：高庙文化遗址位于湖南洪江市安江镇，湘西地区新石器时代中晚期文化，距今约7800年，出土了中国迄今年代最早的白陶制品。

② 屈家岭文化：属长江流域新石器时代文化，距今约5300年至4600年，因1955—1957年发现于湖北省京山市屈家岭而得名，是长江中游地区最具代表性的新石器时代文化类型。

③ 二里岗文化：又称二里岗商文化，1950年被考古工作者在位于郑州老城东南的二里岗遗址首次发现，是介于二里头夏文化与殷墟晚商文化之间的一种商早期文化类型。

笔者考虑，虽然最为直接的影响来自康熙折腰碗，但康熙折腰碗的蓝本则应源于前代器物，从现有资料来看，我国至迟自西汉晚期伊始，就多有仿古拟古的情况，新莽时期的刀布形货币即是非常典型的实例，唐代铜镜中也有仿汉魏时期的实例，宋元时期仿古之风更盛，多仿商周三代礼器以应文人雅集玩赏之需，至明代，在结束了金元两朝异族的统治后，对汉族文化的渴望和热衷尤为强烈，上至帝后百官的服饰礼器，如梁冠、玉组佩、玉六瑞等，下到普通百姓的日常用品，诸如继承宋式家具精髓的明式家具、仿照汉唐样式铸造的照颜铜镜等等，瓷器方面以北京故宫博物院藏明末宜兴窑天蓝釉鹅颈瓶为例，其造型生动优美，但并非明代工匠所设计，而完全是仿古之作，2020 年 5 月，河南省三门峡市经济开发区秦汉墓群考古发掘出土了一件西汉早期青铜器，造型与此器如一模所出（图六 1）。清代帝王在入关定鼎之后，也令宫廷有司制作拟古器物，且种类繁多，材质包含瓷器、珐琅器、玉器、铜器等等，尤其以康熙、雍正、乾隆三朝为盛，假如康熙时期折腰碗不是借鉴罗马时期琉璃碗而制，那么另有一种可能是根据本国历代器物造型改造设计而成，大凡官窑制瓷都要将设计图样或者样品呈报皇帝览阅，待批示后才正式批量烧造，皇帝如有意见还要照旨意修改，笔者推测康熙郎红折腰碗当是以前朝的斗笠碗和折沿碗甚至史前陶碗为设计参考，另外，我国十六世纪至十七世纪初明末的对外茶、瓷、丝绸贸易也势必增进了这种器物在造型纹饰风格方面创新的活力，很多外销到欧洲的青花瓷器都具有类似的造型特点，如前文所提到的荷兰阿姆斯特丹博物馆所藏明末外销青花器，再者像马来西亚万历号沉船出水的天启至崇祯时期青花花口折沿盆等，在十七世纪荷兰静物画家扬·扬斯和朱里安·凡·斯特里克的油画作品中也可以见到我国明末天启、崇祯时期的青花开光花草纹花口折沿瓷器（图六2），在当时的欧洲，这种带有东方异域色彩而又不失欧洲本土传统文化特征的瓷器颇受欢迎。

还有一点值得注意，这种折腰、折腹造型的器物在人类相距遥远的东西方文明中都曾出现，不仅如此，笔者发现还有几种器物也存在类似情况，如我国新石器时代晚期的甘肃省马家窑文化[①]彩陶罐与希腊新石器时代晚期的迪米尼文化[②]彩陶罐（图六3）、我国河南淅川沟湾仰韶文化[③]中期陶碗与伊朗国家博物馆藏西亚地区早期陶碗（图六4），它们的造型与纹饰风格可谓如同孪生兄弟，这不能不引起我

①马家窑文化：1923 年首先发现于甘肃省临洮县马家窑村，主要分布于黄河上游地区及甘青境内，是仰韶文化庙底沟类型向西发展的一种地方类型，距今约 5700 年至 4100 年，包含石岭下、马家窑、半山、马厂等四个类型。
②迪米尼文化：希腊新石器时代晚期文化，距今约 6000 至 4800 年，1903 年被希腊考古学家发现，遗迹建筑为以后的迈锡尼文明卫城和麦加伦厅房的前身，彩陶极为发达。
③仰韶文化：是黄河中游地区重要的新石器时代彩陶文化，距今约 7000 年至 5000 年。分布在整个黄河中游的甘肃省与河南省之间地区，1921 年由瑞典地质学家安特生首次在河南渑池县仰韶村发现。

们的注意，尤其在史前文明阶段，这些文化之间并不具备传承或相互影响的时空条件，那么原因何在呢？笔者认为这很可能是与人类共同或相近的对于器具实用功能的设计要求以及对器具造型审美的感知取向有关，就像黄金分割比例存在于我们人类各种族的潜意识直觉中。相反，如果存在传承或相互影响的情况，笔者推测，在经历了夏商和西周时期相对闭塞的外交和商贸阶段后，东周秦汉时期，古代中国通过西域陆路和东南地区海上商道与中亚、西亚、南亚、东非乃至古希腊、古罗马的贸易日益扩展，本土的日常生活用具渐渐吸收融入异域风格于自身，来自遥远国度的物产及商品直接或通过中转进入我国，从历年汉墓出土的实用器具上可以看到这些外来文化的身影，例如古希腊、古波斯风格的金银器、铜器、陶器，罗马和西亚的琉璃饰品和琉璃器皿，热带地区的动物形象、外邦胡人形象等，还有出产于中亚、西亚、南亚地区的各类宝石、饰物（图六 5）等等，魏晋南北朝时期，在北方游牧民族掌控政权期间，中亚、西亚、罗马、萨珊、匈奴、鲜卑等诸多地域民族文化也逐渐渗透到中原地区，偏寓江南的南朝汉族统治者则深受印度佛教文化的熏染，佛寺遍地，僧尼如云，梵钟之声不绝于耳，隋唐两代，随着海上陆上丝路的通畅和繁荣，我国南北两大地域与罗马帝国、西域原佛教国家、中亚、西亚伊斯兰教国家往来频繁，历经宋辽、金元、明清各朝未曾中断，正如我们所看到的，在植根于汉族儒家思想的沃土中后，历代各族统治者和其子民逐渐以平和的心态接纳了汉学儒教及诸多外来文化，并最终融汇为一，为其所用，故此，我国古代工匠借鉴模仿当时甚而更早时期外来器物的可能性是存在的，但无论是受到本土文化的熏染还是受到外邦文化的影响，这件雍正"觉生常住"开光铭文青花折腰碗在借鉴前代的造型及装饰手法方面无疑是成功的范例。

五、关于残器的具体用途

至于此碗的用途，最大的可能是供器，清代寺庙佛堂或大殿中盛放供品的器具通常有花觚、花瓶、净水碗（钵）、烛台、香炉、供碗、盘碟等，除香炉和净水碗（钵）外，都是成对摆放在供桌上，内放符合佛教供奉要求的水果、鲜花、净水等物（图六 6），在 2016 年国家文物局对国有博物馆可移动文物数据普查工作中，笔者又在首都博物馆瓷器库所藏文物中发现了与之酷似的寺庙供器，仅首博馆内就藏有清同治底款"贤良寺供碗"开光铭文黄地蝙蝠云纹粉彩碗、"贤良寺制"开光铭文白地釉上矾红彩缠枝莲纹碗、清乾隆底款"万古柏林"开光铭文白地蝙蝠云纹青花粉彩碗、清乾隆"法华寺"铭文青花蕃莲纹花觚等供奉瓷器（图六 7），这些器物从几方面来看，应同属官窑烧造，笔者估计，清代北京敕建寺庙中多数都会有这类供器瓷，其中"贤良寺制"开光铭文白地釉上矾红彩缠枝莲纹碗的铭文与花卉纹的布局形态，与"觉生常住"开光铭文青花折腰碗非常相像。觉生寺肇建之初，寺名即由雍正帝亲自斟酌选取，并委托朝廷重臣张若霭撰文树碑以明其意（图六8），碑铭结尾有云："虽然实无觉者，亦无觉之者，以无觉之觉，觉不生之生，斯朕之所谓觉生也欤！①"足见雍正本人在研习佛法方面的造诣，鉴于雍正在位时期对觉生寺的重视和青睐，雍正之后，觉生寺还成为京城重要的祈雨场所，包括乾隆在内的多位清代帝王常常亲自或委托大臣在觉生寺举行祈雨仪式，并将明代永乐大钟迁移至此，足见觉生寺的地位之重，结合前文中首都博物馆所藏官窑寺庙供器，另外，结合觉生寺原址东跨院曾为寺内方丈住持僧人居所所在地，笔者认为这些在觉生寺出土采集的瓷片很可能是雍正传谕景德镇御窑厂烧造赏赐给觉生寺的佛堂陈设供器或是寺内住持僧人的日常用具，为找到相关文献，笔者随即查找了雍正九年（1731）至雍正十二年（1734）之间的清宫内务府造办处档案，可是在其中没有发现相关记载，但在雍正十二年宫廷内府活计档中发现记载了对西藏宗教领袖七世达赖喇嘛的赏赐内容："赏达赖拉嘛七宝八宝供一份，珐琅满达一份，……磁五供果托五件，磁靶碗一对，磁大花瓶一对，磁壶二把，……本日具奏（图六9）。②"清代的"磁"与现在的"瓷"音义相同，即或不是如此，笔者推测也很可能是觉生寺奉旨出资在御窑厂订烧的。

六、结语

总之，此件雍正款识"觉生常住"开光铭文青花蕃莲纹官窑折腰碗残器，在清代寺庙原址中被发现，其原始信息保存相对较为完整，是一件具有较高艺术水平和历史研究价值的文物，可以物鉴史，它不仅丰富了我国古代青花类瓷器的品种，反映出世界各国家、民族之间的文化交流和影响，而且对于研究北京地区清代敕建寺

①敕建觉生寺碑文：朕惟生佛皆是空名，迷觉无非幻法，如来不云乎？但以假名字引导于众生，故三乘六度菩提涅磐诸说，悉为方便接引之法，辟诸云兴太清，汇大海，虽空海所不拒，实空海所不受也，清净之性，亦复如是。而人方执身口意为实，惟贪恚痴是著，如清明眼受诸蒙翳，妄有所见，是以如来以名字言教之，药药之，但使翳消，更无别法，便能了然。于无住之性湛尔，无为之法萧然，非有非空，不离不即，尚无少法可得，乌容有可执之相哉！故从无住以生心，心心无住，以无为而差别，法法无为，则空而不空，不空而空；幻而不幻，不幻而幻，生佛亦然。如是觉者，名为正觉，不如是者，不名为觉。京师西直门外曾家庄有圆址爽垲，长林佳茂，此地右隔尘市之嚣，左绕山川之胜，宜为寂静清修之地，用是肇建梵宇，经始于雍正十一年正月，告成于十二年冬，爰赐额名觉生寺，俾禅者主之，参徒萃止，振其大觉之道，达夫正觉之旨，转根本觉轮，示无生觉相皆得及迷为悟，易若反掌，即俗成真，速于弹指，使慧日恒明，真风长扇，则此琳林香界，讵非尘海之觉津欤！虽然实无觉者，亦无觉之者，以无觉之觉，觉不生之生，斯朕之所谓觉生也欤！大清雍正十二年岁次甲寅仲冬月日讲起居注官 翰林院编修 臣张若霭 奉敕敬书。
②中国第一历史档案馆、香港中文大学文物馆合编：《清宫内务府造办处档案总汇》全55册，第6册，《雍正十二年各作成做活计清档》，人民出版社2005年版，第375页。

庙的历史发展变迁以及我国清代官造宗教用瓷的文化内涵具有重要意义，同时，也是可与传世清雍正款识官窑瓷器和那些不见于文献记载的馆藏品进行对比参照以考证其时代及真伪的标准器，笔者以为，博物馆作为进行社会教育的课堂，对每一件文物藏品或标本的深入研究是非常必要的，只有做好这些基础工作，才能更好地把文物藏品推向更多的人群，使我国流传悠久的传统文化长盛不衰。

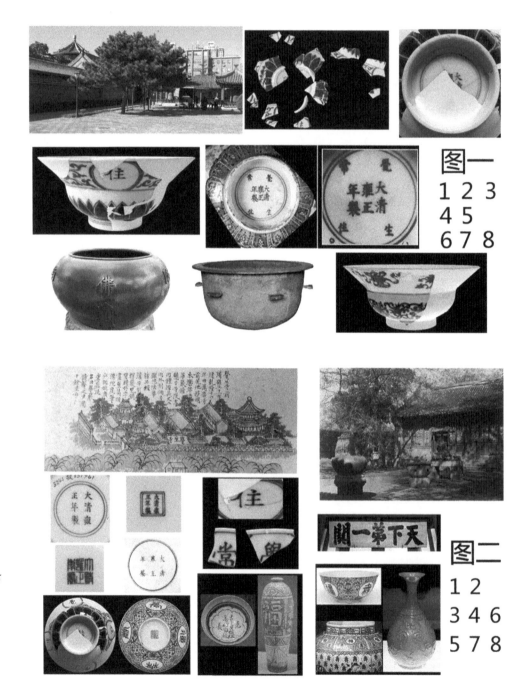

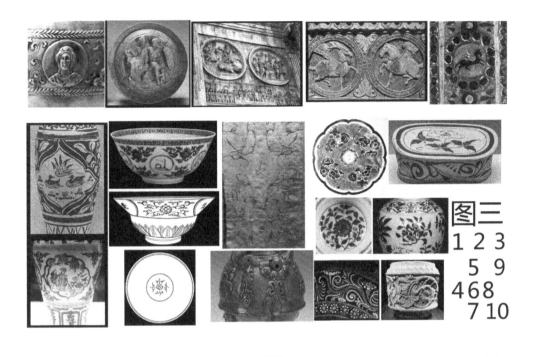

图三
1 2 3
5 9
4 6 8
7 10

图四
1 2
3 4 5

对一件觉生寺原址出土青花瓷残器的探析
——暨应加强对馆藏文物标本的深入研究与展示说明

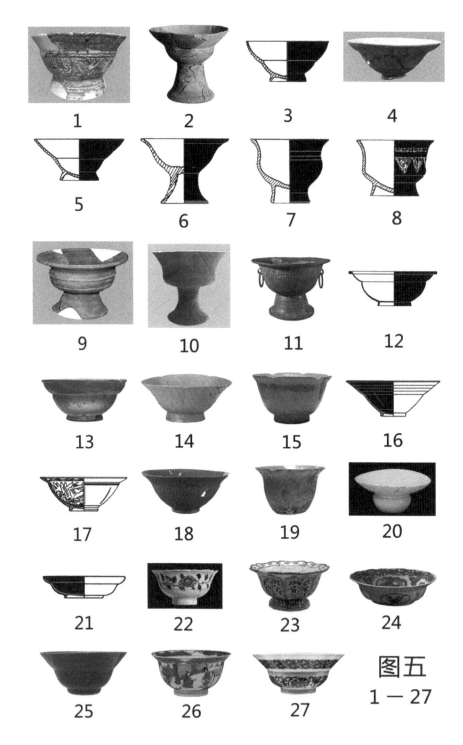

1　　　　　　2　　　　　　3　　　　　　4

5　　　　　　6　　　　　　7　　　　　　8

9　　　　　　10　　　　　　11　　　　　　12

13　　　　　　14　　　　　　15　　　　　　16

17　　　　　　18　　　　　　19　　　　　　20

21　　　　　　22　　　　　　23　　　　　　24

25　　　　　　26　　　　　　27　　　　图五
　　　　　　　　　　　　　　　　　　　　1－27

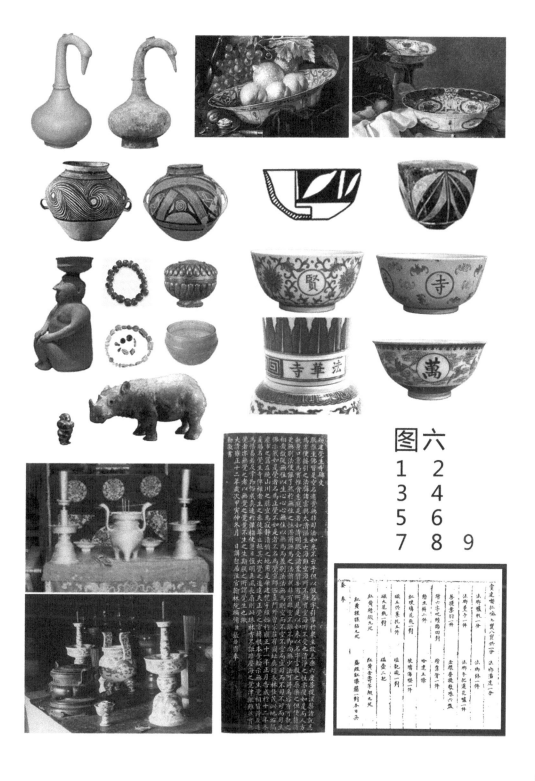

图六
1 2
3 4
5 6
7 8
9

对一件觉生寺原址出土青花瓷残器的探析
暨应加强对馆藏文物标本的深入研究与展示说明

祁普实，首都博物馆保管部，研究员

杨齐国，孔庙和国子监博物馆办公室，馆员

孔庙和国子监博物馆大事记
（2021 年）

1. 2 月 12 日（农历正月初一），孔庙和国子监博物馆举办了"福牛贺岁——牛与中国传统文化"新春线上主题活动，邀请各地观众云游纳福，在线感受博物馆中的牛文化。

2. 4 月 4 日（清明节），孔庙和国子监博物馆精心策划了"清明节文化主题活动"。活动分为线下、线上两个部分：线下活动包括全体工作人员、孔氏后裔及当日参观观众对孔子像扫洒、行礼；线上活动包括以《孔庙奉祀人物之历代先贤先儒》为主题的传统文化云课堂。

3. 4 月 22 日，国子监彝伦堂举行了"中华文化大讲堂"国子监传播中心揭牌仪式。活动由中央文史研究馆主办，中华文化大讲堂组织委员会联合北京市文物局、孔庙和国子监博物馆共同举办。

4. 5 月 18 日，孔庙和国子监博物馆举行"5·18 国际博物馆日"专场互动活动——"太学寻迹"。观众在馆内游览、答题，赢取孔庙国子监文创纪念品，了解我馆深厚的传统文化内涵。

5. 5 月 24 日，《国际儒学》创刊发布会在孔庙和国子监博物馆彝伦堂举行。发布会由国际儒学联合会主办，清华大学、孔庙和国子监博物馆协办。原中共中央政治局委员、国务院副总理、国际儒学联合会会长刘延东，国际儒联荣誉会长，"人民艺术家"王蒙先生，国际儒联副理事长、《国际儒学》编委会主任陈来先生，国际儒联副会长、山东大学儒学高等研究院执行院长王学典先生，北京市文物局党组书记、局长陈名杰，孔庙和国子监博物馆馆长王培伍，以及儒学界学者、媒体代表参加活动。

6. 2021 年 5 月，孔庙和国子监博物馆为百集系列音频节目《藏品有话说》策划录制了《科场名士亦豪杰——进士题名碑与近代爱国知识分子》，于新华网 App、喜马拉雅 App、学习强国 App 等多平台分发，取得了良好的传播效果。

7. 6 月 12 日（文化和自然遗产日），孔庙和国子监博物馆推出《百年国子监记忆》绘画摄影作品征集展览。本次活动于 4 月 27 日正式面向社会公众征集绘画及摄影作品。截至 5 月 16 日，我馆共收到投稿作品 300 余份。经过专家精心遴选，最终 64 幅作品入选展览，其中成人组作品 41 幅，少儿组作品 23 幅。

8. 6 月 9 日，孔庙和国子监博物馆党总支开展"永远跟党走"群众性主题宣传教育活动，组织党员干部群众赴《新青年》编辑部旧址（陈独秀旧居）参观学习，以此项活动迎接中国共产党百年华诞，重温入党初心，传承革命精神。

9. 6 月 20 日，由孔庙和国子监博物馆党总支组织、馆工会承办的"颂百年辉煌启时代新篇"——庆祝中国共产党成立 100 周年诗文朗诵会在彝伦堂举行。活动邀请了史家小学、北京铁路第二中学及朗诵家等共同参与。

10. 7 月 16 日，2021 年度中国孔庙保护协会秘书长工作会在孔庙和国子监博物馆小会议室召开。本次会议采用视频会议（云端直播）形式。多个省市的领导及嘉宾出席了会议。

11. 9 月 5 日至 9 月 7 日，孔庙和国子监博物馆文创产品亮相 2021 服贸会。

"前程似锦""鱼跃龙门""紫藤花蔓"等原创系列产品共计三十余个品种，涉及文具、潮流饰品、家具生活等品类首次与公众见面。展区还有传统文化互动体验，受到观众的好评。

12. 9月23日，"第八届北京孔庙国子监国学文化节"隆重开幕。活动由北京市文物局、中共北京市东城区委、北京市东城区人民政府主办，孔庙和国子监博物馆、东城区委宣传部、东城区文化和旅游局、东城区教育委员会、安定门街道办事处、《中华文化大讲堂》组织委员会承办。北京市文物局党组副书记、副局长王翠杰，东城区区委书记孙新军，东城区区委副书记、区长金晖，东城区副区长刘俊彩等出席开幕式。

13. 9月28日，为了纪念"至圣先师"孔子诞辰2572周年，孔庙和国子监博物馆举办了隆重的祭孔大典活动。祭孔大典作为第八届"北京孔庙国子监国学文化节"的闭幕式，全程在"一直播"网络平台进行现场直播，取得了良好的宣传效果。

14. 10月11日，由孔庙和国子监博物馆协办，北京服装学院、北京市大峪中学主办的"孔庙和国子监博物馆中华传统服饰文化展演"活动在国子监辟雍大殿前成功举行。展演活动共分为"礼""乐""文""书""颂"五个部分，展现了中华传统服饰文化的独特魅力。

15. 10月14日（重阳节），孔庙和国子监博物馆邀请国子监社区的老人们共聚国子监敬一亭，举办了"九九重阳节 浓浓敬老情——2021年重阳雅集"主题活动。

16. 为对馆藏文物现状进行摸底，孔庙和国子监博物馆邀请局文物鉴定委员会专家分别于6月21日、7月9日、10月29日三天对杂项文物库、匾额文物库库内以及出库上展的珍贵文物共192件/套进行了重新鉴定。

17. 2020年信和置业有限公司旗下黄廷方慈善基金会通过北京市政府表达了以捐赠资金的方式为北京文物保护事业贡献力量的愿望。2020年底至2021年初，经北京市文物局、黄廷方慈善基金有限公司、孔庙和国子监博物馆实地调研，友好协商，基金会确定向我馆捐赠人民币1600万元用于国子监彝伦堂和其他重要古建筑的修缮工作。2021年5月25日，基金会同我馆签订了捐赠协议书。根据捐款主要用途，我馆制定了黄廷方慈善基金有限公司捐赠资金修缮计划书，计划利用捐款，力争三年左右的时间，对以彝伦堂为代表的国子监中院重要古建筑按实际情况进行修缮。

18. 2021年10月，孔庙和国子监博物馆启动国子监南廊房、东西讲堂、药房及司房屋面修缮工程。项目使用国家文物局全国重点文物保护专项资金，工程总金额442.8万元，预计2022年6月完工。

19. 2021年11月9日，"悠悠太学 莘莘学子" 2021孔庙和国子监博物馆主题巡展在吉安白鹭洲书院开幕。展览系统介绍了北京国子监的历史沿革、独特的建筑与人文景观等内容；着重介绍了历史上江西吉安地区的科举盛况，体现了北京国子监与江西吉安的历史渊源。

20. 2021年11月26日，孔庙和国子监博物馆文创空间举行正式揭牌仪式。我馆文创空间集文创展示、观众服务、互动体验等功能为一体，使观众在深度感受博物馆文化的同时，实现将"博物馆文化带回家"的文化需求。

21. 2021年12月30日，孔庙和国子监博物馆联手中国工商银行共同推出的"锦绣前程"祝福金卡荣登2021年北京消费品牌榜，被评为年度"十大文化创意产品"，并凭借鲜明的博物馆文化特色及精美的创意设计，获得2021年北京文博创意设计大赛第二名的优异成绩。